AKTIEN VERSTEHEN

Michael Sincere

AKTIEN VERSTEHEN

Das Standardwerk der Geldanlage

MICHAEL SINCERE

Börsenbuchverlag

Die Originalausgabe erschien unter dem Titel
Understanding Stocks – 3rd ed.
ISBN 978-1-264-26725-5

2. Auflage 2025

Übersetzung: Gizem Akbalik
Gestaltung Cover: Timo Boethelt
Coverbild: Shutterstock
Gestaltung und Satz: Sabrina Slopek
Lektorat: Elke Sabat
Druck: GGP Media GmbH, Pößneck

ISBN 978-3-86470-897-8

Bibliografische Information der Deutschen Nationalbibliothek:
Die Deutsche Nationalbibliothek verzeichnet diese Publikation in der
Deutschen Nationalbibliografie; detaillierte bibliografische Daten
sind im Internet über <http://dnb.d-nb.de> abrufbar.

BÖRSEN MEDIEN
AKTIENGESELLSCHAFT

Postfach 1449 • 95305 Kulmbach
Tel: +49 9221 9051-0 • Fax: +49 9221 9051-4444
E-Mail: buecher@boersenmedien.de
www.boersenbuchverlag.de
www.facebook.com/plassenbuchverlage
www.instagram.com/plassen_buchverlage

An meine wunderbaren Eltern und
an meinen großartigen Hund Chili

An Chip, der für seinen scharfen Verstand,
seine Liebe zu Katzen und für die Entwicklung
eines einfachen, aber erfolgreichen Systems
für Rohstoffhandel in Erinnerung bleiben wird

INHALT

VORWORT

Was Sie zuerst wissen müssen

Ich möchte Ihnen danken, dass Sie sich die Zeit genommen haben, sich mein Buch, die dritte Auflage von „Aktien verstehen", zu kaufen. Aufgrund des Erfolges der vorherigen Auflagen haben mich meine Herausgeber bei McGraw Hill gebeten, eine weitere Auflage zu schreiben. Da sich der Aktienmarkt so stark verändert hat und ich seit dem Verfassen früherer Ausgaben so viel dazugelernt habe, habe ich den Auftrag gern angenommen.

Sie werden in dieser Ausgabe zahlreiche Verbesserungen bemerken. Ich habe das Buch von Grund auf neu geschrieben, Satz für Satz, um sicherzustellen, dass Sie die aktuellen Informationen, Strategien und Taktiken erhalten. Ich habe mein Bestes getan, um sicherzustellen, dass dies das bestmögliche Buch über den Aktienmarkt ist.

Ein neues und erweitertes Buch

Wenn Sie lernen wollen, wie man Aktien (und andere Finanzprodukte) kauft und verkauft, sind Sie hier genau richtig. Der Aktienmarkt ist einer der besten Orte auf der Welt, um entweder langsam oder schnell Geld zu verdienen.

Obwohl das Aneignen von Aktienwissen ein ernstes Thema ist, habe ich darauf geachtet, dass dieses Buch eine unterhaltsame und lehrreiche Lektüre ist. Wie bei all meinen anderen Büchern erkläre ich Aktien so, als säßen Sie mir am Küchentisch gegenüber. Mein Ziel ist es, Ihnen Zeit und Geld zu ersparen und gleichzeitig verschiedene Wege zum Vermögensaufbau aufzuzeigen. Außerdem wird dieses Buch Ihnen auch dann gerecht, wenn Sie es nur aus Neugierde lesen.

Bevor ich diese Version von „Aktien verstehen" schrieb, habe ich mehrere Jahre damit verbracht, zu experimentieren, zu testen und den Markt zu bewerten. Ich habe mich dem Aktienmarkt wie ein Wissenschaftler genähert und zahlreiche Experimente durchgeführt, um herauszufinden, was funktioniert und was nicht. Auf der Grundlage meiner Forschungen konnte ich dieses Buch mit einer erweiterten Perspektive neu schreiben. Ich kann es kaum erwarten, dieses Wissen mit Ihnen zu teilen. Als zusätzlichen Bonus habe ich eine Reihe von Interviews mit einigen der erfolgreichsten Investoren der Geschichte beigefügt.

Warum Sie dieses Buch lesen sollten

Wenn Sie mit dem Gedanken spielen, in den Aktienmarkt einzusteigen, oder bereits dabei sind und Geld verlieren, könnte dies das nützlichste Buch sein, das Sie je gelesen haben. Ich habe Kurse besucht, Bücher gelesen, Videos angeschaut und mit Dutzenden von Profis gesprochen. Ich habe auch investiert und mit Aktien gehandelt und dabei alle denkbaren Fehler gemacht — und ich werde Ihnen helfen, diese zu vermeiden.

Dieses Buch dient auch dazu, Ihnen schnell beizubringen, wie man investiert oder mit Aktien handelt. Es wurden bereits Tausende von Büchern über den Aktienmarkt geschrieben, einige davon sehr technisch und langweilig. Ich war erstaunt, dass über ein so faszinierendes Thema so viele langweilige Bücher geschrieben worden sind.

Genau wie Sie hasse ich es, Bücher zu lesen, bei denen ich schon nach dem zweiten Kapitel einschlafe. Deshalb war ich fest entschlossen, ein leicht zu lesendes Buch über den Markt zu schreiben. Dieses Buch ist zwar relativ kurz, enthält aber eine Fülle von Informationen über das Investieren und das Traden.

Ich wollte etwas schreiben, das ich Ihnen in die Hand geben und dann sagen kann: „Lesen Sie dieses Buch, wenn Sie etwas über den Aktienmarkt lernen wollen." Man muss kein Dummkopf, Idiot oder Narr sein, um den Markt zu verstehen. Sie müssen auch kein Genie sein. Nachdem Sie dieses Buch gelesen haben, werden Sie feststellen, dass es gar nicht so schwer ist, Aktien zu verstehen. (Der schwierige Teil ist das Geldverdienen, aber dazu später mehr.)

Ein weiterer Grund, warum ich Ihnen dringend empfehle, dieses Buch zu lesen: Ich möchte, dass Sie etwas über den Markt lernen, damit Sie nicht auf die Informationen von Kolumnisten, Freunden oder Tippgebern aus Finanzsendungen angewiesen sind. Einige von ihnen haben vielleicht gute Informationen, viele aber nicht.

Fazit: Sie lesen dieses Buch, weil Sie Geld verdienen wollen, und der Aktienmarkt ist eine der besten Möglichkeiten, Geld zu verdienen. Am Ende dieses Buches sollten Sie sowohl eine klare Vorstellung davon haben, wie Sie loslegen müssen, als auch die Teilnehmer, die Regeln und das Vokabular kennen. Nachdem Sie sich mit dem Markt vertraut gemacht haben, können Sie entscheiden, ob oder wie Sie einsteigen wollen.

Ein weiterer Grund, warum Sie dieses Buch lesen, ist, um zu lernen, wie Sie Ihr eigenes Portfolio verwalten können. Auch wenn andere Leute Ihr Geld verwalten, werden Sie so besser verstehen, was sie tun (oder tun sollten). In jedem Fall wird Ihnen dieses Buch das nötige Selbstvertrauen geben, auch allein erfolgreich zu sein.

Was macht Aktien so großartig?

Wenn Sie ein Anfänger sind, fragen Sie sich vielleicht, was so großartig am Aktienmarkt ist. Viele Menschen nutzen den Markt, um Vermögen aufzubauen, ihren Ruhestand zu finanzieren oder Reserven für Notfälle anzulegen. Es gibt viele Wege, sich am Markt zu beteiligen, und in diesem Buch werden Sie viele dieser Methoden kennenlernen. Vielleicht haben Sie deshalb dieses Buch gekauft.

Einer der besten Gründe, mit Aktien zu handeln, ist, dass Sie zur Arbeit gehen oder zu Hause bleiben können in dem Wissen, dass Ihr Geld hinter den Kulissen für Sie arbeitet. Das ist ein faszinierender Aspekt beim Investieren an der Börse.

Sie haben die Wahl: Sie können von einem Monatsgehalt zum nächsten leben, Sie können Ihr übriges Geld auf ein Sparkonto einzahlen oder Sie können Ihr Geld für sich arbeiten lassen. Der Aktienmarkt ist zwar nicht perfekt, aber er hat sich als eine der besten Möglichkeiten erwiesen, sein Vermögen langfristig oder kurzfristig zu vermehren.

Zumindest ist es klug, so viel wie möglich über Aktien zu lernen. Glauben Sie, dass eine bestimmte Aktie in die Höhe schießen wird? Dann gibt es eine Strategie, mit der Sie davon profitieren können. Wenn Sie befürchten, dass der Markt fallen wird, und Sie Ihre Investitionen absichern wollen, gibt es auch dafür eine Strategie. Was ist, wenn Sie Geld verdienen wollen, aber keine Zeit haben, den Markt zu beobachten? Ja, auch hierfür gibt es eine Strategie.

Die Risiken

Als Ihr Autor und Ratgeber, der diese Aufgabe sehr ernst nimmt, möchte ich Sie sowohl über die Vorteile als auch die Risiken des Tradings und des Investierens informieren. Wie die meisten Dinge im Finanzbereich birgt auch der Aktienmarkt Risiken.

Ich bin auch realistisch. Leider ist der Markt keine gute Fee, die alle Ihre finanziellen Sorgen aus der Welt schaffen kann. Die meiste Zeit über sind Aktien eine hervorragende Investition. Aber ich weiß auch, dass Sie bei der Wahl der falschen Aktie oder bei einem Kurseinbruch oder gar einem Crash (was selten, aber gelegentlich vorkommt) Geld verlieren können.

Darum ist eines meiner Hauptziele, Ihnen zu helfen, Ihr Geld vor großen Verlusten zu bewahren. Sie können zwar nie alle Risiken ausschalten, aber es gibt Wege, Verluste zu begrenzen, um im Falle von Marktverlusten sicherzustellen, dass die Verluste zwar schmerzhaft, aber nicht verheerend sind.

Sie wollen ja keine „leichte Beute" sein, was passiert, wenn Sie bei einem Markteinbruch keine Gegenmaßnahmen ergreifen. Es reicht nicht aus, zu wissen, wann man in den Markt einsteigen sollte. Es ist genauso wichtig, zu wissen, wann man aussteigen muss. Ich werde Ihnen die Hinweise geben, die Ihnen den Ausstieg ermöglichen, bevor der Markt erheblich fällt.

Der Aktienmarkt kann gnadenlos sein

Ich möchte Ihnen keine Angst einjagen, sondern Sie nur vorbereiten.

Nachdem ich Sie schonungslos gewarnt habe, werden Sie vielleicht mit dem Aktienmarkt nichts mehr zu tun haben wollen. Das wäre ein großer Fehler. Erstens kann es bei zukünftigen finanziellen Entscheidungen hilfreich sein, den Markt zu verstehen. Fast in jedem Land ist der Aktienmarkt der Kern des Finanzsystems, und wenn Sie verstehen, wie er funktioniert, wird es Ihnen ein Leben lang helfen.

Da der Aktienmarkt ein gnadenloses Spiel sein kann, bei dem die Bank klar im Vorteil ist, sollten Sie wissen, worauf Sie sich einlassen, bevor Sie Ihren ersten Cent investieren. Sie können aber nur gewinnen, wenn Sie wissen, wie man spielt.

Am Ende des letzten Kapitels sollten Sie ein besseres Bild davon haben, ob eine direkte Investition in den Aktienmarkt für Sie sinnvoll ist. Ich kann Ihnen zwar nichts versprechen, aber es ist durchaus möglich, dass das Verständnis des Aktienmarktes dazu beiträgt, Ihre finanziellen Träume verwirklichen zu können. Vielleicht werden Sie in Aktien investieren, aber von mir bekommen Sie auch andere Anlageideen.

Der richtige Zeitpunkt ist jetzt

Eine bessere Zeit, um Trader oder Investor zu sein, hat es nie gegeben. Dank modernster Technologie stehen Ihnen Werkzeuge und Geräte zur Verfügung, von denen frühere Generationen nur träumen konnten. Ich werde Ihnen helfen, gute Kaufgelegenheiten zu erkennen und festzustellen, wann Sie eine Aktie oder den Markt meiden sollten.

Zum Glück brauchen Sie kein Vermögen, um ein Vermögen zu machen. Gelegentlich können Sie einen Homerun landen und schnell viel Geld verdienen. Ich möchte Ihnen auch zeigen, wie Sie nicht nur an einem Tag, sondern ein Leben lang Geld verdienen können.

Vielen Dank

Nochmals vielen Dank, dass Sie sich die Zeit nehmen, mein Buch zu lesen. Ich weiß es zu schätzen, dass Sie sich von allen Büchern, die Sie hätten wählen können, für meines entschieden haben. Ich werde mein Bestes tun, damit Sie mit dieser Entscheidung zufrieden sind.

Mein Ziel ist es, Ihnen zu zeigen, wie Sie selbst eine ordentliche Summe Geld verdienen können (eine Summe, die für jede Person unterschiedlich ist), sodass Sie weder auf mich noch auf jemand anderen angewiesen sind. Und ich hoffe, dass ich Sie dazu inspirieren kann, mehr über den Aktienmarkt zu lernen, so wie ich es getan habe.

So können Sie mich kontaktieren: Wenn Sie noch Fragen zu meinem Buch haben oder Ihnen Fehler auffallen, können Sie mir eine E-Mail an msincere@gmail.com schicken oder meine Website www.michael-sincere.com besuchen. Ich freue mich immer, von Ihnen zu hören, und bemühe mich, umgehend zu antworten. Und nun an die Arbeit – es gibt viel zu lernen!

TEIL 1

WAS SIE ZUERST WISSEN MÜSSEN

Willkommen am Aktienmarkt! In diesem Buch werde ich Sie persönlich begleiten und Ihnen viele verschiedene Wege aufzeigen, wie Sie Ihre finanziellen Ziele erreichen können. Sie werden erstaunt feststellen, dass der Markt gar nicht so schwer zu verstehen ist. Der schwierige Teil ist, wie im Vorwort geschrieben, Geld zu verdienen.

Oft sind es Emotionen, vor allem Angst und Gier, sowie unrealistische Erwartungen, die Anleger und Trader daran hindern, Gewinne zu erzielen und zu behalten. Eine Möglichkeit, die Emotionen zu mindern, ist es, die Fakten zu kennen, und das ist ein weiterer Grund, warum Sie dieses Buch lesen.

Apropos Fakten: Wenn Sie Teil 1 beendet haben, sollten Sie genug Wissen haben, um den Rest des Buches zu bewältigen. Der Schlüssel liegt darin, den Markt in kleinen Schritten kennenzulernen, und genau so stelle ich die Informationen dar. Machen Sie sich bereit für eine faszinierende und unterhaltsame Reise.

Kapitel 1

WILLKOMMEN AM AKTIENMARKT

In diesem Kapitel stelle ich Ihnen die Marktteilnehmer, das allgemeine Umfeld, das Vokabular und den Unterschied zwischen Investieren und Trading vor. Vor allem aber zeige ich Ihnen, wie Sie sich positionieren und auf welche Weise Sie in den Markt einsteigen können.

Es gibt hauptsächlich zwei Arten, am Markt teilzunehmen: Zum einen können Sie *Investor* werden (Aktien kaufen und über einen längeren Zeitraum halten). Oder Sie können ein Trader werden (Aktien kaufen und für kurze Zeit halten). Sie können sich sowohl für das eine als auch für das andere entscheiden. Sie müssen sich nicht jetzt schon entscheiden, wie Sie teilnehmen möchten.

Denken Sie daran, dass es viele Ablenkungen geben wird, von Anpreisern in Finanzsendungen, die täglich ein Dutzend Aktientipps geben, bis hin zu Hunderten von Artikeln über den Aktienmarkt, die Sie auffordern, „diese Aktie jetzt zu kaufen“.

Der Aktienmarkt kann manchmal verwirrend sein. Ich möchte Ihnen dabei helfen, die verwirrende Informationsflut zu bewältigen und das für Sie Wichtigste herauszufiltern.

Was ist der Aktienmarkt?

Sie werden zahlreiche Definitionen über den Aktienmarkt und dessen Nutzen für Sie hören. Viele bezeichnen ihn als die größte Wohlstandsmaschine, die je geschaffen wurde. Und für manche Menschen ist er das auch.

Der Aktienmarkt ähnelt einer riesigen Auktion (bei einigen preisgünstigen Aktien ist er eher wie eine Tauschbörse!), auf der Unternehmen *Aktien* anbieten, um sich Kapital zu beschaffen. Wenn also ein Unternehmen „an die Börse geht", werden seine Aktien zum Handel zugelassen und können von jedermann an einer Börse gehandelt werden. Die bekannteste Börse ist die New York Stock Exchange (NYSE).

Die *Börse* ist der Ort, an dem sich die Mitglieder treffen, um Aktien zu kaufen und zu verkaufen. Wie ein Supermarkt einen Marktplatz für Lebensmittel bietet, so bietet die Börse einen organisierten Marktplatz für Aktien. Vermutlich ist Ihnen bekannt, dass sich Käufer und Verkäufer nicht mehr wie früher persönlich auf dem Handelsparkett einer Börse treffen. Heute werden Aktien vor allem online über Computer gekauft und verkauft.

Alles, was Sie benötigen, ist ein Computer, ein Smartphone oder ein Tablet, und schon können Sie am Aktienmarkt teilnehmen. Da ist es nicht verwunderlich, dass so viele Menschen von der Börse begeistert sind. Mit ein paar Mausklicks können Sie bequem von zu Hause aus Aktien (und andere Finanzprodukte) kaufen und verkaufen. Und wenn alles gut geht, können Sie dabei Geld verdienen.

Was ist eine Brokerfirma?

Wenn wir vom „Aktienmarkt" sprechen, meinen wir eigentlich den Kauf und Verkauf von Einzelaktien und all den anderen Finanzprodukten, die Sie noch kennenlernen werden. Um an der Börse teilnehmen zu können, müssen Sie sich bei einer *Brokerfirma* anmelden.

Eine Brokerfirma ist ein Unternehmen, das eine Lizenz zum Kauf und Verkauf von Aktien im Namen seiner Kunden besitzt. Der Handel (Kauf und Verkauf) erfolgt meist über einen Onlinebroker, der Ihnen den Handel über das Internet ermöglicht. Im nächsten Kapitel zeige ich Ihnen, wie Sie ein Konto eröffnen und mit dem Handel beginnen können.

Was ist ein Aktienanteil?

Der folgende Abschnitt dürfte ein wenig technisch werden, liefert aber eine Erklärung dafür, warum es Aktienmärkte gibt. Das Wort „Aktie“ (englisch „stock“) stammt ursprünglich von dem Wort „Vieh“ (englisch „livestock“) ab. Statt mit Kühen und Schafen wird nun mit Papieren (*Aktienzertifikaten*) gehandelt, die das Eigentum – die Aktien – an einem Unternehmen repräsentieren. Aktien werden auch als *Anteilscheine* oder *Wertpapiere* bezeichnet.

Wenn Sie Aktien eines Unternehmens kaufen, gelten Sie als Investor oder *Aktionär*. Als Aktionär haben Sie für jeden Aktienanteil, den Sie besitzen, eine Stimme. Je mehr Aktien Sie besitzen, umso größer ist Ihr Einfluss auf das Unternehmen (und damit auch Ihre Gewinnchancen, sofern der Aktienkurs steigt).

Die meisten Aktionäre (Investoren) besitzen nur einen winzigen Teil des Unternehmens und haben kaum Einfluss auf dessen Führung. Das bedeutet, dass Sie niemanden im Unternehmen herumkommandieren können. Um Haupteigentümer eines Unternehmens zu werden, dessen Aktien öffentlich gehandelt werden, müsste man Millionen von Aktien besitzen.

Auf der einen Seite gibt es die Eigentümer von Unternehmen, die nach einer günstigen Möglichkeit suchen, sich Geld zu beschaffen, um mehr Mitarbeiter einzustellen, mehr Fabriken oder Büros zu bauen und ihre Ausrüstung zu verbessern. Sie beschaffen sich das Geld durch die Ausgabe von Aktien an die Öffentlichkeit im Rahmen eines *Börsengangs* (IPO) oder einer *Zweitplatzierung.*

Auf der anderen Seite gibt es Menschen wie Sie und mich, die Anteile an diesen Unternehmen kaufen und verkaufen. Beachten Sie dabei, dass Sie durch den Besitz von Aktien am Erfolg oder Misserfolg des Unternehmens beteiligt sind, da Sie einen Teil des Unternehmens besitzen.

> *Hinweis:* Es gibt zwei Arten von Aktien, Stammaktien und Vorzugsaktien. In diesem Buch beziehen wir uns immer auf Stammaktien, weil diese Art von Aktien die meisten Käufer und Verkäufer anzieht. Der Hauptunterschied zwischen Stamm- und Vorzugsaktien besteht darin, dass Stammaktien dem Aktionär ein Stimmrecht verleihen, Vorzugsaktien hingegen nicht.

Nur Kapitalgesellschaften geben Aktien aus

Um Aktien ausgeben zu können, muss es sich laut Gesetz um eine *Kapitalgesellschaft* handeln. Die meisten großen Unternehmen, die Sie kennen, sind Kapitalgesellschaften – zum Beispiel Alphabet, Apple, Boeing, Disney, General Electric, Home Depot, IBM, McDonald's, Microsoft und Netflix, um nur einige zu nennen – und ihre Aktien werden an einer der Börsen gehandelt. Einige Unternehmen befinden sich in Privatbesitz und verkaufen an die Öffentlichkeit keine Aktien.

Kurz gesagt gibt ein Unternehmen Aktien aus, um Kapital zu beschaffen. Investoren kaufen Aktien, um am Erfolg des Unternehmens teilzuhaben. Ist das Unternehmen erfolgreich, steigt vermutlich der Aktienkurs und die Investoren verdienen Geld. Läuft es hingegen schlecht, sinkt der Aktienkurs und die Investoren verlieren Geld.

Sobald ein Unternehmen an die Börse geht und seine Aktien an der Börse gehandelt werden, gilt es, die Investoren davon zu überzeugen, dass das Unternehmen eine lohnende Investition ist. Die Unternehmen setzen alles daran, ihre Produkte zu verkaufen und Geld von Anlegern zu bekommen. Ebenso wollen sie große institutionelle Anleger dazu bewegen, ihre Aktien zu kaufen.

Größere Unternehmen werben online, in Printmedien, im Fernsehen und in den sozialen Medien. Kleinere Unternehmen wiederum sind stärker auf Onlinewerbung angewiesen, insbesondere auf soziale Medien, sowie Mundpropaganda, E-Mails und Pressemitteilungen.

Profis mit einer Verbindung zur Wall Street äußern sich stets positiv über den Markt: Schließlich wollen sie ja, dass der Markt steigt. Wird eine Aktie dagegen aus irgendeinem Grund in den Medien verrissen, führt dies zu negativen Schlagzeilen, die Unternehmen lieber vermeiden möchten.

Der Börsengang

Ein Unternehmen verkauft seine Aktien hauptsächlich, um Geld für den Geschäftsbetrieb zu beschaffen. Dies erfolgt durch den Verkauf von Aktien und deren Notierung an einer Börse.

Nach dem *Börsengang* ist das Unternehmen am Handel mit den Aktien nicht mehr beteiligt. Der gesamte Handel sowie die Gewinne und Verluste aus dem Kauf und Verkauf der Aktien gehen an die Investoren, nicht an das Unternehmen. Selbst wenn also der Aktienkurs von Microsoft um 20 Prozent steigt, profitiert das Unternehmen nur von den Aktien, die es bereits besitzt. Es ist an den öffentlich verkauften Aktien nicht beteiligt. Nichtsdestotrotz sind steigende Aktienkurse eine gute Werbung und erfreuen die Anleger.

Aktien kauft man nur aus einem Grund: Um Geld zu verdienen

Beim Investieren am Aktienmarkt geht es nur ums Geldverdienen, entweder schnell (*kurzfristiges Traden*) oder langsam (*langfristiges*

Investieren). Wenn Sie Aktien eines Unternehmens besitzen, das erfolgreich ist und laufend Gewinne erzielt, können Sie damit rechnen, mit steigenden Aktienkursen Geld zu verdienen. Einfach gesagt verdienen Sie Geld an der Börse, wenn Sie die Aktien zu einem höheren Preis verkaufen, als Sie sie gekauft haben.

Eine Garantie, dass Sie Geld verdienen werden, gibt es natürlich nicht. Selbst die Aktien guter Unternehmen können manchmal sinken und zu einem Verlust führen. Gewinne aus Aktien werden als *Kapitalgewinne* bezeichnet, die sich aus der Differenz zwischen dem Kauf- und dem Verkaufspreis ergeben. Wenn Sie Geld verlieren, spricht man von einem *Kapitalverlust*. Dieses Risiko gehen Sie ein, wenn Sie sich am Aktienmarkt beteiligen.

Investoren: Langsam Geld verdienen

Investoren kaufen Aktien von Unternehmen, deren Aktien sie für unterbewertet halten. Diese Aktien wollen sie langfristig (oft über Jahre) halten. Kurzfristige tägliche Kursschwankungen und die Marktvolatilität werden von den Anlegern in der Regel ignoriert. Manche Anleger sehen sich nicht einmal ihre Gewinne oder Verluste an, bis sie ihre monatlichen oder vierteljährlichen Abrechnungen erhalten. Läuft alles nach Plan, stellen sie fest, dass der Wert ihrer Investition mit der Zeit gestiegen ist.

Einer der erfolgreichsten Buy-and-Hold-Investoren der Geschichte, Warren Buffett, pflegt zu sagen, dass er nicht eine Aktie, sondern ein Unternehmen kauft. Er kauft die Aktien zum bestmöglichen Preis und hält sie, solange es geht. Buffett kauft Aktien von konservativen (manche würden sagen langweiligen) Unternehmen wie Versicherungsgesellschaften und Banken und nur selten Technologie-Aktien.

Mit seiner langfristigen Buy-and-Hold-Investitions*strategie* wurde er zum Milliardär. (Eine Strategie ist ein Plan, der einem Investor hilft, ein bestimmtes Ziel zu erreichen. Das Ziel beim Investieren ist es, Geld zu verdienen.) Investoren, die Aktien von Amazon, Apple, Walmart, Netflix, Microsoft, Salesforce, Nike und zahlreichen anderen Unternehmen gekauft und gehalten haben, konnten den Wert ihrer Investitionen mit der Zeit in die Höhe schnellen sehen. In den Spitzenjahren verzeichnete der Aktienmarkt enorme Zuwächse und die Kurse der besten Aktien verdoppelten oder verdreifachten sich. Besser kann es für Anleger nicht laufen. In Zeiten, in denen der Markt über Jahre hinweg steigt, spricht man von einem *Bullenmarkt.*

Leider gibt es auch unrentable Zeiten, um zu investieren, beispielsweise während eines *Bärenmarktes,* wenn der Markt generell nach unten tendiert. Während der schlimmsten Bärenmärkte können binnen Wochen die Gewinne eines ganzen Jahres verloren gehen. Zum Vorteil der Anleger hat sich der Markt auf lange Sicht tendenziell eher nach oben als nach unten bewegt. In Kapitel 4 werde ich ausführlicher auf Bullen- und Bärenmärkte eingehen.

Kurzfristige Trader: Schnell Geld verdienen

Im Gegensatz zu Investoren spielen für kurzfristige Trader die langfristigen Aussichten ihrer Aktien keine Rolle. Sie konzentrieren sich eher auf die kurzfristigen Kursschwankungen der Aktien. Ihr Ziel ist es, die *Volatilität* (extreme Kursschwankungen) auszunutzen, um Geld zu verdienen.

So können sie eine Aktie innerhalb von Minuten, wenigen Stunden oder Tagen oder sogar einigen Wochen kaufen und wieder verkaufen. Professionelle Hochfrequenz-Trader, die mithilfe von Computern handeln, halten ihre Positionen womöglich nur für Mikrosekunden.

Es gibt zahlreiche Arten von kurzfristigen Tradern. Zu den Trading-Strategien gehören *Daytrading* (höchstens einen Tag halten), *Swingtrading* (drei bis fünf Tage halten, bis ein Kursziel erreicht ist) und *Positionstrading* (Wochen oder einige Monate halten). Daytrader kaufen und verkaufen Aktien schnell und nehmen Gewinne vor Börsenschluss mit. In späteren Kapiteln gehen wir auf all diese Strategien etwas näher ein.

Das Aktien-Trading ist viel aufregender als das Investieren, weil es sich schneller auszahlt, und wenn man richtigliegt, kann man erhebliche Gewinne erzielen. Beim Investieren baut sich das Vermögen langsam und über einen langen Zeitraum auf. Beim Handel hingegen gilt es, jeden Tag, jede Woche oder einige Monate lang Gewinne zu erzielen. Sie werden sehen, dass es schwieriger ist, als kurzfristiger Trader Geld zu verdienen, aber dafür erhalten Sie die Gewinne oft sofort.

Professionelle Trader: Mit dem Geld anderer Leute Geld verdienen

Professionelle Trader setzen für Investitionen oder den Handel in der Regel das Geld anderer Leute, seltener ihr eigenes ein. Für diese Dienste verlangen sie eine Gebühr. Dazu gehören institutionelle Händler wie Pensionsfonds, Banken, Versicherungsgesellschaften, Investmentfondsgesellschaften und Hedgefonds.

Diese institutionellen Anleger haben Zugang zu Milliarden von Dollar, und durch den Kauf und Verkauf einer großen Anzahl von Aktien können sie nicht nur den Kurs einzelner Aktien, sondern den gesamten Markt beeinflussen. Einige Institutionen richten Hochgeschwindigkeits-Computerprogramme (das heißt *Algorithmen*) ein, die automatisch Aktien kaufen und verkaufen, wenn bestimmte Parameter (das heißt Kurswerte) erreicht sind.

Viele *Hochfrequenz-Trader* wickeln Tausende von Trades pro Sekunde ab, um ein paar Cent Gewinn zu erzielen. Diese Centbeträge können sich täglich zu großen Gewinnen summieren. Einige vergleichen diese Strategie mit dem Aufsammeln von Centbeträgen vor einer Dampfwalze, eine Strategie, die für Amateure nicht zu empfehlen ist.

Nicht alle institutionellen Anleger sind Hochfrequenz-Trader. Tatsächlich meiden die meisten professionellen Trader den Hochfrequenzhandel und setzen eine Vielzahl von lang- und kurzfristigen Strategien ein, um Geld für ihre Kunden (und sich selbst) zu verdienen. Schätzungen zufolge machen professionelle Trader, einschließlich Computeralgorithmen, etwa 90 Prozent des täglichen Markt*volumens* aus. Die restlichen zehn Prozent entfallen auf Privatanleger.

Zwei wichtige Fragen

Im Folgenden finden Sie zwei Fragen, die sich angehende Anleger häufig stellen, bevor wir zum nächsten Kapitel übergehen:

1. **Frage:** „Wie viel Geld brauche ich, um anzufangen?"
   Antwort: Sie können bei den meisten Brokerfirmen ein Konto für null Dollar eröffnen (kein Bargeld erforderlich). Anschließend müssen Sie Geld auf das Konto einzahlen, bevor Sie mit dem Handel beginnen können. Um die genauen Anforderungen herauszufinden, können Sie sich online informieren oder die Brokerfirma anrufen.
2. **Frage:** „Wie viel Geld kann ich verlieren?"
   Antwort: Im schlimmsten Fall können Sie Ihr gesamtes angelegtes Geld verlieren. Und wenn Sie auf *Margin* kaufen (Geld vom Broker leihen, was nicht empfehlenswert ist), können Sie mehr Geld verlieren, als Sie investiert haben. Trotz dieser Risiken möchte ich Sie ermutigen, den Aktienmarkt kennenzulernen und sich an ihm zu beteiligen. In diesem Buch werden Sie lernen, wie Sie es vermeiden können, Geld zu verlieren.

Hier ist eine E-Mail von einem Leser, der befürchtete, nicht genug Geld zum Leben zu haben. Er hoffte, dass der Aktienmarkt seine finanziellen Probleme lösen würde.

Er schrieb: „Ich bin 71 Jahre alt und fange erst jetzt an, mich mit Aktien zu befassen, da ich keinen Rentenfonds habe, auf den ich zurückgreifen könnte. Ich habe drei Jobs und weiß, dass ich so nicht mehr lange weitermachen kann. Wie soll ich vorgehen?“

Er wollte wissen, mit welchen Strategien er schnell Geld verdienen kann. Dieser Mann tut mir leid, denn er ist finanziell schlecht aufgestellt. Niemand möchte eines Tages aufwachen und feststellen, dass er kein Geld für Notfälle oder gar zum Überleben hat.

Einer der größten Fehler, die man machen kann, ist daher, überhaupt nicht zu investieren. Ich hoffe, dieser Mann findet einen Weg, seine Ausgaben und Schulden zu reduzieren und zugleich sein Einkommen zu erhöhen. Ich bin kein Finanzberater oder -analytiker, daher konnte ich ihm keine konkreten Ratschläge geben, aber ich empfahl ihm, sich eine kompetente Finanzberatung zu suchen – und zwar schnell.

Es ist nicht zu spät

Die gute Nachricht für diesen Mann und die Millionen anderen, die dem Aktienmarkt ferngeblieben sind, ist, dass es noch nicht zu spät ist. Mit konservativen Strategien lassen sich einige finanzielle Belastungen durch Investitionen verringern und, so hoffe ich, das Einkommen lässt sich steigern. Ich habe dieses Buch für ihn und Millionen anderer geschrieben, die nicht wissen, was sie tun sollen, und sich verloren fühlen, weil sie auf der Strecke geblieben sind.

Das Hauptproblem dieses Mannes ist, dass ihm die Zeit davonläuft. Weil er so spät im Leben mit dem Investieren anfängt, wird er einige Zeit brauchen, um loszulegen. Wenn Sie dies lesen und jung oder mittleren Alters sind, haben Sie Glück, dass Sie Zeit haben, kurz- und langfristig zu investieren.

Falls Sie jedoch, wie dieser Mann, das Rentenalter längst erreicht haben, können Sie immer noch Geld an der Börse (oder anderweitig) verdienen. In erster Linie müssen Sie Ihre Schulden tilgen und Ihre Ausgaben reduzieren. Setzen Sie Ihr Geld nicht auf dem Aktienmarkt ein, wenn Sie es für Ihre Rechnungen benötigen.

Auch wenn dieses Buch kurzfristige Trading-Strategien enthält, sollte Ihnen klar sein, dass es nicht einfach ist, schnell Geld zu verdienen. Es erfordert harte Arbeit und Fleiß, um ein erfolgreicher Kurzfrist-Trader zu sein. Dies ist einer der Gründe, weshalb ich glaube, dass Sie mit Investitionen erste Erfahrungen sammeln sollten, bevor Sie sich an das kurzfristige Trading wagen.

Hinweis: Beim Lesen des Buches werden Sie eine Reihe von Vokabeln kennenlernen. Wenn Sie eine genauere Erläuterung eines Wortes oder einer Kategorie benötigen, können Sie eine Definition auf der Website von Investopedia (http://www.investopedia.com) finden.

DIE GESCHICHTE DES AKTIENMARKTES

Im Jahr 1531 wurden in Antwerpen, Belgien, Staatsanleihen und Schuldscheine gehandelt, aber keine Aktien (denn Aktien gab es noch nicht). Ebenso wurde 1558 in Deutschland die Hamburger Börse gegründet, aber auch hier wurden nur Waren gehandelt, keine Aktien oder Anleihen.

Die meisten Historiker sind sich einig, dass die erste organisierte Börse der Welt 1602 in Amsterdam von der Niederländischen Ostindien-Kompanie gegründet wurde, wo Aktien, Anleihen und andere Wertpapiere gehandelt wurden.

In den Vereinigten Staaten wurde die erste US-Wertpapierbörse im Jahr 1790 in Philadelphia gegründet, wo zwar viele Finanzprodukte gehandelt wurden, aber keine Aktien. Zwei Jahre später, 1792, fanden die ersten organisierten Treffen für Käufer und Verkäufer von Aktien unter einer Amerikanischen Platane (Buttonwood tree) in New York City statt. Die Straße, in der sich das abspielte, trug zufällig den Namen Wall Street. (Für Geschichtsinteressierte: Die Platane stand in der Wall Street 68.)

Als man von den Geschehnissen an der Wall Street erfuhr, wollte man ein Stück vom Kuchen abhaben. An manchen Tagen wurden bis zu 100 Aktien gehandelt! (Heute dagegen wechseln täglich Milliarden von Aktien den Besitzer.)

Der Andrang unter der Platane war so groß, dass 24 prominente Makler und Kaufleute beschlossen, den Handel zu regeln. Sie vereinbarten, gegen eine feste Provision Aktien von Unternehmen zu kaufen und an die Öffentlichkeit zu verkaufen.

Für jede Aktie, mit der sie handelten, nahmen sie 25 Cent ein (heute würden wir diese Personen als *Aktienmakler* bezeichnen). Das Buttonwood-Abkommen wurde 1792 unterzeichnet. Das waren die bescheidenen Anfänge der New Yorker Börse.

Schon bald verlegten die Makler und Kaufleute ihre Büros in ein Café in der Wall Street. Mit der Zeit zogen sie dann in das Gebäude der New York Stock Exchange in der Wall Street um. Auch nach 200 Jahren steht der Name Wall Street für den gesamten US-Aktienmarkt, einschließlich der Finanzinstitute, mit denen die Makler Geschäfte machen, unabhängig davon, wo sich diese Institute – und die Makler – befinden.

Wenn Sie nach New York fahren, werden Sie feststellen, dass die Wall Street nur eine schmale Straße im Finanzdistrikt von Lower Manhattan ist. Unter dem Begriff „Börse" oder „Wall Street" versteht man eigentlich alles, was mit unseren Finanzmärkten zu tun hat.

• • • • • •

Nachdem Sie nun wissen, wie Sie als Investor oder Trader loslegen können, müssen Sie als Erstes ein Handelskonto eröffnen. Alle Finanzprodukte, die Sie kaufen und verkaufen werden, finden Sie bei der Brokerfirma.

Kapitel 2

EIN HANDELSKONTO ERÖFFNEN

Nachdem Sie nun einen Überblick über den Aktienmarkt haben, ist es an der Zeit, den nächsten Schritt zu gehen und mit dem Investieren zu beginnen. In diesem Kapitel zeige ich Ihnen, wie Sie ein Handelskonto eröffnen können. Die Eröffnung eines Kontos ähnelt der Eröffnung eines Bankkontos, bietet aber mehr Anlagemöglichkeiten.

Lassen Sie uns die Schritte zur Eröffnung eines Kontos durchgehen. Glücklicherweise ist das ganz einfach, und die meisten Menschen füllen den Antrag online aus. Wenn Sie Ihr Konto lieber persönlich eröffnen möchten, können Sie in das Büro der Brokerfirma gehen (sofern diese ein Büro in einem Gebäude hat).

SCHRITT 1: Wählen Sie eine Brokerfirma mit einem guten Ruf

Um Aktien oder andere Anlageprodukte zu kaufen, müssen Sie ein Konto bei einer Brokerfirma haben. Dies ist eine wichtige Entscheidung

– wenn Sie die falsche Firma wählen, können durch unnötige Gebühren oder schlechte Auftragsabwicklung (das heißt die Ausführung Ihres Auftrags) Kosten entstehen.

Da alle Brokerfirmen über eine Website verfügen, bieten die meisten Firmen die Möglichkeit, Kauf- oder Verkaufsaufträge von Ihrem Computer oder Onlinegerät aus zu erteilen. Es ist einfach und die meisten Online-Aufträge werden innerhalb von Sekunden bearbeitet. (In seltenen Fällen, bei extrem volatilen Märkten, können sich Aufträge verzögern.) Die bekanntesten Brokerfirmen haben landesweit einen guten Ruf, einen 12-Stunden-Helpdesk, der Fragen per Telefon oder Chat beantwortet, leicht zu navigierende Oberflächen, Echtzeit-Aktienkurse, bieten eine rasche Ausführung der Trades und zahlreiche Finanzprodukte zum Handel an.

Die meisten Brokerfirmen verfügen über Bildungsressourcen und Informationen über Anlage- und Trading-Strategien in Form von Artikeln, Webinaren und Podcasts. Die Spitzenfirmen bieten ausgefeilte Chartanalysen, personalisierbare Ansichten und Gewinn- und Verlustzahlen.

Es ist zwar nicht erforderlich, aber ich empfehle Ihnen, einen Broker mit einem Simulations- oder Papiergeld-Trading-Programm zu finden, mit dem Sie das Trading üben können. Darüber hinaus verfügen viele Broker über Scan-Programme in ihrer Trading-Software, über die Sie nach Aktien (und anderen Produkten), die bestimmte Kriterien erfüllen, suchen und scannen können.

Bevor Sie bei einem Broker unterschreiben, rufen Sie an, schreiben Sie eine E-Mail oder chatten Sie mit den Vertretern, um zu sehen, wie schnell sie auf Fragen reagieren. Wenn Sie mit dem Service zufrieden sind, können Sie ganz einfach ein Onlinekonto beantragen. Es ist auch einfach, ein Konto zu kündigen, falls Sie aus irgendeinem Grund unzufrieden sind. Versuchen Sie dennoch, eine Brokerfirma zu finden, deren Ansprechpartner geduldig Fragen beantworten und auftauchende Probleme lösen.

Hinweis: Viele Brokerfirmen haben Büros, in denen Sie sich mit ihren Finanzberatern treffen können (sie tragen zwar verschiedene Titel, sind aber in Wirklichkeit Börsenmakler). Diese Firmen sind bestrebt, Ihr Geld zu verwalten, vor allem, wenn Sie ein großes Vermögen haben.

BETRUGSWARNUNG:

Gehen Sie sicher, dass Sie sich bei einer bekannten, seriösen Brokerfirma anmelden. Seien Sie vorsichtig vor Betrügern, die glanzvolle, professionelle Broker-Websites erstellen, die echt aussehen. Ihr Ziel ist es, Sie davon zu überzeugen, Geld an ihre gefälschte Firma zu überweisen. Wenden Sie sich niemals an eine Firma, die Kryptowährungen anstelle von Bargeld verlangt, denn digitale Währungen sind nicht reguliert. Ignorieren Sie Fremde im Internet, die damit prahlen, wie sie routinemäßig 25.000 bis 50.000 Dollar am Tag verdienen, und die ihr Wissen nur teilen, wenn Sie sich bei ihrer Firma anmelden. Wenn Sie dieses Buch außerhalb der Vereinigten Staaten lesen, müssen Sie sogar noch vorsichtiger sein. Viele Betrüger agieren aufgrund lascher Vorschriften ungestraft von ihren Heimatländern aus. Das bedeutet, dass jedes an sie überwiesene Geld (insbesondere bei Kryptowährungen) nie wieder zurückgeholt werden kann.

Es gibt hauptsächlich drei Arten von Brokerfirmen: *Online-*, *Full-Service-* und *Discount-*Firmen, die ich im Folgenden erläutern werde.

Online-Brokerfirmen

Online-Brokerfirmen sind die einfachste und beliebteste Lösung für den Aktienhandel. Online-Investieren oder -Trading bedeutet im Grunde, dass Sie Kauf- und Verkaufsaufträge über das Internet von Ihrem eigenen Computer oder Mobilgerät aus erteilen. Alle Brokerfirmen bieten auf ihrer Website die Möglichkeit, neben Aktien auch andere Finanzprodukte wie

Anleihen, Indexfonds, Investmentfonds und *festverzinsliche* Produkte wie *Einlagenzertifikate (CDs)* und *Staatsanleihen* zu kaufen und zu verkaufen.

Früher (in den ersten 200 Jahren des Handels) wurde den Kunden für jeden Handel eine „Provision" in Rechnung gestellt, die sich oft zu einem hohen Betrag summierte. Als die Brokerfirmen dann ihre Geschäfte auch online abwickelten, nahm der Wettbewerb zu, die Provisionen sanken und schließlich wurden sie ganz abgeschafft. Die Abschaffung der Provisionen förderte den Anstieg von Kurzfriststrategien wie *Daytrading* und dem Kauf von *Optionen*.

Der Nachteil der Kontoeröffnung bei einem Onlinebroker ist, dass diese Firmen wenig oder gar keine Anlageberatung anbieten. (Wahrscheinlich lesen Sie gerade deshalb dieses Buch.) Halten Sie eine Anlageberatung für notwendig oder haben Sie ein schwer zu verwaltendes großes Portfolio, ist ein Onlinebroker vielleicht nicht das Richtige für Sie. Vielleicht ziehen Sie einen Full-Service-Broker vor – eine Entscheidung, die nur Sie treffen können.

Wo können Sie eine aktuelle Liste der am besten bewerteten Online-Brokerfirmen finden? Geben Sie in eine beliebige Suchmaschine „Rangliste der Online-Brokerfirmen" gefolgt von der aktuellen Jahreszahl ein. So erhalten Sie eine Liste mit Artikeln aus unabhängigen Quellen wie *Forbes*, *Barron's*, MarketWatch, Kiplinger, NerdWallet und Bankrate, die Ihnen bei Ihrer Entscheidung helfen werden.

Full-Service-Brokerfirmen: Schnickschnack zu einem Preis

Zu den *Full-Service*-Brokerfirmen zählen einige der größten und einflussreichsten Aktienbrokerfirmen an der Wall Street. Diese Brokerfirmen bieten eine Reihe von Bank- und Anlageprodukten an, die sich in erster Linie an wohlhabende Kunden richten, die keine Zeit oder Lust haben, ihre Konten selbst zu verwalten. Sofern Sie nicht über ein großes Portfolio verfügen, sollten Sie kein umfangreiches persönliches Serviceangebot erwarten.

Wenn Sie ein Konto bei einer Full-Service-Brokerfirma eröffnen, wird Ihnen ein Börsenmakler zugewiesen, der Ihr Konto verwaltet. Börsenmakler (die sich Finanzberater, Kundenbetreuer, Anlageverwalter, Vermögensverwalter oder Kundenkontobetreuer nennen) werden dafür bezahlt, Sie beim Kauf und Verkauf zu beraten und Ihre Aufträge zur Ausführung an den elektronischen Handelsplatz weiterzuleiten.

Bedenken Sie, dass diese Broker für die Eingabe eines Auftrags mehr Zeit benötigen als Onlinebroker. In der Regel bekommen die Vertreter einen Prozentsatz Ihres Kontoguthabens. Scheuen Sie sich nicht, nach dem Prozentsatz zu fragen, der ihnen gezahlt wird, denn die Gebührenstruktur ist bei jeder Firma anders. Kunden mit größeren Konten erhalten in der Regel bessere Tarife und einen besseren Service.

Wenn Sie einen Börsenmakler bei einem Full-Service-Broker beauftragen, rate ich Ihnen, eine ehrliche, qualifizierte Person zu finden, die Ihr Anlageportfolio wirklich ernst nimmt. Oft wissen die Börsenmakler dieser Firmen wenig über Aktien und sind eher Verkäufer. Ist der Makler ein Treuhänder, so ist er gesetzlich verpflichtet, in Ihrem besten Interesse und nicht in seinem eigenen Interesse zu handeln.

Wenn Sie ein Konto bei einem Full-Service-Broker eröffnen, überwachen Sie es aufmerksam und stellen Sie sicher, dass die finale Genehmigung für alle Anlageentscheidungen, die der Broker trifft, bei Ihnen liegt. Nach diesem Buch werden Sie sich sicherer und sachkundiger fühlen und das wird Ihnen bei finanziellen Entscheidungen helfen.

Für diejenigen unter Ihnen, die große Summen zu verwalten haben, empfiehlt es sich, einen Vermögensverwalter zu beauftragen, der Ihr gesamtes Portfolio gegen eine jährliche (oder vierteljährliche) Gebühr verwaltet. Geldverwalter stehen in der Regel in Verbindung mit einem oder mehreren Brokerfirmen und wickeln ihre Geschäfte über diese ab. Da Sie diesem Makler eine Gebühr zahlen müssen, sollten Sie sich über die Höhe dieser Kosten informieren.

Auch wenn dies verwirrend klingen mag, sollten Sie sich nicht scheuen, Fragen zu stellen, egal welche Methode Sie wählen. Am wichtigsten ist, dass Sie wissen, wie Sie selbstständig Aktien kaufen und verkaufen können – egal, ob Sie dies allein tun oder jemanden damit beauftragen.

Discount-Broker: Schnörkelloses Trading zum Nulltarif

Discount-Broker waren in den Anfängen des Internets sehr beliebt, aber inzwischen haben sich viele mit größeren Unternehmen zusammengeschlossen. Folglich bezeichnen sich diese Brokerfirmen nicht mehr als Discount-Broker; heutzutage werden die Begriffe Onlinebroker und Discount-Broker fast synonym verwendet. Discount-Broker sind immer online und ermöglichen Ihnen, eigenständig zu traden, aber sie bieten keine Anlageberatung an und begleiten Sie in keiner Weise.

SCHRITT 2: Ein Handelskonto eröffnen

Sobald Sie sich für einen Broker entschieden haben, können Sie die Firma per Telefon, online oder persönlich (wenn diese lokale Büros hat) kontaktieren. Wenn Sie darum bitten, schickt Ihnen die Firma per E-Mail ein Anmeldepaket.

Bei der Anmeldung stellt Ihnen der Broker Fragen zu Ihrer Anlageerfahrung, Ihren finanziellen Zielen, den Produkten, mit denen Sie traden möchten, und der Höhe des Risikos, das Sie bereit sind, einzugehen (von geringem bis hohem Risiko). Machen Sie sich nicht zu viele Gedanken über den Fragebogen; er dient nur zu Informationszwecken. Nachdem Sie dieses Buch gelesen haben, wird die Beantwortung des Fragebogens ein Kinderspiel sein.

Schließlich müssen Sie auf Ihr Konto mindestens ein paar Hundert Dollar einzahlen. Erkundigen Sie sich bei der Firma nach den Mindestanforderungen. In der Regel benötigen Sie immer zusätzliches Kapital auf Ihrem Konto, damit Sie Finanzprodukte kaufen oder verkaufen können. Reichen Sie einen Scheck ein oder überweisen Sie Geld von Ihrer Bank. Dieses Geld wird in der Regel auf ein Geldkonto (vermutlich ein *Geldmarktkonto*) eingezahlt.

Was ist eine Margin?

Eine Frage, die Ihnen der Broker stellen wird, ist, ob Sie ein Margin-Konto nutzen möchten. Eine Margin ermöglicht es Ihnen, sich von der Brokerfirma Geld zu leihen, um mehr Aktien zu kaufen, als Sie sich mit Ihrem eingezahlten Geld leisten können. Wenn Sie Anfänger sind, empfehle ich Ihnen, *kein* Margin-Konto zu beantragen. Die Margin hat Schwierigkeiten für Anleger verursacht, die nicht begreifen, wie viel Geld verloren gehen kann, wenn etwas nicht nach Plan läuft. Sie können sie später immer noch hinzufügen.

Üblicherweise wird die Margin „eins zu eins“ berechnet. Wenn Sie zum Beispiel 2.500 Dollar auf Ihrem Konto haben, kann der Makler Ihnen bis zu 2.500 Dollar zusätzlich leihen. Dadurch erhalten Sie eine *Kaufkraft* von 5.000 Dollar. Allerdings ist das Geld nicht umsonst – Sie müssen Zinsen für das geliehene Geld zahlen.

Der Vorteil der Margin ist, dass Sie das Geld des Brokers nutzen, um mehr Geld zu verdienen (dies wird als *Hebelwirkung* bezeichnet). Die Hebelwirkung funktioniert hervorragend, wenn der Wert Ihrer Investition steigt.

Fällt dagegen der Wert der von Ihnen gewählten Aktie, verlieren Sie nicht nur die gesamte oder einen Teil Ihrer ursprünglichen Investition (was schon schmerzhaft genug ist), sondern Sie schulden dem Broker auch noch das geliehene Geld. Dies stellt ein zusätzliches Risiko für jede Investition unter Verwendung einer Margin dar.

Wenn die Kurse Ihrer Aktien, die Sie mit geliehenem Geld gekauft haben, einbrechen, droht Ihnen der gefürchtete *Margin Call*. Der Broker wird Sie auffordern, mehr Bargeld oder Eigenkapital für das Konto bereitzustellen oder einen Teil der Aktien zu verkaufen. Hier gibt es kein Verhandeln; Sie müssen der Nachschussforderung nachkommen. Wenn Sie nicht schnell genug reagieren, wird der Broker einige Ihrer Positionen verkaufen, bis der Margin-Prozentsatz die erforderliche Höhe erreicht hat (in der Regel 30 Prozent oder mehr).

Meiner Meinung nach ist die Margin eine riskante Methode, die man am besten erfahrenen Tradern überlässt. Legen Sie an, was Sie sich leisten können, ohne sich etwas zu leihen. Wenn Sie diesen Rat nicht beherzigen, werden Sie schnell wissen, was ich meine, wenn Sie den ersten Margin Call erhalten!

Welches Equipment benötigen Sie?

Alles, was Sie für den Einstieg als Anleger oder Trader brauchen, ist ein Computer, ein Smartphone oder ein Tablet. Bevor es das Internet gab, war es für Kleinanleger schwierig, mit Aktien zu handeln. Wir waren auf einen Börsenmakler angewiesen, der die Trades tätigte, und die Provisionen waren oft hoch (bis zu 100 Dollar pro Trade, je nach Größe des Auftrags). Dank der verbesserten Technologie und der Null-Dollar-Provisionen war es noch nie so einfach, am Aktienmarkt teilzunehmen.

Ich finde, dass ein iPad oder ein anderes Tablet ideal ist, um sich über den Markt zu informieren und Nachrichten zu lesen. Viele Menschen traden nach wie vor mit einem Computer, aber immer mehr Menschen nutzen mobile Geräte für ihre Trades.

DIE GESCHICHTE DER BÖRSE

Nach der Gründung der New Yorker Börse (NYSE) im Jahr 1792 verlegten die Broker, die die finanziellen Anforderungen für den Handel an der New Yorker Börse nicht erfüllen konnten, ihre Geschäfte an den Straßenrand. Sie erhielten den Namen „Bordstein-Broker" (englisch „curbside brokers").

Im Jahr 1911 wurden diese Broker unter dem Namen New York Curb Market bekannt. 1921 zogen die Bordstein-Broker schließlich in ein Gebäude in der Greenwich Street und änderten ihren Namen in New York Curb Exchange. 1952 wurde die Börse in American Stock Exchange (AMEX) umbenannt.

Neben der NYSE und der AMEX war die National Association of Securities Dealers Automated Quotation System (Nasdaq) die dritte Börse, die 1971 gegründet wurde. Sie war die erste elektronische Börse und die Mitglieder waren über ein Computernetzwerk miteinander verbunden.

Um besser am Markt bestehen zu können, haben sich viele der kleineren Börsen (darunter auch die AMEX) 2008 mit der NYSE vereint. Auch die Nasdaq schnappte sich einige der kleineren Börsen, behielt aber ihren Namen. Wenn Sie in den Vereinigten Staaten leben, werden Sie höchstwahrscheinlich Aktien an einer der beiden großen US-Börsen kaufen: der NYSE oder der Nasdaq. Diese Geschichte ist zwar interessant, hat aber keinen Einfluss auf Sie als Anleger. Es spielt keine Rolle, an welcher Börse Sie Aktien kaufen.

Börsen gibt es in fast jedem Land der Welt, wobei der US-Markt der größte ist. Weitere Länder mit einer Börse sind Deutschland, das Vereinigte Königreich, die Schweiz, Frankreich, die Niederlande, Russland, Japan, China, Schweden, Italien, Brasilien, Mexiko, Kanada, Australien, Dänemark, Hongkong, Indien, Südkorea, Finnland, Estland, Lettland, Litauen, Island, Armenien, Taiwan, Südafrika, Spanien, Singapur, Thailand, Indonesien, die Ukraine, die Türkei, Ungarn, Saudi-Arabien und fast alle Länder in Asien, Afrika, der Europäischen Union und Lateinamerika, die oben nicht genannt wurden.

• • • • • •

Einstieg in eine Börse

Es ist nicht einfach für ein Unternehmen, an einer Börse notiert zu werden, denn jede Börse hat spezifische Zulassungsstandards. Es kann Jahre dauern, bis ein neues Unternehmen alle Regeln und Vorschriften erfüllt und seine Aktien zum Handel an der Börse zugelassen werden.

Zu den Unternehmen, die an der NYSE notiert sind, gehören beispielsweise einige der bekanntesten und größten Konzerne der Welt – Blue-Chip-Unternehmen wie 3M, American Express, AT&T, Boeing, Caterpillar, Chevron, Cigna, Coca-Cola, Dupont, Home Depot, Honeywell, IBM, Johnson & Johnson, Lowe's, McDonald's, Merck, Nike, Procter & Gamble, Salesforce, Travelers, UnitedHealth, Visa, Walmart und Walt Disney. An der NYSE sind über 2.800 Unternehmen notiert.

Die Nasdaq hingegen ist sowohl eine Börse als auch ein Index. Der Nasdaq-Index enthält viele Technologieunternehmen wie Alphabet, Amazon, Apple, Cisco Systems, Intel, Meta, Microsoft, Netflix und Nvidia. An der Nasdaq-Börse sind mehr als 3.300 Unternehmen notiert.

Neben der Nasdaq und der NYSE werden mehr als 12.000 Aktien *außerbörslich* und damit nicht an einer Börse gehandelt. Einige dieser Unternehmen sind groß, aber die meisten sind klein. Manche erfüllen die Anforderungen der SEC (Securities and Exchange Commission), um an einer Börse notiert zu werden, andere nicht. Es ist ratsam, diese Unternehmen gründlich zu recherchieren (also Ihre *Sorgfaltspflicht* zu erfüllen), bevor Sie in außerbörslich gehandelte Aktien investieren.

Schließlich gibt es auch Aktien, die die Anforderungen der US-Börsenaufsicht (SEC) nicht erfüllen und in den sogenannten „Pink Sheets“ notiert sind. Mein Ratschlag: Kaufen Sie keine Aktien, die auf den „Pink Sheets“ notiert sind – sie sind zwar leicht zu kaufen, aber schwer zu einem guten Preis zu verkaufen.

• • • • • •

Nachdem Sie nun ein Handelskonto eröffnet und Kapital eingezahlt haben, ist es an der Zeit, den nächsten Schritt zu wagen, nämlich zu investieren oder zu traden. Ich werde Ihnen zunächst zeigen, wie Sie eine sogenannte Watchlist erstellen, also eine Liste mit den wichtigsten Aktien, die Sie beobachten wollen. Die Erstellung einer Watchlist ist der erste Schritt, um zu lernen, wie man tradet oder investiert.

Kapitel 3

IHRE WATCHLIST

Inzwischen haben Sie wahrscheinlich ein Handelskonto eröffnet oder denken darüber nach und können es kaum erwarten, die erste Aktie zu kaufen. Ich rate Ihnen dringend, noch etwas zu warten, bevor Sie echtes Geld in den Markt investieren. Sie sollten vor dem Kauf recherchieren und analysieren.

In diesem Kapitel zeige ich Ihnen, wie Sie eine *Watchlist* erstellen, in der die Aktien oder anderen Finanzprodukte gelistet sind, die Sie zu kaufen gedenken (oder bereits besitzen). Eine Watchlist zu führen ist wichtig, denn sie zwingt Sie dazu, sich über die Unternehmen zu informieren, deren Aktien Sie besitzen möchten. Die Watchlist befindet sich in der Software Ihres Handelskontos; betrachten Sie sie als Ihren Ausgangspunkt.

Leider lassen viele diesen Schritt aus, weil sie sich nicht bewusst sind, wie wichtig er ist. Die Alternative ist, Aktien anhand von Tipps oder Vermutungen zu kaufen. Ich möchte nicht, dass Sie in diese Falle tappen.

Lernen wir zunächst, wie man mithilfe seiner eigenen Watchlist Aktien findet.

Welche Aktien Sie auf Ihre Watchlist setzen sollten

Bevor Sie tatsächlich Aktien kaufen und verkaufen, fragen Sie sich vielleicht: „Wo finde ich Aktien, die mir Geld einbringen?“ Die kurze Antwort lautet: überall. Es ist zwar einfach, herauszufinden, welche Aktien man kaufen sollte, aber leider ist es nicht so einfach, mit ihnen Geld zu verdienen. Am Ende dieses Buches werden Sie jedenfalls lernen, wie Sie beides tun können.

Als Erstes brauchen wir geeignete Aktien. Das ist der leichte Teil. Es gilt, die Spreu vom Weizen zu trennen, sprich, in Aktien zu investieren, mit denen man wirklich Geld verdienen kann. Gewinner-Aktien sind profitabel – manchmal nur für einen Tag oder eine Woche, aber die besten Aktien bringen Gewinne für Monate, Jahre oder sogar Jahrzehnte.

Ihre Aufgabe ist es nun, an Unternehmen zu denken, von denen Sie gehört haben oder die Sie kennen, weil Sie Kunde sind. Ihr Ziel ist es, Aktien zu finden, die zukünftiges Wachstumspotenzial haben und im Wert steigen werden. Es gibt allerdings einen großen Unterschied zwischen den Aktien, die Sie kaufen möchten, und den Aktien, die Sie tatsächlich kaufen.

Aktienideen gibt es überall

Legen Sie vorerst eine schriftliche Liste mit Aktien an, die Ihnen als gute Ideen erscheinen. Später setzen Sie diese Aktien auf Ihre Watchlist. Jetzt geht es nicht ums Kaufen, sondern ums Beobachten. Sofern Ihr Nachbar oder Freund kein Finanzexperte (oder Wahrsager) ist, sind die Aktienideen dieser Person so nützlich wie die Tippzettel, die bei einem Pferderennen kostenlos verteilt werden.

Peter Lynch, einer der besten Aktienanalysten der 1990er-Jahre, entwickelte Aktienideen, indem er beobachtete, wie und wo die Leute einkauften. Er ging ins Kaufhaus und beobachtete, welche Geschäfte beliebt waren. Er zählte sogar die geparkten Autos auf dem Parkplatz. Je mehr Autos, desto besser. Dies veranlasste Lynch, über diese Unternehmen nachzuforschen. Er wollte beliebte Unternehmen mit günstigen Aktienkursen finden, die gute Aussichten auf ein langfristiges Gewinnwachstum haben.

Mit Lynchs Methoden hätten Sie feststellen können, dass Apple oft der meistbesuchte Laden im Einkaufszentrum war. Andere Lieblingsgeschäfte der Besucher waren Walmart, Home Depot, Lowe's, Starbucks und McDonald's, vor allem wegen ihrer wettbewerbsfähigen Preise und beliebten Produkte. Jeder, der Aktien dieser Unternehmen kaufte und hielt, verdiente Geld. Als sich immer mehr Menschen dem Online-Einkauf zuwandten, wurde klar, dass Amazon ein Riesenerfolg sein würde.

Vielleicht ist Ihnen aufgefallen, dass bei Sears weniger Menschen einkauften als bei Apple. Der Unterschied zwischen den Besucherzahlen der beiden Läden war erstaunlich. Zwar hielt sich Sears noch ein weiteres Jahrzehnt, doch schließlich musste das einst so beliebte Unternehmen den Betrieb einstellen. Jeder, der in Sears-Aktien investierte und sie langfristig hielt, verlor Geld.

Dies ist lediglich eine Methode, um Aktien zu finden. Wir werden später auf andere Methoden eingehen.

Ein Tipp: Um Aktien zu finden, die Sie kaufen möchten, empfehle ich Ihnen die Verwendung eines Aktien-Screeners. Ein *Aktien-Screener* ist ein hervorragendes Werkzeug, das Aktien nach den von Ihnen eingegebenen *fundamentalen* oder *technischen* Kriterien sucht. Suchen Sie beispielsweise nach Aktien, die sich auf oder nahe ihrem 52-Wochen-Hoch befinden. Es kann sein, dass sich diese Aktien noch weiter nach oben bewegen. Später gehen wir in diesem Buch auf weitere Kriterien ein, nach denen Sie suchen können.

Zu den Finanzseiten mit Aktien-Screener gehören Yahoo Finance, Google Finance, Barchart, MarketWatch, Zacks, Finviz, MSN Money und Market Chameleon, um nur einige zu nennen. Eine vollständige Liste der Websites finden Sie auch im Anhang am Ende des Buches.

Informationen auf der Watchlist

Die Aktien auf Ihrer Watchlist enthalten grundlegende Angaben wie den letzten *Aktienkurs*, die *Geld-* und *Briefkurse*, das *Volumen* und andere wichtige Daten.

Abbildung 3.1 zeigt einen Ausschnitt aus einer von mir erstellten Watchlist. Sie können einer solchen Liste jede beliebige Aktie „hinzufügen“, diese „bearbeiten“ oder „löschen“. Bei den meisten Brokern können Sie mehrere Watchlists erstellen.

INSTRUMENT	▲ LAST	▲ CHANGE %	▲ BID	▲ ASK	▲ VOLUME
AXP AMERICAN EXPRESS CO	169.50	0.77%	169.21	169.90	9.19M
ATVI ACTIVISION BLIZZARD, INC	92.16	−0.38%	92.16	92.40	8.94M
AMZN AMAZON.COM INC	3401.00	−1.39%	3400.00	3401.00	3.94M
AMGN AMGEN INC	242.68	0.72%	239.16	244.50	4.31M
AMD ADVANCED MICRO DEVICES	85.64	−0.53%	85.56	85.64	27.8M
AMAT APPLIED MATERIALS INC	136.49	−1.28%	136.24	136.49	7.28M

ABBILDUNG 3.1 Watchlist.
(Quelle: Interactive Brokers, Client Portal platform, Juni 2021.)

Jede Aktie hat ein einzigartiges Kürzel aus ein bis fünf Buchstaben, das sogenannte *Tickersymbol*. Der Buchstabencode von Apple lautet zum Beispiel AAPL. Das Tickersymbol von Amazon lautet AMZN. Das von Adobe lautet ADBE. Beim Erstellen einer Watchlist oder beim Abrufen von Aktienkursen geben Sie den Buchstabencode oder den Firmennamen ein.

Die benutzerdefinierte Watchlist enthält mehrere Spalten, aber ich werde mich auf die Informationen konzentrieren, die für Sie am wichtigsten sind:

1. **Symbol.** Ein einzigartiger Buchstabencode und der Name des Unternehmens.
2. **Aktienkurs.** Der letzte Aktienkurs.
3. **Veränderung.** Die Kursdifferenz (in Prozent) zwischen dem gestrigen Schlusskurs und dem letzten Kurs.
4. **Geld-/Briefkurs.** Das ist die Spanne. (In Kapitel 5 werden wir darauf ausführlich eingehen.)
5. **Volumen.** Die Anzahl der an einem bestimmten Tag gehandelten Aktien. Bei häufig gehandelten Aktien werden täglich Millionen von Anteilen gehandelt, während bei Aktien mit geringem Volumen (also wenig gehandelten Anteilen) täglich nur wenige Tausend Anteile gehandelt werden können.

Ein Tipp: Wenn Sie Anfänger sind, empfehle ich Ihnen, Aktien mit einem hohen Handelsvolumen zu kaufen, also mindestens 100.000 gehandelte Aktien pro Tag.

Die Watchlist enthält zwar noch viel mehr Informationen, aber diese Spalten könnten Ihnen schon reichen. Mit zunehmender Erfahrung können Sie weitere Informationen abrufen.

Aktien auf meiner Watchlist

Die meisten erfahrenen Trader haben eine Watchlist mit Aktien, die sie verfolgen und beobachten, und Sie sollten das auch tun. Um den Einstieg zu erleichtern, hier eine Liste von 88 bekannten und beliebten Unternehmen (zum Zeitpunkt, als ich das Buch schrieb), die auf meiner Watchlist stehen.

Wenn Sie neu an der Börse sind und dies Ihre erste Watchlist ist, mögen Ihnen 88 Aktien übertrieben vorkommen – und für die meisten Menschen ist das wahrscheinlich auch so. Machen Sie sich bitte keine Sorgen, denn Sie werden nicht in so viele Aktien investieren oder mit ihnen traden. Diese Liste bietet eine Kerngruppe von Aktien, die Sie beobachten können.

Die folgenden Einzelaktien sind auf meiner Watchlist in alphabetischer Reihenfolge nach Symbolen geordnet. Zugegeben, viele dieser Aktien sind recht teuer; erstellen Sie ruhig Ihre eigene Liste mit Aktien, die in Ihre Komfortzone passen.

A (Agilent Technologies)
ABT (Abbott Laboratories)
ABBV (AbbVie)
AAPL (Apple)
ADBE (Adobe)
AMAT (Applied Materials)
AMD (Advanced Micro Devices)
AMGN (Amgen)
AMZN (Amazon)
ATVI (Activision)
AXP (American Express)
BA (Boeing)
BABA (Alibaba Group)
BBY (Best Buy)
BIDU (Baidu)
BMY (Bristol-Myers)
BX (The Blackstone Group)
BYND (Beyond Meat)
C (Citigroup)
CAT (Caterpillar)
CL (Colgate-Palmolive)
CLX (Clorox)
CMG (Chipotle)
COST (Costco)
CRM (Salesforce)
CRWD (CrowdStrike)
CTXS (Citrix)
CVS (CVS Health)
DE (Deere)
DFS (Discover)
DIS (Walt Disney)
DOCU (DocuSign)
EBAY (Ebay)
ETSY (Etsy)
EXPE (Expedia)
FDX (FedEx)
FSLY (Fastly)
GILD (Gilead Sciences)
GIS (General Mills)
GLD (Gold Trust)
GOOG (Alphabet)
GS (Goldman Sachs)
HD (Home Depot)
HLT (Hilton Worldwide Holdings)

HON (Honeywell International)
IBM (International Business Machines)
INTC (Intel)
JNJ (Johnson & Johnson)
JPM (JP Morgan Chase)
KO (Coca-Cola)
LLY (Eli Lily)
LMT (Lockheed Martin)
LOW (Lowe's)
LULU (Lululemon Athletica)
MA (Mastercard)
MAR (Marriott International)
MCD (McDonald's)
Meta (MVRS)
MMM (3M)
MRK (Merck)
MSFT (Microsoft)
MU (Micron)
NFLX (Netflix)
NKE (Nike)
NVDA (Nvidia)
OSTK (Overstock)
PEP (PepsiCo)
PG (Procter & Gamble)
PYPL (PayPal Holdings)
QCOM (Qualcomm)
ROKU (Roku)
SBUX (Starbucks)
SHOP (Shopify)
SPLK (Splunk)
SQ (Square)
TGT (Target)
TSLA (Tesla)
TWLO (Twilio)
TXN (Texas Instruments)
UPS (United Parcel Service)
V (Visa)
VZ (Verizon)
W (Wayfair)
WBA (Walgreens Boots Alliance)
WMT (Walmart)
WYNN (Wynn Resorts)
XLNX (Xilinx)
ZM (Zoom Video Communications)

Mit der Zeit werden sich die Namen ändern. Führen Sie eine aktuelle Liste mit Aktien, die Sie interessieren. Einige Aktien Ihrer Liste werden stark mit dem Aktienmarkt korrelieren (zum Beispiel mit dem Dow, dem S&P 500 und dem Nasdaq) und stellen die Kerngruppe der Aktien dar, die Sie beobachten werden.

Hinweis: Eine Aktie zu verfolgen oder zu beobachten, erfordert ein wenig Arbeit. Das heißt, Sie müssen häufig nach Nachrichten suchen und wissen, ob diese Nachrichten für die Zukunft des Unternehmens wichtig sind.

Die Liste ändert sich laufend

Betrachten Sie Ihre Watchlist als Ausgangspunkt. Sobald sich die wirtschaftlichen Bedingungen ändern und Jahre vergehen, ändert sich auch Ihre Aktienliste. Manche Aktien werden im Preis sinken oder bei Institutionen nicht mehr gefragt sein. Neue Unternehmen werden auftauchen und Sie können sie in Ihre Liste aufnehmen oder weglassen.

Ein Tipp: Angenommen, jemand gibt Ihnen einen Tipp für eine heiße Aktie, über die er (oder sie) gelesen hat. Statt sofort zu Ihrem Handelskonto zu greifen und die Aktie zu kaufen, fügen Sie die Aktie zunächst Ihrer Watchlist hinzu. Wenn der Tippgeber recht hat, wird der Aktienkurs mit der Zeit steigen. Liegt der Tippgeber falsch, wird der Aktienkurs fallen. Beobachten Sie, aber kaufen Sie erst, wenn Sie sicher sind, dass die Aktie aufgrund der gründlichen und Technischen Analyse (die Sie später kennenlernen werden) ein Gewinner ist.

Zur Erinnerung: Erfahrene Trader und Investoren verwenden Scan-Programme, die in der Trading-Software enthalten sind. Mit einem Scan-Programm legen Sie die spezifischen Kriterien fest, nach denen Sie suchen. Mit zunehmender Erfahrung werden Sie diese Kriterien immer besser einschätzen können.

Wie verhält sich der Markt?

Neben der Beobachtung einzelner Aktien sollten Sie auch wissen, wie sich der Gesamtmarkt entwickelt. Die Finanzwelt ist geradezu besessen davon, zu wissen, wie sich der „Markt“ entwickelt. Wenn Sie Personen kennen, die in den Aktienmarkt investiert haben, hören Sie sie vielleicht darüber reden, ob der Markt gestiegen oder gefallen ist. Sehen wir uns einmal an, was sie mit „dem Markt“ meinen.

Wenn vom Markt die Rede ist, handelt es sich häufig um den Dow Jones Industrial Average (DJIA), den Index oder Korb von 30 großen, bekannten US-Unternehmen (oft als „Blue Chip"-Aktien bezeichnet). Der Index wird gern als „der Dow" bezeichnet. Übrigens sind viele der Aktien aus dem Dow 30 in meiner obigen Watchlist enthalten. Die Aktien im Dow ändern sich regelmäßig, sobald die Eigentümer des Index, S&P Dow Jones Indices, die Aktien einzelner Unternehmen hinzufügen oder entfernen. Die Eigentümer passen den Index aus verschiedenen Gründen an, unter anderem entfernen sie eine Aktie, wenn sie nicht mehr für ein führendes Industrieunternehmen in den Vereinigten Staaten steht. Manchmal wird eine Aktie gestrichen und durch eine andere ersetzt, die die aktuelle Wirtschaft besser widerspiegelt.

Andere wichtige Börsenindizes: S&P 500 und Nasdaq

Der Dow (entstanden 1896) ist nicht der einzige Index, den es lohnt zu verfolgen. Er ist jedoch der bekannteste Index, da er der erste Index war, der Aktien abbildete. Heute gibt es Hunderte von anderen Indizes, die von Einzelhandels- über Versorgungs- bis hin zu Technologie-Aktien alles abbilden. Einige erfahrene Investoren behalten viele dieser Indizes im Auge, aber die meisten Privatanleger beobachten die Top 3.

Auf den Dow folgt als beliebtester Index der S&P 500 (das Symbol für diesen Index lautet SPX), da er den gesamten US-Aktienmarkt repräsentiert. Falls Sie sich gedacht haben, dass dieser Index 500 Aktien enthält, liegen Sie richtig. Dieser Index enthält die 500 Aktien mit der größten *Marktkapitalisierung*.

Das heißt, anders als beim Dow Jones Industrial Average, der „kursgewichtet" ist, wird jeder Aktie im S&P 500 Index eine Gewichtung basierend auf ihrer gesamten Marktkapitalisierung zugewiesen. (Die Marktkapitalisierung [englisch „market cap"] gibt an, wie groß ein Unternehmen ist. Sie wird in Kapitel 10 ausführlicher behandelt.)

Der drittgrößte Index ist der Nasdaq Composite Index (Nasdaq), der alle an der Nasdaq-Börse gehandelten Aktien abbildet. Wo immer der Dow aufgeführt ist, finden Sie fast immer auch den S&P 500 und den Nasdaq darunter stehend. Weitere beliebte Indizes sind der Russell 2000 Index und der Wilshire 5000.

Das Ziel der Profis: Die Indizes schlagen

Wären Sie ein professioneller Vermögensverwalter, wäre es Ihr Ziel, jedes Jahr die wichtigsten Marktindizes zu schlagen. Was bedeutet das? Das heißt, wenn der Dow oder der S&P 500 in diesem Jahr um 15 Prozent steigen würde, müsste Ihr Portfolio mehr als 15 Prozent erwirtschaften (Ihr Jahresendbonus hängt davon ab).

Die schlechte Nachricht ist, dass es für die meisten Menschen, selbst für professionelle Investoren, sehr schwer ist, die Indizes regelmäßig zu schlagen. Tatsächlich wird berichtet, dass über 80 Prozent der professionellen Fondsmanager die Indizes *nicht* jedes Jahr schlagen.

In manchen Jahren schlagen nur 15 bis 20 Prozent der professionellen Manager und Hedgefonds den S&P 500 Index, und in manchen Aktienkategorien (wie beispielsweise im internationalen, Technologie- und Finanzsektor) schlagen sogar noch weniger die Indizes.

Sie können diese Situation auf verschiedene Weise angehen. Einige von Ihnen denken vermutlich, wenn ein professioneller Manager die Indizes nicht ständig schlagen kann, wie stehen dann Ihre Chancen? Erstens könnten Sie sich antrainieren, besser als die Profis zu sein, was möglich, aber schwierig ist. Zweitens könnten Sie direkt in die Indizes investieren, indem Sie *börsengehandelte Fonds* (ETFs) kaufen und so die Leistung der Indizes nachahmen, anstatt zu versuchen, sie zu schlagen. (In Kapitel 6 werden wir ausführlicher auf ETFs eingehen.) Für viele Anleger ist es erstrebenswert, die Wertentwicklung der Indizes nachzuahmen (statt sie zu schlagen).

Wie Sie den Markt beobachten

Der einfachste Weg, selbst herauszufinden, wie sich der Markt täglich entwickelt, ist, sich in Ihrem Handelskonto anzumelden und einen Blick auf Ihre Watchlist zu werfen. Sie können sich ebenso auf Dutzenden von Websites informieren, die Börsenkurse und Finanznachrichten anbieten.

Darüber hinaus bietet jede Finanzseite, jede Zeitung und jeder Fernsehsender Kurse zu den drei wichtigsten Indizes. Wenn der Dow oder die anderen Indizes einen besonders guten oder schlechten Tag haben, sorgt das für große Schlagzeilen.

Erkunden Sie die Trading-Software

Die Watchlist ist nur ein Teil der leistungsstarken Software, die Ihr Broker anbietet. Es macht Spaß, sich mit all den Tools, der Software und den Bildungsressourcen zu beschäftigen, die einem zur Verfügung stehen (auch wenn es Ihnen anfangs zu viel erscheint). Nehmen Sie sich die Zeit, die Software zu erkunden. Trading-Softwares sind meist leicht zu bedienen, wobei viele mit Funktionen ausgestattet sind, die Sie nie nutzen werden. Sie haben die Möglichkeit, die Software zu personalisieren, indem Sie etwa die Schriftgröße oder das Farbschema ändern. Sie können auch die auf Ihrer Oberfläche angezeigten Informationen ändern, zum Beispiel ob Nachrichten über bestimmte Aktien angezeigt werden sollen. Es ist wichtig, dass Sie sich mit der Software vertraut machen, bevor Sie wirklich traden.

Ein Tipp: Bevor Sie sich bei einem Broker anmelden, sollten Sie die Software ausprobieren, um zu prüfen, ob die Oberfläche einfach zu bedienen ist. Einige Broker stellen ein simuliertes Trading-Programm oder ein Demokonto zur Verfügung. Wenn Ihr Broker diese Funktion nicht anbietet, gibt es eine Reihe von Websites von Drittanbietern, über die Sie mit einem simulierten Konto traden können. Ich empfehle Ihnen, vor dem ersten „echten" Trade mit einem Demokonto zu traden.

WIE DER DOW JONES INDUSTRIAL AVERAGE GEGRÜNDET WURDE

Im Jahr 1884 berechnete ein Reporter namens Charles Dow einen Durchschnittswert für die Schlusskurse von elf Eisenbahnaktien. Damit wollte er eine Möglichkeit finden, die tägliche Entwicklung des Aktienmarktes zu messen. Er schrieb in einer vierseitigen Zeitung, einer sogenannten „Flimsie", aus der 1889 das *Wall Street Journal* hervorging, Kommentare über den Aktienmarkt. Ein paar Jahre später führte das Unternehmen von Charles Dow den Dow Jones Industrial Average mit zwölf Industrieaktien ein. Der Durchschnitt wurde berechnet, indem alle im Index enthaltenen Aktienkurse addiert und durch die Anzahl der Aktien geteilt wurden – die zu diesem Zeitpunkt zwölf betrug.

Die ursprünglichen zwölf Aktien im Dow waren die größten und am weitesten verbreiteten Unternehmen zum Ende des 19. Jahrhunderts – darunter American Tobacco, Distilling and Cattle Feeding, U.S. Leather und General Electric, um nur einige zu nennen.

Raten Sie mal, welche Aktien noch im Index enthalten sind? Wenn Sie auf „keine" getippt haben, liegen Sie richtig. Die anderen Unternehmen haben ihren Betrieb entweder eingestellt oder sich mit anderen zusammengeschlossen. General Electric blieb jedoch bis 2018 im Dow und wurde dann aus dem Index gestrichen.

Bis 1928 stieg die Zahl der Aktien im Dow Jones Industrial Average auf 30 an, die bis heute beibehalten wurde (weshalb der Index auch *Dow 30* genannt wird). Diese 30 Aktien sind ein repräsentatives Beispiel für die wichtigsten Industrie*sektoren* auf dem Aktienmarkt. (Ein Sektor ist eine Gruppe von Unternehmen derselben Branche, wie zum Beispiel Technologie, Versorger, Energie, Pharmazie und so weiter.)

Der Dow ist ein *kursgewichteter* Index, was heißt, dass Aktien mit einer höheren Gewichtung den Dow-Index stärker beeinflussen als Aktien mit einer niedrigeren Gewichtung. Beispielsweise ist Apple auf dem heutigen Markt hoch gewichtet (aufgrund seines hohen Aktienkurses), und wenn dessen Kurs um einige Punkte fällt, ist es sehr wahrscheinlich, dass der Dow-Index an diesem Tag niedriger ausfällt, selbst wenn keine der anderen Aktien viel nachgibt.

Die täglichen Ergebnisse des Dow sind leicht zu verfolgen – über sie wird online, im Fernsehen und fast überall sonst berichtet. Da mehr als die Hälfte der Öffentlichkeit am Aktienmarkt investiert ist, sind viele daran interessiert, was im Dow täglich passiert. Anhand des Dow können Sie sich ein Bild davon machen, wie sich der Markt jetzt und in der Vergangenheit entwickelt hat. Er liefert auch Hinweise auf den Markt*trend*: höher, niedriger oder seitwärts (der Trend beschreibt lediglich die Richtung, in die sich eine Aktie oder ein Markt bewegt).

Wenn wir also vom Dow sprechen, meinen wir eigentlich eine stellvertretende Gruppe von 30 Aktien. Selbst wenn der Markt fällt, können die Aktien, die Sie besitzen, im Laufe des Tages steigen, fallen oder unverändert bleiben.

Hier finden Sie eine aktuelle Liste der 30 Dow-Aktien (einschließlich des Tickersymbols).

Hinweis: Es kann sein, dass sich mehrere Dow-Namen geändert haben, während Sie dieses Buch lesen.

Langfristig gesehen kann man mit dem Kauf einiger der am weitesten verbreiteten und erfolgreichsten Aktien der Welt kaum etwas falsch machen.

3M (MMM)
American Express (AXP)
Amgen (AMGN)
Apple (AAPL)
Boeing (BA)
Caterpillar (CAT)
Chevron (CVX)
Cisco Systems (CSCO)
Coca-Cola (KO)
Dow (DOW)
Goldman Sachs Group (GS)
Home Depot (HD)
Honeywell International (HON)
Intel (INTC)
International Business Machines (IBM)
Johnson & Johnson (JNJ)

JP Morgan Chase (JPM)
McDonald's (MCD)
Merck (MRK)
Microsoft (MSFT)
Nike (NKE)
Procter & Gamble (PG)
Salesforce (CRM)
Travelers Companies (TRV)
UnitedHealth Group (UNH)
Verizon (VZ)
Visa (V)
Walgreens Boots Alliance (WBA)
Walmart (WMT)
Walt Disney (DIS)

Abbildung 3.2 zeigt ein Foto, auf dem Börsenkurse von Hand auf eine Kreidetafel in einer Brokerfirma geschrieben werden – die Art und Weise, wie die Börsen die Börsenkurse festhielten, bevor die Computer erfunden wurden.

ABBILDUNG 3.2 Dieses Foto, das sich in meinem Besitz befindet, zeigt die Börsenkurse der New Yorker Börse, die 1909 in einer Brokerfirma auf eine Tafel geschrieben wurden.

Die Broker stellten Tafeljungen (sogenannte „board boys“) ein, die an der wandgroßen Tafel die neuesten Kurse notierten. Die Kurse wurden über einen speziellen Telegrafen, den Börsenticker, übermittelt. Der große Erfinder Thomas Edison war zwar nicht derjenige, der den Börsenticker erfand, aber er machte ihn 1869 viel schneller und effizienter.

••••••

Es war hoffentlich hilfreich für Sie, zu lernen, wie man eine Watchlist erstellt. In Teil 2 des Buches zeige ich Ihnen, wie Sie Aktien kaufen und verkaufen können – ein Kapitel, auf das viele von Ihnen gewartet haben.

Kapitel 4

WIE DIE WALL STREET BEWERTET

In diesem wichtigen Kapitel lernen Sie, wie Sie Ihren Gewinn oder Verlust an der Börse nachvollziehen können (keine Sorge – es ist ganz einfach). Es ist für Ihren Erfolg als Anleger oder Trader unerlässlich, zu verstehen, wie Gewinne und Verluste berechnet werden.

Sie werden auch das Punktesystem der Wall Street kennenlernen, mit dem Aktien bewertet werden, und wir werden die Hauptursachen für steigende oder fallende Kurse erörtern (die Antwort wird Sie vielleicht überraschen).

Die Aktienübersicht

Bevor Sie einen Auftrag erteilen, benötigen Sie erst einmal die Aktienübersicht. Wie Sie bereits wissen, hat jede Aktie ihr eigenes *Tickersymbol*. Wenn Sie sich über das Tickersymbol unsicher sind, geben Sie den Namen des Unternehmens in das Suchfeld ein, dann werden Symbol und Kurs sofort angezeigt. Sie müssen beim Traden das richtige Symbol eingeben. Viele Menschen bezeichnen eine Aktie mit ihrem Symbol und nicht mit ihrem vollständigen Namen. Sobald Sie mit dem Trading oder Investieren beginnen, werden Sie sich die Aktiensymbole Ihrer Aktien leicht einprägen können.

Ein Beispiel für eine detaillierte Aktienübersicht für XYZ Manufacturing Company (kein echter Name) ist in Abbildung 4.1 dargestellt. Ein Blick auf den Kurs zeigt, dass der Preis von XYZ bei 143,76 Dollar *pro Aktie* liegt – zu diesem Preis wurde die Aktie zuletzt gehandelt.

Previous Close	**143.76**	Market Cap	**2.386T**
Open	**143.77**	Beta (5Y Monthly)	**1.22**
Bid	**144.41 x 1000**	PE Ratio (TTM)	**28.26**
Ask	**144.33 x 1300**	EPS (TTM)	**5.11**
Day's Range	**143.51–144.69**	Earnings Date	**Oct 27, 2021–Nov 01, 2021**
52 Week Range	**107.32–157.26**	Forward Dividend & Yield	**0.88 (0.62%)**
Volume	**13,148,530**	Ex-Dividend Date	**Aug 06, 2021**
Avg. Volume	**78,256,850**	1Y Target Est	**167.92**

ABBILDUNG 4.1 Ein Beispiel einer detaillierten Aktienübersicht.
(Quelle: Yahoo Finance.)

Vor der ersten Investition oder dem ersten Trade ist es wichtig, die Aktienübersicht zu prüfen. Je besser Sie die im Laufe des Tages ständig wechselnden Aktienkurse verstehen, desto einfacher wird es, Aktien zu einem günstigen Preis zu kaufen.

Wie Sie im vorigen Kapitel gelernt haben, enthält die Aktienübersicht grundlegende Informationen wie das Tickersymbol, den letzten Aktienkurs, den aktuellen Geld- und Briefkurs und das heutige Volumen. Außerdem enthält sie Details wie die Anzahl der *im Umlauf befindlichen Aktien*, die *Marktkapitalisierung*, das 52-Wochen-Hoch und -Tief, das *Ex-Dividenden-Datum* und das Dividendenzahlungsdatum (falls vorhanden) sowie die einjährige Kursentwicklung der Aktie, auf die wir in Kapitel 10 näher eingehen werden.

Wenn Sie den aktuellen Aktienkurs nicht kennen, können Sie ihn schnell online auf der Website Ihrer Brokerfirma oder auf Dutzenden von Finanzseiten finden. Sie können sich auch Apps für Ihr mobiles Gerät herunterladen, die Kurse liefern.

Auf die Punkte kommt es an

Da Sie nun eine allgemeine Vorstellung vom Aktienmarkt haben, lassen Sie uns über Geld sprechen. Erinnern Sie sich an den Begriff „Aktien*anteile*", der besagt, dass Sie am Erfolg oder Misserfolg des Unternehmens, das Sie besitzen, „teilhaben".

Sie können eine beliebige Anzahl von Aktien kaufen – so viele, wie Sie sich leisten können. Jede Aktie wird unabhängig gehandelt und hat ihren eigenen *Preis*, der von ein paar Cent (diese werden als *Pennystocks* bezeichnet) bis zu Tausenden von Dollar pro Aktie reicht. Die Aktienkurse ändern sich ständig. Zur Ermittlung von Gewinnen und Verlusten auf dem Aktienmarkt verwendet die Wall Street den Begriff *Punkte*, der für einen Dollar pro Aktie steht.

Gehen wir nun näher auf die Ermittlung der Punkte ein (Gewinn- und Verlustermittlung für jeden Trade oder jede Investition). Nehmen wir an, Sie haben eine Aktie für 20 Dollar pro Anteilschein gekauft. Ist der Kurs auf 25 Dollar pro Aktie gestiegen, hat die Aktie fünf *Punkte* zugelegt. Ihre Scorecard würde einen Gewinn von 5 Dollar für jede Aktie ausweisen. Wenn Ihr Aktienkurs von 10 auf 11 Dollar pro Aktie gestiegen ist, haben Sie einen Punkt (oder 1 Dollar pro Aktie) verdient.

So wird der Punktestand an der Wall Street geführt. Diese Art von Scorecard wird auch für die großen Indizes wie den Dow (DJIA), den Nasdaq und den S&P 500 verwendet. Wenn der Dow von 30.000 auf 30.100 gestiegen ist, würden wir sagen, dass der Markt um 100 Punkte zugelegt hat.

Ein Tipp: Zwar ist es angemessen, anderen zu sagen, wie viele Punkte Sie gemacht oder wie viel Prozent Sie erreicht haben, aber es erscheint unhöflich (oder unklug), anderen zu sagen, wie viele Dollar Sie an der Börse verdient haben. (Ich bin kein Fachmann für Anstandsregeln, also urteilen Sie selbst.)

Wie teuer ist eine Aktie?

Wenn Sie die folgende Berechnung beherrschen, können Sie die Zahlen hinter dem Kauf oder Verkauf von Aktien verstehen. Da der Markt eine Auktion ist, findet jeder Handel zu einem bestimmten Preis statt. Dieser Preis ändert sich häufig – bei manchen Aktien sogar mehrmals pro Sekunde.

Nehmen wir an, Sie interessieren sich für die XYZ Manufacturing Company, und der Preis pro Aktie beträgt 20 Dollar. Sie beschließen, 100 Aktien zu kaufen. Die Rechnung sieht wie folgt aus: 100 Aktien multipliziert mit 20 Dollar pro Aktie sind 2.000 Dollar. Das bedeutet, dass Sie 2.000 Dollar an einen (anonymen) Aktienverkäufer zahlen müssen. Dieses Geld wird über Ihre Brokerfirma (die als Vermittler agiert) überwiesen.

Ein anderes Beispiel: Nehmen wir an, Sie möchten 500 Aktien einer Aktie kaufen, die für 22 Dollar pro Aktie gehandelt wird. Wie viel wird das kosten? Die Antwort lautet 11.000 Dollar (500 x 22 Dollar).

Hinweis: Denken Sie daran, nach der Eröffnung eines Handelskontos Geld an den Broker zu überweisen (dies wird als „Einzahlung auf Ihr Konto“ bezeichnet). Dieses Geld wird auf einem Bargeld- oder Geldmarktkonto angelegt, bis Sie es für den Kauf von Aktien benötigen. Wenn Sie zum Kauf bereit sind, überweist der Broker automatisch den entsprechenden Geldbetrag vom Geldkonto auf das Aktienkonto. Vor dem Internet wurde für jede Transaktion eine Provision fällig, aber diese Zeiten sind vorbei (und das ist auch gut so!).

Heute verlangen fast alle Onlinebroker für den Aktienhandel keine Provisionen mehr. Vergewissern Sie sich jedoch bei Ihrem Broker, dass keine zusätzlichen Gebühren anfallen.

Hinweis: Die meisten Aktien, die von Privatanlegern gekauft werden, liegen in einer Preisspanne von 5 bis 300 Dollar pro Aktie (und manchmal noch viel höher). Es ist also eine persönliche Entscheidung, welche Aktien Sie wählen und wie viel Sie bereit sind zu zahlen. Wenn Sie es sich nicht leisten können, 500 Aktien einer 300-Dollar-Aktie zu kaufen, können Sie beliebig viele Aktien kaufen, die für Sie tragbar sind, sei es eine Aktie oder so viele, wie Sie möchten.

Wie viel haben Sie verdient (oder verloren)?

Das Ziel bei der Teilnahme am Aktienmarkt und der Grund, warum Sie dieses Buch lesen, ist natürlich, Geld zu verdienen, ob auf kurze oder lange Sicht. Wenn Sie eine Aktie kaufen und sie über einen langen Zeitraum (Monate oder Jahre) halten, sind Sie ein *Anleger*. Wenn Sie eine Aktie kaufen und sie schnell wieder verkaufen (innerhalb desselben Tages oder innerhalb von Tagen oder sogar Wochen), sind Sie ein *Trader*. Im Laufe des Buches werden Sie lernen, dass Sie beides sein können, wenn Sie es wollen.

Es ist wichtig, Gewinne und Verluste festzuhalten. Anleger sollten mindestens einmal im Monat oder im Quartal ein Auge auf ihr Portfolio werfen, während kurzfristige Trader ihr Portfolio täglich überwachen sollten. Sehr kurzfristige Trader schauen vermutlich ständig auf ihre Trading-Oberflächen. Nehmen wir an, Sie beschließen, 100 Aktien zu einem Preis von 15 Dollar pro Aktie zu kaufen. Sie wissen bereits, dass die Kosten 1.500 Dollar betragen (100 x 15 Dollar). Wenn die Aktie auf 16 Dollar steigt, verdienen Sie einen Punkt. Steigt die Aktie auf 17 Dollar, verdienen Sie zwei Punkte.

Das ist das Entscheidende: Wenn Sie 100 Aktien einer 15-Dollar-Aktie besitzen, die um einen Punkt steigt, haben Sie (auf dem Papier) einen Gewinn von 100 Dollar erzielt. Somit gilt: Je mehr Anteile Sie von dieser Aktie besitzen, desto mehr Geld werden Sie verdienen. Ein anderes Beispiel: Wenn Sie 200 Aktien der gleichen 15-Dollar-Aktie besitzen und die Aktie um zwei Punkte steigt, haben Sie 400 Dollar verdient (200 Aktien x 2 Punkte).

Umgekehrt gilt das Gleiche: Wenn Sie 50 Anteilscheine einer Aktie besitzen, die Sie für 15 Dollar pro Aktie gekauft haben, und diese um drei Punkte fällt, haben Sie (auf dem Papier) 150 Dollar verloren. Sofern Sie die Aktie nicht verkaufen, ist der Verlust nicht *real*, sondern nur auf dem Papier, aber wenn Sie auf Ihr Konto schauen und sehen, dass Sie 150 Dollar verloren haben, tut Ihnen das vermutlich weh. Deshalb ist es so wichtig, Aktien auszuwählen, die das Potenzial haben, sich kurz- oder langfristig nach oben zu entwickeln.

Kapitalgewinne und -verluste

Wenn Sie Aktien kaufen, deren Wert steigt, werden die Gewinne als *Kapitalgewinne* bezeichnet, die sich aus der Differenz zwischen Ihrem Kauf- und Verkaufspreis ergeben. Wenn Sie Geld verlieren, spricht man von einem *Kapitalverlust.*

Im Grunde verdienen Sie an der Börse Geld, indem Sie zu einem Preis kaufen und zu einem höheren Preis verkaufen. Es ist wirklich so einfach. Mit dem Kauf von Aktien erfolgreicher Unternehmen sollten Sie im Laufe der Zeit mit einem höheren Aktienkurs belohnt werden.

Es gibt jedoch keine Garantie dafür, dass mit jedem Trade Geld verdient werden kann. Selbst die Aktien guter Unternehmen können an Wert verlieren, und so kommt es vor, dass der Aktienkurs fällt. Wenn Sie am Aktienmarkt teilnehmen, besteht immer das Risiko, dass Sie Geld verlieren.

Wie viel ist eine Aktie wert?

Der Aktienkurs ist nur ein kleiner Teil des Puzzles, das wir als Aktienmarkt bezeichnen. Sie müssen beim Trading zwar die aktuellen Kosten wissen, aber das sagt über den Wert einer Aktie nichts aus. Schließlich wollen Sie ja auch keine Aktie kaufen, die überteuert ist. Vor allem aber sagt der Aktienkurs nichts darüber aus, ob die Aktie günstig ist oder zu einem „fairen Preis“ getradet wird.

In diesem Zusammenhang möchte ich ein Zitat von Oscar Wilde paraphrasieren: Die Menschen kennen von allem den Preis, aber von nichts den Wert. Als Anleger ist es Ihre Pflicht, nicht nur den Aktienkurs zu kennen, sondern auch den Wert eines Unternehmens. Dieser ist nicht immer leicht zu ermitteln; in Kapitel 14 zeige ich Ihnen, wie Sie dabei vorgehen müssen.

Sind Sie bullish oder bearish?

Wenn Sie glauben, dass sich der Markt in Zukunft verbessern wird, sind Sie *bullish* eingestellt. Anders gesagt: Wenn Sie Aktien besitzen, sind Sie *long* für den Aktienmarkt (oder eine bestimmte Aktie). Wenn Sie beispielsweise Apple-Aktien zu einem bestimmten Preis kaufen, mit dem Ziel, sie zu einem höheren Preis zu verkaufen, sind Sie in Bezug auf Apple bullish.

Andere wiederum glauben, dass bestimmte Aktien oder sogar der gesamte Markt sinken werden. Diese Leute gelten als *bearish*, was den Markt angeht. Wenn Sie gegen eine bestimmte Aktie oder den gesamten Markt wetten, sind Sie *short* für den Markt. (Auf Short-Strategien gehen wir später in diesem Buch ein.) Viele Börsenteilnehmer versuchen festzustellen, ob sich der gesamte Aktienmarkt in einer *Bullen-* oder *Bärenphase* befindet. Gehen wir einmal näher auf diese Begriffe ein.

Bullenmarkt: Wenn der Markt nach oben geht

Bullenmärkte sind für die meisten Trader und Anleger sehr profitabel. Während eines Bullenmarktes freuen sich die an der Wall Street Beschäftigten, weil die Anleger mit Freude mehr Geld in den Markt stecken und die Geldmanager riesige Boni erhalten. Privatanleger sind erfreut, weil der Wert ihrer Altersvorsorgepläne steigt, wodurch ein „Vermögenseffekt“ geschaffen wird. Die Unternehmen sind zufrieden, weil Verbraucher, die sich wohlhabender fühlen, ungezwungener Geld ausgeben. In einem lang anhaltenden Bullenmarkt scheint jeder in Aktienkauflaune zu sein, oft einfach nur, weil alle anderen auch zu kaufen scheinen. In solchen Zeiten scheint es für die großen Indizes nur noch aufwärtsgehen zu können. Die Menschen sind hinsichtlich ihrer Chancen auf einen Arbeitsplatz optimistisch und es gibt viele Gespräche über den Aktienmarkt (und viele Besserwisser geben Aktientipps, die Sie wahrscheinlich ignorieren sollten).

In den frühen 1920er-Jahren wurde der Bullenmarkt durch die zunehmende Popularität von Automobilen und Elektrizität angeheizt. Im Bullenmarkt der 1990er-Jahre trieb die weitverbreitete Nutzung des Internets und des Onlineshoppings die Aktienkurse in die Höhe. Zu Beginn des 21. Jahrhunderts, nach zwei Börsencrashs (2001 und 2008), wurde der Bullenmarkt durch eine kooperative Federal Reserve, zunehmenden Optimismus in Bezug auf die Weltwirtschaft und niedrige Zinssätze angeheizt. Nach dem Crash von 2008 sanken die Zinssätze auf historische Tiefststände, was einen der größten Bullenmärkte der Geschichte auslöste. Dieser Bullenmarkt, der 2009 begann, schien unaufhaltsam zu sein, und trotz einiger Stolpersteine auf dem Weg dorthin ging es in den folgenden 13 Jahren immer weiter aufwärts.

Bei lang anhaltenden Bullenmärkten glauben die Anleger, dass die guten Zeiten ewig anhalten werden. Sie wissen, dass es sich um einen Bullenmarkt handelt, wenn negative Nachrichten ignoriert werden und der Markt weiter steigt. Die Anleger kaufen Aktien völlig sorglos. Ihre einzige Angst ist die Angst, eine weitere Rally zu verpassen.

Hinweis: Bullen- und Bärenmärkte sind Teil eines *Marktzyklus*. Der Markt kann weder ewig steigen noch wird er ewig fallen. Bisher waren die meisten Bärenmärkte relativ kurz (nicht länger als ein Jahr), wohingegen die meisten Bullenmärkte üblicherweise drei oder vier Jahre andauerten (mit einigen bemerkenswerten Ausnahmen wie dem 2009er-Bullenmarkt). Da jedoch jeder Bullen- und Bärenmarkt anders ist, lässt sich nicht genau vorhersagen, wie lange ein Markt dauern wird.

Bärenmärkte: Wenn Aktien fallen

Manchmal fällt der Markt über mehrere Monate (oder länger) immer weiter ab. Das ist in der Geschichte des Aktienmarktes schon mehrmals vorgekommen. Wenn der Aktienmarkt um mehr als 20 Prozent sinkt, spricht man offiziell von einem *Bärenmarkt*. Während dieses Marktrückgangs brechen die wichtigsten Marktindizes – Dow, Nasdaq und S&P 500 – ein.

Um die Talfahrt zu stoppen, verkaufen viele Anleger in Panik ihre Aktien zu jedem Preis, den sie bekommen können. Andere warten ab, gefangen und verwirrt darüber, was sie als Nächstes tun sollen. Manchmal (aber nicht immer) ist die Gesamtwirtschaft während eines Bärenmarktes schwach und die Unternehmensgewinne gehen ebenfalls zurück.

Ein lang anhaltender Bärenmarkt ist für diejenigen, die an der Wall Street arbeiten, und für jeden, der Aktien besitzt, ziemlich deprimierend. Viele Menschen halten sich lieber vom Aktienmarkt fern und investieren ihr Geld in Barmittel, Gold oder Anleihen. Die größten Brokerfirmen an der Wall Street stellen keinen mehr ein oder entlassen ihre Mitarbeiter. Wenn ein Unternehmen während eines Bärenmarktes positive Neuigkeiten bekannt gibt, kann es sein, dass die Aktien unverändert bleiben oder sogar im Preis sinken.

Da die Börse manchmal voraussagen kann, wie sich die Wirtschaft entwickeln wird, kann ein langer Bärenmarkt auf eine bevorstehende oder bereits eingetretene Rezession hindeuten. Niemand kann voraussagen, wie lange ein Bärenmarkt dauern wird, aber mit einigen nennenswerten Ausnahmen waren die vergangenen Bärenmärkte relativ kurz.

> ***Hinweis:*** Von einer Marktkorrektur spricht man, wenn der Markt viel tiefer fällt, aber weniger als 20 Prozent einbricht.

WAS TREIBT DIE AKTIENKURSE AUF UND AB?

Warum steigen und fallen die Preise von Aktien? In der Regel steigt der Aktienkurs, wenn es mehr Käufer als Verkäufer gibt. Wenn es mehr Verkäufer als Käufer gibt, sinkt der Aktienkurs. Das ist das Einmaleins des Kapitalismus, des Herzstücks unseres Finanzsystems.

Der Aktienmarkt besteht jedoch aus mehr als nur Angebot und Nachfrage. Aktien bewegen sich auch aus technischen Gründen (*überkauft* oder *überverkauft*), fundamentalen Gründen (zum Beispiel können sich schlechte Gewinne eines großen Unternehmens auf den gesamten Markt auswirken), wirtschaftlichen Gründen (das können Inflation, Deflation oder unerwartete Beschäftigungszahlen sein), aufgrund einer positiven oder negativen Anlegerstimmung (ob Anleger bullish oder bearish gegenüber dem Aktienmarkt eingestellt sind) und infolge aktueller Nachrichten.

Oft schwanken die Aktienkurse vor allem aufgrund der Wahrnehmungen der Menschen. Viele Unternehmen geben deshalb viel Geld für Werbung und Maßnahmen, die ihnen positive Publicity bringen, aus. Aus diesem Grund versenden manche Aktionäre auch E-Mails oder posten Nachrichten in Chatrooms, um Fremde zum Aktienkauf zu bewegen.

Aktien steigen oder fallen auch mit der Stimmung im Land und dem Zustand der Wirtschaft. Auch dies beruht auf der Wahrnehmung. Wenn die Menschen glauben, dass sich die wirtschaftlichen Bedingungen bessern und das Land auf dem richtigen Weg ist, neigen sie eher dazu, in den Aktienmarkt zu investieren. Umgekehrt investieren die Menschen weniger, wenn sie sich um die

Entwicklung des Landes, der Wirtschaft, des Arbeitsmarktes oder die Wahrscheinlichkeit einer Rezession sorgen.

Oftmals steigt der Aktienmarkt selbst dann, wenn die Menschen sich über ihre Finanzen Sorgen machen, die Wirtschaft in Schwierigkeiten und die Welt in Aufruhr ist. Die Wirkung eines Bullenmarktes zeigt sich darin, dass der Markt alle schlechten Nachrichten eher ignoriert.

Befinden wir uns jedoch in einem Bärenmarkt, kann der Markt leider auch auf gute Nachrichten negativ reagieren. Selbst wenn sich die Wirtschaft erholt (oder in wenigen Monaten erholen wird), bewegt sich der Markt weiter nach unten. Aktienkurse verändern sich auch aufgrund der Kauf- und Verkaufsaktivitäten von Institutionen wie Investmentfonds und Pensionskassen. Allein durch das Volumen ihrer Trades haben diese Institutionen gemeinsam die Macht, die Märkte zu bewegen.

Zusätzlich bewegen Hochfrequenz-*Algorithmen* (auch „Algos" genannt) die Märkte fast täglich durch den Handel von Millionen von Aktien. Mit jedem Gerücht oder jeder wichtigen Meldung beeinflussen diese großen Akteure die Aktienkurse.

Eines ist sicher: Niemand kann genau vorhersagen, was als Nächstes auf dem Aktienmarkt passieren wird. Man kann zwar begründete Vermutungen anstellen, aber niemand kann es garantieren. Und doch erscheint jeden Tag jemand im Fernsehen oder im Internet, der selbstbewusst erklärt, warum der Markt gestiegen oder gefallen ist, und Ihnen sagt, in welche Richtung sich der Markt in den nächsten Tagen oder Wochen entwickeln wird. In Wahrheit kann niemand außer Wahrsagern genau vorhersagen, was in der Zukunft passieren wird.

• • • • • •

Das Federal Reserve System: Eine Regierungsgruppe, die nicht ignoriert werden sollte

Das Federal Reserve System (die Fed) ist so mächtig, dass alles, was es tut, den Aktienmarkt beeinflusst. Es wurde 1913 gegründet und ist das zentrale Bankensystem der Vereinigten Staaten. Wenn die Mitglieder des Federal Reserve Board (FRB) sich äußern oder handeln, bewegt sich dadurch oft der Aktienmarkt. Das 1935 gegründete und vom Kongress ernannte FRB ist ein siebenköpfiges Gremium, das die Aktivitäten des Federal Reserve System leitet.

Die Fed hat viele Aufgaben, darunter die Überwachung der Wirtschaft im Hinblick auf mögliche Probleme (insbesondere Inflation oder Deflation) und die Kontrolle der Geldmenge des Landes. Sie hat auch die Fähigkeit, die Aktien- und Anleihemärkte direkt zu beeinflussen – indem sie die Zinssätze erhöht oder senkt. Die Fed steuert die Zinssätze nicht durch Umlegen eines Schalters. Stattdessen kauft oder verkauft sie Staatsanleihen im Wert von Milliarden von Dollar und kann so die Zinssätze anpassen.

Warum ist das so wichtig? Wenn die Fed die Zinssätze senkt, wird das Ausleihen von Geld günstiger. Bei niedrigen Zinssätzen können es sich mehr Menschen leisten, ein Haus zu kaufen, und Unternehmen können sich Geld für Expansionen leihen. Anschließend müssen sie Möbel, Haushaltswaren und Geräte kaufen. Je mehr Geld Verbraucher und Unternehmen ausgeben, desto besser ist das für die Wirtschaft.

Es ist immer eine große Sache, wenn die Fed die Zinssätze anhebt oder senkt. Der Aktienmarkt kann bei Ankündigung einer Zinssenkung in die Höhe schnellen oder bei Ankündigung eines Zinsanstiegs fallen. Der Markt kann sich im Vorfeld einer Fed-Entscheidung drastisch bewegen, wenn eine Zinsänderung erwartet wird.

Es gibt ein altes Sprichwort, das die meisten Anleger kennen: „Kämpfe nicht gegen die Fed." Wenn die Fed handelt, mag sich das nicht sofort auf den Aktienmarkt auswirken, aber nach ein paar Monaten oder Jahren beeinflussen die Maßnahmen der Fed den Markt. Es gibt noch etwas, was Sie über die Fed wissen sollten. Theoretisch dürfte sie sich nicht um den Aktienmarkt kümmern, und wenn Sie die Vorstandsmitglieder fragen, werden sie sagen, dass der Markt ihre Entscheidungen nicht beeinflusst. Aber es ist ein offenes Geheimnis, dass sie sehr wohl darauf achten.

Wenn zum Beispiel der Markt kurz vor dem Zusammenbruch steht und die Wirtschaft ins Wanken gerät, kann die Fed mit einer Notzinssenkung eingreifen und in großem Umfang längerfristige Anleihen kaufen (eine Strategie, bekannt als *quantitative Lockerung*).

> ***Fazit:*** Wenn Sie am Aktienmarkt beteiligt sind, sollten Sie auf die Fed und die Maßnahmen achten, die sie tatsächlich ergreift oder zu ergreifen bereit ist.

• • • • • •

Jetzt, da Sie wissen, wie an der Wall Street Aktien bewertet werden und wie Sie Ihre Gewinne und Verluste berechnen können, ist es an der Zeit, den wichtigen Teil zu erfüllen: Aktien und andere Finanzprodukte kaufen und verkaufen. Auch hier müssen Sie gut aufpassen.

TEIL 2

DIE KUNST DES KAUFENS UND VERKAUFENS

Im zweiten Teil lernen Sie, wie man Aktien und andere Finanzprodukte kauft und verkauft. Wie Sie feststellen werden, ist die Vorgehensweise beim Kauf und Verkauf von Aktien der einfache Teil. Der schwierige Teil ist, gewinnbringend zu traden, und noch viel wichtiger, die erzielten Gewinne zu behalten.

Gewöhnlich ist es weniger stressig, ein Anleger zu sein als ein Trader. Anleger kaufen Aktien und halten sie für eine lange Zeit. Die Zeit ist auf ihrer Seite, daher haben es die meisten Anleger mit dem Verkauf nicht eilig. Trader dagegen müssen blitzschnelle Entscheidungen treffen, emotionslos handeln und die Technische Analyse beherrschen. Trading ist viel anspruchsvoller.

Wenn Sie neu an der Börse sind, ist es noch zu früh, um zu entscheiden, ob Sie Trader oder Anleger sein wollen. Viele Menschen tun beides. Bleiben Sie zunächst aufgeschlossen und lernen Sie alle Aspekte des Aktienmarktes kennen. Mit der Zeit werden Sie herausfinden, welche Methode für Sie am besten geeignet ist.

Jetzt ist es an der Zeit, den wichtigsten Aspekt des Aktienmarktes zu erlernen: das Handeln.

Kapitel 5

DER KAUF IHRER ERSTEN AKTIE

Nachdem Sie nun ein Handelskonto eröffnet (oder darüber nachgedacht) und eine Watchlist erstellt haben, ist es Zeit zu lernen, wie Sie Aktien über Ihr Handelskonto kaufen und verkaufen können. Das ist der aufregende Teil. Schließlich haben Brokerfirmen Millionen von Dollar ausgegeben, um den Handel unkompliziert zu gestalten. Die Herausforderung liegt in der Gewinnerzielung (die Sie später lernen werden).

In diesem Kapitel zeige ich Ihnen die notwendigen Schritte für den Kauf Ihrer ersten Aktie. Im weiteren Verlauf lernen Sie die Sprache des Aktienmarktes im Detail kennen. Beginnen wir mit einem Blick auf die Trading-Oberflächen.

> *Hinweis:* Ich empfehle Ihnen dringend, dieses Buch vollständig zu lesen, bevor Sie echtes Geld in den Markt investieren. Während Sie weiterlesen, werden Sie lernen, wie wichtig Recherche ist und wie man Aktien mithilfe der fundamentalen und Technischen Analyse analysiert. Wenn Ihr Broker ein Simulations- oder Demoprogramm bietet, rate ich Ihnen dringend, erst zu üben, bevor Sie investieren.

Das Fenster zur Auftragserteilung

Um Aktien online zu kaufen, geben Sie zunächst Ihre Benutzer-ID und Ihr Passwort ein und melden sich in Ihrem Konto an. Auf der ersten Oberfläche sollten Sie eine Kontoübersicht sehen, darunter Ihren Kontostand und eine Liste Ihrer Positionen (die Aktien, die Sie gegebenenfalls besitzen).

Um einen Trade zu eröffnen, suchen Sie auf der Startseite der Trading-Software nach einer Liste von Finanzprodukten wie etwa Aktien, ETFs, Investmentfonds und Indexfonds. Wir beginnen mit dem Kauf von Aktien; auf andere Produkte gehen wir später ein.

Aktion. Gehen Sie auf den Reiter „Aktien" und klicken Sie auf die Kauf-Taste. (Einige Brokerfirmen fordern Sie eventuell erst auf, den Reiter „Trade" und nicht „Kauf oder Verkauf" zu wählen.)

Das Auftragsfenster sollte ähnlich aussehen wie in Abbildung 5.1 dargestellt. (In diesem Beispiel habe ich eine *Limit-Order* zum Kauf von 100 Aktien von YYYY zu 45,51 Dollar pro Aktie eingegeben.)

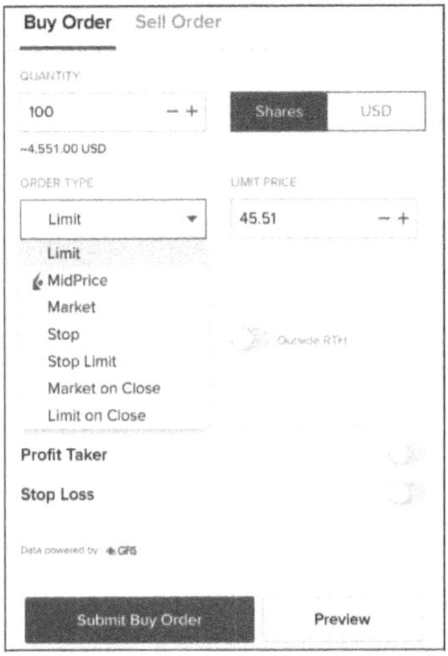

ABBILDUNG 5.1 Das Auftragsfenster.

(Quelle: Interactive Brokers, Client Portal platform, Juni 2021.)

Hier eine kurze Beschreibung der Elemente aus dem Auftragsfenster (in Abbildung 5.1 sind nicht alle der folgenden Elemente zu sehen):

- **Symbol.** Achten Sie darauf, das richtige Aktiensymbol einzugeben. Wenn Sie das falsche Symbol eingeben, kaufen Sie die falsche Aktie. Glücklicherweise gibt es eine Vorschautaste, mit der solche Fehler erkannt werden können. Prüfen Sie das Aktiensymbol immer zweimal, um sicherzustellen, dass Sie die richtige Aktie kaufen. Stellen Sie zur Sicherheit auch sicher, dass der Aktienkurs mit dem der Aktie, die Sie kaufen möchten, übereinstimmt.
- **Aktion.** In der Regel gibt es Dropdown-Menüs mit „Handlungs"-Möglichkeiten. Die Standardeinstellung ist Kaufen, und das wollen wir auch tun. Wenn Sie auf die Dropdown-Liste klicken, sollten weitere Aktionen angezeigt werden, wie zum Beispiel Verkaufen, Leerverkauf und Deckungskäufe (Ihr Broker verwendet vielleicht andere Begriffe). Da wir Anteilscheine der Aktie YYYY kaufen wollen, klicken Sie auf die Kauf-Taste.
- **Anzahl.** Wählen Sie aus, wie viele Aktien Sie kaufen möchten. Für diesen Auftrag geben wir 100 Aktien ein. Sie können so viele oder so wenige Aktien wählen, wie Sie möchten, sofern Sie genügend Geld auf dem Konto haben. Wie Sie später beim Thema Risiko erfahren werden, müssen Sie nicht unbedingt eine große Anzahl von Aktien kaufen, nur weil Sie genug Geld dafür haben.
- **Auftragstyp.** Sie können eine *Limit-Order* oder eine *Markt-Order* eingeben. Die *Limit-Order* wird nur zu dem von Ihnen angegebenen Preis (oder einem noch besseren Preis) ausgeführt. Mit anderen Worten: Sie können damit den bestmöglichen Preis aushandeln. Eine *Markt-Order* wird unmittelbar zum besten verfügbaren Preis ausgeführt, aber oft nicht zu einem wettbewerbsfähigen Preis. Eine Markt-Order ist in

erster Linie dann sinnvoll, wenn Sie den Trade sofort ausführen müssen. Ich lege Ihnen nahe, fast immer eine Limit-Order zu wählen, weil Sie so Ihre Aufträge besser im Griff haben.

- **Geldkurs und Briefkurs.** Wenn Sie eine Limit-Order auswählen, erscheint auf der Benutzeroberfläche der *Geldkurs* (der höchste Kurs, den jemand zum gegenwärtigen Zeitpunkt zu zahlen bereit ist) und der aktuelle *Briefkurs* (der niedrigste Kurs, zu dem jemand zu verkaufen bereit ist).

Hinweis: Sie verstehen den Geld- und Briefkurs umso besser, je mehr Trades Sie ausführen. Betrachten Sie die Geld- und Briefkurse als Auktionspreise. Ihr Ziel ist es, zum bestmöglichen Preis zu kaufen, aber meistens kaufen oder verkaufen Sie zum oder nahe am Geld- oder Briefkurs. (Machen Sie sich keine Sorgen, wenn Sie die aktuellen Preise nicht für günstig halten. Sie können sich innerhalb von Sekunden ändern!)

- **Gültigkeitsdauer.** Der Standardeintrag ist „nur für den Tag gültig". Das bedeutet, dass die Kauf- oder Verkaufs-Order vor Tagesschluss ausgeführt werden muss, sonst wird sie storniert. Das ist nicht weiter schlimm. Wenn Sie weiterhin mit dieser Aktie handeln möchten, können Sie den Auftrag morgen erneut eingeben.
- **Die andere Option ist die „Good 'Til Cancelled" (GTC).** Eine GTC-Order bleibt auf unbestimmte Zeit oder bis zur Stornierung offen. Neue Trader vergessen manchmal, dass sie eine GTC-Order aufgegeben haben. Bleiben Sie zur Vermeidung dieser Situation vorerst bei der Standardeinstellung (also nur für den Tag gültig).
- **Stopp-Order.** Mit einer Stopp-Order (*Stop-Loss*-Order) sollen Verluste bei Verlierer-Aktien begrenzt bzw. Gewinne bei Gewinner-Aktien gesichert werden. Eine Stopp-Order wird aktiviert, sobald die Aktie zum Stop-Loss-Kurs (oder darunter) gehandelt wird. Stoppaufträge können Limit- oder Marktaufträge sein.

Es ist einfach, die Felder im Auftragsfenster auszufüllen, aber es ist auch sehr leicht, Fehler zu machen. Sie sollten alle Elemente im Fenster verstehen, bevor Sie einen echten Trade ausführen. Wie jeder Trader weiß, können Fehler Sie Geld kosten.

Ihr erster Trade

Es ist wichtig, dass Sie vor Ihrer Investition das Auftragsfenster sorgfältig lesen. Oft nehmen sich die Leute nicht genug Zeit, um über den Einstiegskurs nachzudenken. Sie wollen einfach nur schnell kaufen! Wenn Sie nicht zu einem guten Preis kaufen, wird es schwierig, Gewinne zu erzielen. Deshalb müssen Sie lernen, es richtig zu machen.

Sie haben sich bereits bei Ihrem Handelskonto angemeldet. Geben wir nun unseren ersten Auftrag und unseren ersten Aktienkauf ein:

1. In unserem Beispiel haben Sie 5.000 Dollar auf Ihrem Konto und möchten 100 Aktien von YYYY kaufen, die zuletzt für 45,51 Dollar pro Aktie gehandelt wurden. Derzeit beträgt der Geld-/Briefkurs 45,49 Dollar (der Geldkurs) zu 45,51 Dollar (der Briefkurs). Beachten Sie, dass der Briefkurs immer höher ist als der Geldkurs. Beim Kauf geben Sie einen Kurs zum oder in der Nähe des Briefkurses ein (den höheren Kurs).

Hinweis: Denken Sie daran, dass die Aktienübersicht nur eine kurze Momentaufnahme ist. Wie bei allen Aktien ändert sich auch der Kurs von YYYY häufig im Laufe des Handelstages. Er bewegt sich nach oben oder unten, manchmal schnell und manchmal langsam. Sie müssen nicht unbedingt den Briefkurs zahlen oder zum Geldkurs verkaufen. Sie können einen Auftrag zu einem für Sie passenden Kurs erteilen. Je weiter Sie sich jedoch von diesen Geld-/Briefkursen entfernen, desto unwahrscheinlicher wird Ihr Auftrag ausgeführt werden.

2. Um sofort YYYY zu kaufen, können Sie den aktuellen Briefkurs zahlen, der vermutlich höher ist, als Sie zu zahlen bereit sind. Sie können auch mit einer Limit-Order zu einem niedrigeren Preis kaufen und hoffen, dass sie im Laufe des Tages ausgeführt wird. Wichtig ist, dass Sie zu guten Preisen handeln, auch wenn Sie dafür warten müssen. Der für eine Aktie gezahlte Preis ist für einen langfristigen Anleger weit weniger wichtig als für einen kurzfristigen Trader.

3. Wenn Sie YYYY zu einem Preis von 45,51 Dollar pro Aktie kaufen wollen, liegen die Kosten bei 4.551 Dollar (100 Aktien x 45,51 Dollar pro Aktie).

Die Spanne

Zum Zeitpunkt des Trades lassen sich mit Limit-Orders oft Aktien zu einem Preis kaufen oder verkaufen, der *zwischen* dem Geld- und dem Briefkurs liegt. Im obigen Beispiel beträgt die Differenz zwischen dem Geld- und dem Briefkurs nur ein paar Cent. Diese Differenz wird als *Spanne* bezeichnet.

Bei vielen Aktien liegt die Spanne nur bei einem oder zwei Cent. Bei *illiquiden Aktien* hingegen, also Aktien mit geringem Volumen und wenig Handelsaktivität, ist die Spanne oft größer – ein paar Cent, ein Vierteldollar oder sogar ein Dollar.

Ein Tipp: Eine große Preisspanne bei einer Aktie ist ein Warnsignal, denn dadurch wird die gesamte Abwicklung teurer, da Sie beim Kauf (jetzt) oder Verkauf (später) diese Spanne mitberücksichtigen müssen. Je geringer die Spanne ist, desto besser ist sie für Anleger und Trader.

Tiefere Einblicke: Markt- und Limit-Order

Zahlen Sie für Ihre Aufträge den höchsten Preis oder verhandeln Sie um einen besseren Preis? Mit anderen Worten: Was sind die Vor- und Nachteile von Markt- und Limit-Orders?

Markt-Order: Schnelle Ausführung zum schlechten Preis

Wenn Sie ungern um Centbeträge pro Aktie feilschen, kann eine *Markt-Order* das Richtige für Sie sein. Bei einem schnellen (also volatilen) Markt oder einer wilden Aktie können Markt-Orders leider zu einem schlechten Preis ausgeführt werden.

Markt-Orders für Aktien auszuführen ist ähnlich wie den Aushangpreis eines Autos zu bezahlen – also nicht zu verhandeln. Wenn Sie die Aktie unbedingt haben wollen, können Sie den Marktpreis zahlen. Seien Sie sich nur darüber im Klaren, dass Sie etwas mehr bezahlen, weil Sie sie sofort haben wollen. Wenn Sie ein Anleger sind, der nur selten kauft, ist es nicht schlimm, gelegentlich eine Markt-Order zu erteilen und sie schnell auszuführen. Wer jedoch zum günstigsten Preis kaufen möchte, ist mit einer Limit-Order besser bedient.

Limit-Order: Langsamere Ausführung zu wettbewerbsfähigeren Preisen

Da es sich bei der Börse um eine Auktion handelt, müssen Sie nicht den höchsten angekündigten Preis zahlen. Mit einer Limit-Order können Sie einen besseren Preis aushandeln, die Ausführung kann jedoch mehr Zeit in Anspruch nehmen. Es kann jedoch immer sein, dass Sie den Kauf nicht abschließen können, nämlich dann, wenn niemand zu Ihrem Preis verkaufen will. Der Vorteil einer Limit-Order ist, dass Sie den Preis zum Kauf oder Verkauf selbst bestimmen.

So funktioniert die Limit-Order: Angenommen, der aktuelle Kurs für YYYY beträgt 64,53 Dollar zu 64,56 Dollar (Geld-Brief-Spanne) pro Aktie. Es wäre natürlich toll, wenn Sie weniger als 64,56 Dollar zahlen könnten. Hierfür könnten Sie einen Kaufauftrag mit einem Limitpreis von 64,54 Dollar eingeben, der zwischen dem Geld- und dem Briefkurs liegt. Erreicht die Aktie im Laufe des Tages einen Kurs von 64,54 Dollar, wird Ihr Auftrag ausgeführt.

Es ist möglich, dass die Aktie in nächster Zeit *nicht* zu Ihrem Preis gehandelt wird. Da der Auftrag nur für einen Tag gilt, verfällt er am Ende des Tages. Wenn Sie YYYY dennoch zu diesem Preis kaufen möchten, müssen Sie den Auftrag morgen erneut erteilen. Beachten Sie, dass Sie jederzeit die Wahl haben, die Limit-Order sofort zu stornieren und durch einen anderen Preis zu ersetzen.

Wenn Sie wollen, dass Ihre Limit-Order im obigen Beispiel schnell ausgeführt wird, erteilen Sie eine Limit-Order zum aktuellen Briefkurs von 64,56 Dollar; zu diesem Kurs wird sie sehr wahrscheinlich ausgeführt. Die einzige Ausnahme wäre ein schneller Markt, bei dem der Kurs ansteigt, bevor Ihr Auftrag eingeht. In diesem Fall müssten Sie die Aktie zu einem höheren Preis kaufen. Jagen Sie der Aktie jedoch nicht hinterher, wenn sie weiter steigt. Dies ist so wichtig, dass ich es wiederholen möchte: Jagen Sie nicht den Aktienkursen hinterher.

Hinweis: Wenn Sie eine Limit-Order erteilen, kann es sein, dass es einige Sekunden oder Minuten länger dauert, bis Ihr Auftrag ausgeführt wird, oder er gar nicht erst ausgeführt wird. Lassen Sie sich davon nicht abschrecken. Bleiben Sie geduldig, wenn Ihr Adrenalinspiegel steigt, weil Ihr Auftrag nicht sofort ausgeführt wurde. Ein Schlüssel zum Erfolg auf dem Markt ist es, beim Kauf oder Verkauf emotionslos zu sein.

Limit-Orders bedeuten Kontrolle

Viele Anleger mögen Limit-Orders, weil sie mit dieser Auftragsart die Kontrolle über ihre Transaktionen haben. Anhand des obigen Beispiels könnten Sie eine Limit-Order für einen viel niedrigeren Preis eingeben, etwa 62,00 Dollar. Da Ihr Geldkurs außerhalb des aktuellen Marktes liegt, ist es möglich, dass Ihr Auftrag am Ende des Tages nicht ausgeführt wird. Wenn Sie Aktien unbedingt zu diesem niedrigeren Preis kaufen möchten, müssen Sie den Auftrag am nächsten Tag erneut erteilen (oder eine GTC-Order wählen).

Was ist besser? Limit-Order oder Markt-Order?

Wenn Sie neu auf dem Aktienmarkt sind, möchten Sie sicher wissen, was besser ist – eine Limit-Order oder eine Markt-Order? Markt-Orders werden zwar schnell ausgeführt, doch für langfristige Investitionen ist Schnelligkeit unwichtig (auch wenn Trader oft eine schnellere Ausführung wünschen). Den meisten Anlegern ist es wichtig, den besten Preis zu erzielen. Limit-Orders bieten Ihnen die Möglichkeit, zu wettbewerbsfähigen Preisen zu kaufen oder zu verkaufen.

Meiner Meinung nach sind Limit-Orders für Anleger und Trader generell besser geeignet, weil man so den Auftrag besser kontrollieren kann. Wenn Sie kaufen möchten und der Auftrag schnell ausgeführt werden soll, geben Sie einfach den aktuellen Briefkurs als Limit ein.

Da Sie nun alles über Limit- und Markt-Orders wissen, ist es an der Zeit, Ihre erste Aktie zu kaufen. Warten Sie noch ein paar Sekunden; einen Vorschlag habe ich noch.

Bevor Sie die Eingabetaste drücken ...

Wenn Sie ein Neuling sind, fangen Sie klein an, mit einem kleinen Geldbetrag. In dieser Lernphase ist es viel wichtiger, große Verluste zu vermeiden, als große Gewinne zu erzielen. Jetzt gilt es, zu lernen. Beginnen Sie mit einem moderaten Betrag (der je nach Person unterschiedlich hoch ist). Das Ziel ist es, mit geringen Kosten umfassende

Kenntnisse zu erwerben. Nachdem Sie mehr Erfahrung und Wissen erworben haben, können Sie Ihre Investition erhöhen.

Wenn Sie Zugang zu einem Simulations- oder Demokonto haben, üben Sie damit, bevor Sie kaufen oder verkaufen. Je mehr Probetrades Sie machen, desto besser. Das Üben hilft Ihnen, Fehler zu minimieren und sich mit der Broker-Software vertraut zu machen.

Hier ein weiterer Punkt, der zu bedenken ist: Rechnen Sie mit Fehlern. Vermutlich werden Sie beim ersten Einstieg in den Markt Geld verlieren. Fangen Sie klein an und üben Sie. Der Schwerpunkt dieses Buches liegt auf dem Risikomanagement. Sobald Sie in den Aktienmarkt einsteigen, sind Risiken unvermeidlich. Wenn Sie kein Geld verlieren wollen, investieren Sie in einen Geldmarktfonds oder ein Sparkonto, wo Sie fast garantiert kein Geld verlieren – aber eben auch nicht viel verdienen werden.

Ziel ist es, den goldenen Mittelweg zu finden, bei dem Sie gewisse Risiken eingehen, um ordentliche Gewinne erzielen zu können. Es ist ein Balanceakt, den fast jeder Anleger und Trader meistern muss. Damit sind die Vorbehalte aus dem Weg geräumt und nun können Sie Ihre erste Aktie kaufen.

Drücken Sie die Eingabetaste

Sie möchten 100 Aktien von YYYY kaufen, die jetzt zu einem Preis von 45,51 Dollar pro Aktie (dem Briefkurs) gehandelt werden. Sie erteilen eine Limit-Order zum Kauf von 100 Aktien von YYYY zum Preis von 45,51 Dollar. Nachdem Sie die Eingabetaste gedrückt haben, erscheint ein Fenster zur Überprüfung des Auftrags. Überprüfen Sie die Informationen im Fenster, um sicherzustellen, dass sie korrekt sind. Wenn keine Fehler vorliegen, klicken Sie auf den Reiter „Kaufauftrag“ oder „Kaufauftrag senden“ (siehe Abbildung 5.1).

Glückwunsch! Sie sind jetzt ein Aktionär.

Was geschieht mit Ihrem Auftrag?

Sobald Sie die Eingabetaste gedrückt haben, wird Ihr Auftrag hinter den Kulissen wie folgt weitergeleitet. Entscheiden Sie sich für den Kauf einer an der NYSE gehandelten Aktie, wird der Auftrag an einen Börsen*spezialisten* weitergeleitet, der ihn elektronisch ausführt. Wenn Sie eine an der Nasdaq notierte Aktie kaufen, führt ein *Marketmaker* den Auftrag elektronisch aus.

Ihr Hauptanliegen als Anleger oder Trader ist die schnelle Ausführung Ihres Auftrags zu einem angemessenen Preis. Ihr Broker sendet den Auftrag an eine Börse, wo die Software den bestmöglichen Preis ermittelt oder den Auftrag hält, bis er ausgeführt werden kann. Die besten Broker sind unter allen Marktbedingungen effizient.

Anhand unseres obigen Beispiels überweist die Brokerfirma automatisch 4.551 Dollar (45,51 Dollar pro Aktie x 100 Aktien) von Ihrem Geldkonto auf das Handelskonto. Sie sollten für den Trade eine Onlinebestätigung erhalten (falls nicht, prüfen Sie, ob Ihr Auftrag ausgeführt wurde). Sobald Sie die Bestätigung erhalten haben, sind Sie ein YYYY-Aktionär.

Rückblick: Verwalten Sie die Position

Rückblick: Wenn YYYY um einen Punkt steigt, haben Sie einen Papiergewinn (real, aber noch nicht realisiert) von 100 Dollar. Nach dem Kauf der Aktie ist es Ihre Aufgabe, diese Position zu verwalten, indem Sie sie im Auge behalten und entscheiden, ob die Position noch in Ihr Portfolio gehört. Sie haben die Kaufentscheidung getroffen, jetzt müssen Sie regelmäßig die Entscheidung zum Halten oder Verkaufen treffen.

Als langfristiger Anleger werden Sie eher weniger auf die täglichen Kursschwankungen der Aktie achten (es sei denn, Sie wollen das).

Kurzfristige Trader hingegen müssen die Aktienkurse viel genauer im Auge behalten, da sie Gewinne mitnehmen und Verluste begrenzen müssen, um erfolgreich zu sein.

Nach dem Kauf Ihrer ersten Aktie

Wenn Sie zum ersten Mal eine Aktie gekauft haben, ist das ein aufregendes Gefühl. Die richtige Aktie zum richtigen Zeitpunkt zu wählen, kann Gewinne bringen. Durch die Teilnahme am Markt lernen Sie, wie Sie aus Geld mehr Geld machen können. Darum geht es beim Investieren.

Das Großartige am Aktienmarkt ist, dass Ihr Geld für Sie arbeitet, während Sie arbeiten oder im Urlaub sind. Je länger Sie Ihre Investitionen halten, umso mehr arbeitet der *Zinseszins* für Sie. Mit der richtigen Anlageauswahl sollten Sie langfristig mit den Ergebnissen sehr zufrieden sein.

> ***Hinweis:*** Zinsen lassen sich auf zwei Arten berechnen: als einfache oder als Zinseszinsen. Beim Zinseszins werden die Erträge, einschließlich der Dividenden, reinvestiert, manchmal spricht man auch vom Zins auf Zinsen. Er hat vielen Anlegern geholfen, langfristig ein Vermögen aufzubauen.
>
> Wie ich schon sagte, ist es einfach, Aktien zu kaufen – die Gewinne zu halten, ist dagegen eine Herausforderung. Der schwierigste Teil für viele Menschen ist, der Versuchung zu widerstehen, das Geld für Rechnungen oder Urlaube auszugeben.

> ***Hinweis:*** Denken Sie vor dem nächsten Aktienkauf über Folgendes nach: Manchmal ist es am klügsten, eine Aktie nicht sofort zu kaufen. Nehmen Sie sich die Zeit, sie vor dem Kauf zu analysieren. Glücklicherweise wird der Aktienmarkt immer für Sie da sein, und ebenso die Aktie, die Sie kaufen möchten.

Eine Leserfrage: „Was passiert, wenn niemand meine Aktien kaufen will?"

Diese ausgezeichnete Frage erhielt ich von einer besorgten Leserin. Ich sagte ihr, sie solle sich nicht sorgen. Die Börsen sind so aufgebaut, dass es immer jemanden gibt, der als Vermittler für jede Aktie fungiert. Nach dem Kauf geht Ihr Auftrag an einen Spezialisten (wenn die Aktie an der NYSE gehandelt wird) oder an einen Marketmaker (wenn die Aktie an der Nasdaq gehandelt wird), der Ihren Auftrag elektronisch ausführt.

Früher wurden die Aufträge manuell ausgeführt. Als das Handelsvolumen von Hunderten auf Milliarden von Aktien pro Tag anstieg, wurden Computer installiert, um den *Auftragsfluss* zu bewältigen und einen „geordneten Markt" zu gewährleisten. (Ironischerweise wurde die Nasdaq bei ihrer Gründung im Jahr 1971 ursprünglich als eine Computerbörse gegründet.)

Die Aufgabe dieser Vermittler ist es, für *Liquidität* auf dem Markt zu sorgen. Damit lässt sich die Leichtigkeit des Kaufs oder Verkaufs einer Aktie beschreiben. Für Käufer und Verkäufer gilt: je mehr Liquidität, desto besser.

Gibt es keine (oder zu wenige) Käufer, springt der Fachmann oder Marketmaker ein und kauft auf eigene Rechnung. Spezialisten oder Marketmaker sind dafür verantwortlich, einen fairen und geordneten Markt aufrechtzuerhalten, sie müssen die Aktien jedoch nicht zu einem für sie schlechten Preis kaufen. Entscheidend ist, dass es immer jemanden gibt, der bereit ist, Ihre Aktien zu kaufen oder zu verkaufen.

BEVOR DER MARKT ÖFFNET

Sie haben soeben gelernt, wie Sie Ihre erste Aktie kaufen, also herzlichen Glückwunsch. Bevor Sie lernen, wie man eine Aktie verkauft, möchte ich Ihnen einen sehr wichtigen Zeitraum vorstellen: die sogenannte *Vorbörse*. Ob Sie es glauben oder nicht, es gibt Trader, oft Profis, die täglich vor der offiziellen Börseneröffnung traden.

Die Vorbörse

Der Markt öffnet werktags offiziell um 09:30 Uhr (EST). Trader und Anleger können jedoch schon vor der Eröffnungsglocke Aufträge erteilen. Obwohl es nicht schwierig ist, empfiehlt sich das Trading während der Vorbörse (auch als *Nachbörse* bezeichnet) nicht für Anfänger – das Risiko, Geld zu verlieren, ist hoch.

Warum? Weil die Geld-/Briefkurse, die nachbörslich angeboten werden, oft weniger attraktiv sind. Tatsächlich ähnelt das Trading in der Vor- oder Nachbörse eher dem Wilden Westen als einem Aktienmarkt. Wenn Sie traden wollen, rate ich Ihnen, dies während der regulären Marktzeiten zwischen 9.30 und 16.00 Uhr EST (sofern Sie in den USA leben) zu tun.

Ein Hauptproblem beim Trading in der Vorbörse ist, dass das Handelsvolumen gering ist. Während im regulären Markt täglich mehrere Milliarden Aktien gehandelt werden, sind es nachbörslich nur Tausende. Ein geringes Volumen bedeutet, dass es an *Liquidität* mangelt.

Wenn Trader von Liquidität sprechen, ist das ein anderer Weg zu sagen, dass es einfach ist, Aktien zu kaufen oder zu verkaufen. Wenn Sie Aktien kaufen oder verkaufen, wollen Sie Liquidität. Eine Aktie ohne Liquidität ist zwar leicht zu kaufen, lässt sich aber nur schwer zu einem für Sie guten Preis verkaufen.

> ***Hinweis:*** Aktien mit geringem Volumen und vor allem mit geringer Liquidität zu traden, kann zu seltsamen Kursentwicklungen führen. Wenn Sie mit dem nachbörslichen Handel nicht vertraut sind, hier eine unverzichtbare Regel: Erteilen Sie nie nach Börsenschluss eine *Markt-Order*, sie könnte nämlich schlecht ausgeführt werden. Traden nach Börsenschluss ist eine heikle Sache, und ich rate Ihnen, während dieser Zeit nicht zu traden. Traden Sie während der regulären Marktzeiten, wenn das Volumen und die Liquidität hoch sind.

Futures-Kurse einsehen

Vor der Markteröffnung machen erfahrene Profis eine Menge Trades. Sie kaufen und verkaufen häufig Futures von wichtigen Marktindizes wie dem S&P 500 (SPX). Diese Trader beeinflussen die Entwicklung des Marktes vor seiner offiziellen Öffnungszeit.

Das bedeutet, dass Sie vor der Markteröffnung die Kurse für den *Futures-Markt* einsehen und erfahren können, wohin sich der Markt bewegen wird. Wenn Sie „Aktien-Futures" in Ihre Suchmaschine eingeben, werden Sie zu Finanzseiten geleitet, die Auskunft über die Tendenz der wichtigsten Marktindizes geben.

Websites wie CNN Business, Yahoo Finance, Google Finance, MarketWatch, CNBC und Bloomberg bieten aktuelle Berichte zum und Kurse für den Futures-Markt. Ihre Brokerfirma liefert ebenfalls aktuelle Futures-Kurse auf Ihrer Trading-Oberfläche (und falls nicht, kontaktieren Sie Ihren Broker, um Zugang zu erhalten).

Schauen Sie sich die Aktienkurse aus Ihrer Watchlist mindestens 30 Minuten bis eine Stunde vor Börseneröffnung an. Die vorbörslichen Kurse für die Aktien Ihrer Liste erscheinen. Diese Kurse liefern wichtige Anhaltspunkte darüber, ob der Markt bei der Eröffnung steigen oder fallen wird. Eine Garantie dafür, dass diese Kurse lange bestehen bleiben, gibt es nicht, da sich die Aktienkurse sowohl vor als auch nach der Markteröffnung ständig ändern.

Anhand der Futures-Kurse einzelner Aktien oder Indizes können Sie sehen, ob sich der Markt nach oben, nach unten oder seitwärts entwickeln wird. In der Regel öffnet sich der Markt in dieselbe Richtung wie der Futures-Markt, aber nicht immer.

• • • • • •

Ich gratuliere Ihnen, dass Sie gelernt haben, wie Sie Ihre erste Aktie kaufen. Das war der einfache Teil. Nachdem Sie jetzt eine bessere Vorstellung davon haben, wie man Aktien kauft, lernen Sie nun, wie man Investmentfonds und ETFs kauft. Und ob Sie es glauben oder nicht, der Kauf dieser Produkte ist sogar noch einfacher als der von Aktien.

Kapitel 6

ETFS, INDEXFONDS UND INVESTMENTFONDS

In diesem Kapitel lernen Sie, wie *ETFs*, *Indexfonds* und *Investmentfonds* gekauft und verkauft werden. Diese Produkte sind leichter zu verstehen und zu handeln als einzelne Aktien und durch die Kraft der *Diversifikation* ist ihr Besitz meist weniger riskant als der von Aktien.

Wer ETFs, Indexfonds und Investmentfonds kauft, ist sofort diversifiziert – eines der Geheimnisse des Erfolgs am Aktienmarkt. Eine schlecht abschneidende Aktie in einem Investmentfonds schadet Ihrem Portfolio nicht, da der Kauf eines Fonds einen „Korb" von Aktien repräsentiert und nicht nur eine oder zwei. Ein Grund, warum diese Finanzprodukte in den letzten Jahrzehnten immer beliebter geworden sind.

Investmentfonds: Die bequeme Art, Aktien zu kaufen

Viele Anleger halten die Investition in Investmentfonds für eine hervorragende Idee. Statt einzelne Aktien auszuwählen, überlassen Sie die Entscheidungen einem professionellen Vermögensverwalter. Und das funktioniert so: Eine Investmentgesellschaft legt einen Investmentfonds auf, indem sie Gelder von Anlegern bündelt und diese in eine Auswahl von Aktien, Anleihen und festverzinslichen Wertpapieren investiert. In einen Investmentfonds zu investieren ist so, als würde man seinen eigenen Vermögensverwalter einstellen; Kauf- und Verkaufsentscheidungen werden den Profis überlassen. Fondsmanager setzen auf Aktien, von denen sie glauben, dass sie den Markt übertreffen werden, also besser abschneiden als die Marktindizes. Der Nachteil ist, dass Sie für das Fachwissen des Fondsmanagers eine jährliche Gebühr zahlen müssen, die von mickrigen 0,05 Prozent des angelegten Vermögens bis zu sagenhaften zehn Prozent für einige Spezialfonds reicht.

Es gibt Investmentfonds für jede erdenkliche Strategie oder Branche. So investieren einige Investmentfonds in Aktien (diese Art von Fonds nennt man *Aktienfonds*) oder in *Branchen* wie Technologie (*Technologiefonds*); andere investieren in Anleihen (*Rentenfonds*), internationale Aktien (*internationale Fonds*) oder Gold, Silber und Sojabohnen (*Rohstofffonds*).

Manche Investmentfonds bieten alternative Produkte wie Anlagen, die *Aktien leerverkaufen* (um bei einem fallenden Markt zu profitieren). Andere wiederum traden mit Long- und Short-Positionen in beide Richtungen des Marktes. Egal, welche Art von Anlage Sie interessiert, es gibt einen Investmentfonds, der Ihren Bedürfnissen entspricht.

Für diejenigen, die weder die Zeit noch das Wissen oder Interesse haben, sich über einzelne Unternehmen zu informieren, könnten Investmentfonds das Richtige sein. Wenn Sie also in Growth- oder Value-Aktien (= Wachstums- oder Substanzaktien) investieren möchten und sie nicht selbst finden wollen, können Sie in einen Growth- oder Value-Fonds investieren.

Auch aus diesem Grund sind Investmentfonds so beliebt geworden. Für eine Mindestanlagesumme von ein paar Hundert Dollar (bei einigen Fonds ist das Minimum höher, beispielsweise 2.500 Dollar) können Sie einen Teil eines Aktienkorbs kaufen.

Ihre Brokerfirma hat eine Liste aller Investmentfonds, die Sie kaufen können. Es gibt so viele Investmentfonds wie Aktien. Jeder Investmentfonds hat seinen eigenen Stil und seine eigene Strategie und die Suche nach einem guten Investmentfonds kann genauso zeitaufwendig sein wie die nach Einzelaktien.

Es gibt zwei Arten von Investmentfonds: *Load* und *No-Load*. Bei *Load-Fonds* kommen Ausgabeaufschläge und Verwaltungsgebühren hinzu, sodass sie teurer sind. Wenn der Fonds wirklich gut abschneidet, ist das vertretbar. Ein *No-Load-Fonds* ist preiswerter, da keine Ausgabeaufschläge und geringe Verwaltungsgebühren anfallen.

Sie können sich jeden beliebigen Fonds aussuchen und es gibt Tausende zur Wahl. Sie können nach den am besten bewerteten oder größten Investmentfondsgesellschaften suchen. Lesen Sie die Bewertungen von Investmentfonds aus unabhängigen Quellen wie *Barron's*, *Forbes*, dem *Wall Street Journal*, Bankrate, Kiplinger's und Morningstar.

Morningstar (http://www.morningstar.com) ist eine hervorragende Quelle in Sachen Investmentfonds. Sie bietet ausführliche Infos zu jedem Fonds, eine Bewertung und das Fondsziel. Meines Erachtens sind Sie mit einem Investmentfonds ohne Gebühren oder einem Fonds mit sehr niedrigen Gebühren besser beraten.

Warum? Weil es für Fonds mit hohen Gebühren („Loads") äußerst schwierig ist, die wichtigsten Marktindizes zu übertreffen, wenn den Anlegern übermäßige Kosten auferlegt werden.

Vor dem Kauf eines Investmentfonds sollten Sie sich jedoch ansehen, wie er bisher abgeschnitten hat. Es gibt zwar keine Garantie dafür, dass sich die Leistung eines Fonds in der Zukunft wiederholen wird, aber der Kauf von Fonds, die über viele Jahre hinweg konstant gute Ergebnisse erzielt haben, ist keine schlechte Idee.

Wenn Sie nach No-Load-Fonds suchen, stehen Ihnen Hunderte von Fondsfamilien zur Auswahl. Recherchieren Sie unbedingt vor dem Kauf. Wenn Sie mit den Ergebnissen des von Ihnen gewählten Fonds nicht zufrieden sind, können Sie leicht in einen anderen Investmentfonds wechseln. Allerdings müssen Sie die Position mindestens 30 Tage halten oder lange genug, um eine *Rücknahmegebühr* zu vermeiden.

Nettoinventarwert: Berechnung von Gewinnen und Verlusten aus Investmentfonds

Der Wert eines jeden Investmentfondsanteils hängt von den Schlusskursen aller Aktien des Fondsportfolios ab. Der Gesamtwert des Fonds wird durch die Multiplikation der Werte aller Aktien des Fondsportfolios mit der entsprechenden Anzahl von Anteilen plus etwaiger Barmittel (abzüglich etwaiger Verbindlichkeiten) ermittelt. Daraus ergibt sich der *Nettoinventarwert* (NIW, auch Net Asset Value oder NAV). Der Nettoinventarwert ist der Wert eines Fondsanteils, ähnlich wie der Wert eines einzelnen Aktienanteils. Der NIW wird nur einmal am Tag berechnet (anhand der Schlusskurse) und findet sich auf der Trading-Oberfläche Ihres Brokers, online über eine beliebige Kursanzeige oder auf der Website von Morningstar.

Besitzer von Investmentfonds investieren eher einen bestimmten Dollarbetrag, als eine bestimmte Anzahl von Aktien zu kaufen. Wenn Sie beispielsweise 200 Dollar haben und Anteile des Investmentfonds ABC mit einem NIW von zehn Dollar kaufen möchten, wird der Kaufantrag für den Fonds im Wert von 200 Dollar gestellt. (Verwenden Sie das Kauf-Fenster, um den Kauf abzuschließen.)

Sobald Sie die Bestätigen-Taste drücken, überweist Ihr Broker Geld von Ihrem Konto an den Investmentfonds. Da der Tagesschlusskurs noch nicht vorliegt, erfolgt der Kauf *nach* Börsenschluss um 16:00 Uhr (EST).

In diesem Beispiel sind Sie am nächsten Tag Eigentümer von etwa 20 Anteilen des Investmentfonds ABC. Die genaue Anzahl der Anteile erscheint im Dezimalformat und hängt vom tatsächlichen Schlusskurs ab. Wenn also der Fonds ABC bei 10,04 Dollar schließt, besitzen Sie 200 Dollar geteilt durch 10,04 Dollar, also 19,92 Anteile.

Beim Besitz von Investmentfonds ist die Anzahl der Anteile nicht wichtig; wichtiger ist es, den Wert der Anteile im Auge zu behalten. Um vergangene Wertentwicklungen auszuwerten, kann Ihnen die Software anzeigen, wie sich Ihr Fonds in diversen Zeiträumen – von gestern bis vor einem Jahr oder länger – entwickelt hat.

Hinweis: Sie können Investmentfonds (oder andere Finanzprodukte) am einfachsten über Ihre Brokerfirma kaufen. Sie können Investmentfonds auch durch Ausstellung eines Schecks an den Fonds oder über einen betrieblichen Gehaltsplan – der jeden Monat (oder alle zwei Wochen) automatisch Geld von Ihrem Gehalt abzieht – kaufen. Die meisten großen US-Unternehmen bieten ihren Mitarbeitern die Möglichkeit, im Rahmen der Altersvorsorge über steuerbegünstigte Konten in Investmentfonds (und andere Finanzprodukte) zu investieren.

Beschränkungen der Investmentfonds

Da sie von professionellen Managern verwaltet werden, wird von Investmentfonds erwartet, besser abzuschneiden als der Marktdurchschnitt. Diese Fonds sind jedoch alles andere als perfekt. Berichten zufolge scheitern jährlich mindestens 80 Prozent der Investmentfondsmanager daran, den Indexdurchschnitt zu schlagen.

Nimmt man die *Ausgabeaufschläge* hinzu, ist es für viele Manager noch schwieriger, die Indizes dauerhaft zu schlagen. Wie bereits erwähnt, erheben viele Investmentfonds eine Rücknahmegebühr, wenn Sie die Anteile innerhalb von 30 Tagen nach dem Kauf verkaufen. Investmentfonds sind für Anleger und nicht für Trader gedacht, und bei vielen Fonds zahlen Anleger Strafgebühren, wenn sie zu früh verkaufen. Auch für Anleger, die auf größere Gewinne aus sind, sind Investmentfonds nicht ideal. Wenn Sie ein Trader sind, der große Gewinne anstrebt, sind Sie mit relativ geringen täglichen Gewinnen vermutlich nicht zufrieden.

Hätten Sie zum Beispiel Apple-Aktien, die an einem Tag um fünf Prozent gestiegen sind, würden Sie an diesem Tag etwa fünf Prozent verdienen. Wenn Sie aber Anteile an einem Investmentfonds halten würden, der Apple-Aktien enthält, würden Sie an diesem Tag statt des erhofften Gewinns von fünf Prozent vielleicht nicht mehr als ein oder zwei Prozent Gewinn mit dem Fonds machen. Daher kann ein Investmentfonds, egal wie gut er an diesem Tag abschneidet, niemals (prozentual) so stark steigen wie die Aktie mit der besten Wertentwicklung im Portfolio.

Fazit: Wenn Sie große Tagesgewinne aus Aktien mit hoher Wertentwicklung anstreben, sind Investmentfonds eher nicht das Richtige für Sie. Das Eigentum eines Aktienkorbs anstelle einer einzigen Aktie hat den Vorteil, dass das Verlustrisiko geringer ist, dafür aber die Erträge bescheidener ausfallen.

ETFs kaufen: Ein cleverer Weg zur Gewinnsteigerung

Ähnlich wie Investmentfonds haben *börsengehandelte Fonds* (ETFs) in den letzten Jahren einen regelrechten Boom erlebt, und das aus gutem Grund. ETFs bestehen aus einem Korb von Wertpapieren, die einen bestimmten Index oder Bereich abbilden. Obwohl ETFs wie ein Investmentfonds konzipiert sind, gibt es einen großen Unterschied: Ein ETF wird wie eine Aktie gehandelt – Sie können ihn kaufen und verkaufen, wann immer der Markt geöffnet ist.

Es gibt Tausende von ETFs und jedes Jahr werden neue auf den Markt gebracht. Die beliebtesten ETFs sind jene, die die größten Aktienindizes abbilden, wie zum Beispiel SPY (bildet den S&P 500 ab), QQQ (Nasdaq 100), IWM (Russell 2000) und DIA (Dow Jones Industrial Average). Sie können auch ETFs finden, die Branchen wie Halbleiter, Öl, Technologie, Einzelhandel und Pharmazie abbilden.

Sie können festverzinsliche ETFs kaufen, die hauptsächlich Anleihen und Staatsanleihen umfassen. Es gibt auch internationale ETFs, die den Aktienmarkt fast aller Länder der Welt abbilden. Möchten Sie zum Beispiel in eine Gruppe von Aktien aus Deutschland investieren oder mit ihnen handeln, könnten Sie einen deutschen ETF kaufen.

Der Vorteil von ETFs liegt auf der Hand: Statt eine Gruppe von Aktien eines bestimmten Index, einer Branche oder eines Landes zu kaufen, können Sie den gesamten Aktienkorb (der Dutzende und manchmal Hunderte oder Tausende von Wertpapieren enthält) mit einem einzigen Trade oder einer einzigen Investition erwerben. Dadurch erhalten Sie eine sofortige Diversifizierung, eine der wichtigsten Methoden zur Risikominderung, da Sie nicht alles auf eine Karte setzen. Es wäre für den einzelnen Anleger zu schwierig, jede einzelne Aktie eines bestimmten Sektors oder Index zu verfolgen und zu besitzen.

Wenn Sie denken, dass ETFs gut klingen, dann haben sie recht. Man kann mit ihnen leicht handeln, wann immer die Märkte geöffnet sind, und die jährlichen Aufwendungen sind sehr gering. Da ETFs kurz- oder langfristig gehalten werden können, können Sie einen Korb von ETFs zusammenstellen, der die Anforderungen einer jeden Strategie erfüllt. Ihre Brokerfirma hat eine Liste mit allen verfügbaren ETFs.

Die Risiken von ETFs

ETFs bergen die gleichen Risiken und Chancen wie der Besitz von Aktien. Das heißt, wenn der Kurs des ETFs sinkt, verlieren Sie Geld. Nehmen wir an, Sie kaufen einen Technologie-ETF und später sinkt der Kurs der Technologiebranche. Das bedeutet, dass die meisten oder alle Aktien dieser Branche sinken werden, einige mehr als andere. Wenn Sie diesen ETF besitzen, werden Sie Verluste machen, solange die Technologiebranche schwach bleibt.

Vorsicht: Gehebelte ETFs

Eine Form von ETFs hebt das Risiko auf ein ganz neues Niveau: *gehebelte* ETFs. Wie Sie wissen, hängt der Kauf eines ETFs eins zu eins mit dem Index oder der Branche zusammen. Hierbei handelt es sich um die traditionellen *nicht gehebelten* ETFs, um die es in diesem Buch geht.

Ein gehebelter ETF hingegen ist so konzipiert, dass er den zwei- oder dreifachen Ertrag des zugrunde liegenden Index erzielt. Leider ist das in der Regel nicht der Fall.

Angenommen, Sie kaufen einen gehebelten ETF, mit dem Sie von einem Anstieg des S&P 500 profitieren können. Statt eines Gewinns von einem Prozent, wenn der S&P 500 um ein Prozent ansteigt, könnten Sie zwei oder drei Prozent erzielen.

Sie denken jetzt vielleicht: „Das ist großartig! Ich kann meine Erträge verdoppeln oder verdreifachen." Aufgrund von komplexen Berechnungen und Tracking-Fehlern (wenn ein ETF von seiner Benchmark abweicht) können Sie leider auch bei einem Anstieg des zugrunde liegenden Index Geld verlieren, vor allem, wenn Sie den ETF länger als einen Tag halten.

Gehebelte ETFs richten sich in erster Linie an Daytrader, und allein aus diesem Grund empfehle ich, sie nicht zu kaufen. Es gibt zahlreiche nicht gehebelte ETFs, die Ihren Wünschen entsprechen, ohne dabei besonders risikoreich zu sein.

Indexfonds: Wer sie nicht besiegen kann, schließt sich ihnen an

Indexfonds legen das gesammelte Geld von Anlegern in einen Korb oder eine Gruppe von Aktien an, die einen bestimmten Index nachbilden. Der Grundgedanke hinter dem Besitz von Indexfonds ist, dass die Indizes nur schwer zu übertreffen sind und man sie daher auch direkt kaufen kann.

Bei Indexfonds gibt es keinen aktiven Manager, der Kauf- und Verkaufsentscheidungen trifft. Im Gegensatz zu aktiven Fondsmanagern, die den Markt schlagen wollen, versucht ein Indexfondsmanager, den

Index so gut wie möglich abzubilden. Wenn beispielsweise der S&P 500 um zehn Prozent zulegt, erwirtschaftet der S&P-500-Indexfonds nahezu diese zehn Prozent. Der Kauf von Indexfonds wird als *passives Investieren* bezeichnet.

Indexfonds sind kostengünstiger als Investmentfonds, da es keinen aktiven Fondsmanager gibt. Es fallen auch keine Verkaufsgebühren an und die Gebühren sind wesentlich geringer. Aus diesen Gründen sind Indexfonds äußerst beliebt. Da sie so konzipiert sind, dass sie sich an den Markt anpassen, schneiden sie in Bullenmärkten gut und in Bärenmärkten schlecht ab. Wenn Sie sich nicht die Zeit nehmen wollen, einzelne Aktien zu analysieren, könnten Indexfonds das richtige Produkt für Sie sein.

Es gibt zwei Arten von Indexfonds: *Index-ETFs* und *Index-Investmentfonds*.

Index-ETFs

Da ein Index-ETF ein börsengehandelter Fonds ist, lässt er sich genau wie eine Aktie tagsüber traden. Wie bereits erwähnt, sind die beliebtesten Index-ETFs SPY, QQQ, DIA und IWM, aber es gibt noch weitaus mehr. Wie andere ETFs bieten auch Index-ETFs eine sofortige Diversifizierung und kleine Geld-Brief-Spannen, dazu sind ihre Kosten gering. Es gibt auch Index-ETFs, die Branchen, Anlageklassen und ausländische Märkte abbilden (wie etwa Europa-ETFs, Brasilien-ETFs).

Indexorientierte Investmentfonds

Genau wie ein Index-ETF bietet ein *indexorientierter Investmentfonds* niedrige Kosten, eine sofortige Diversifikation und einen geringen *Portfolioumschlag* (die Aktien in den Indizes werden selten geändert). Sie können indexorientierte Investmentfonds bei Ihrem Broker oder direkt bei der Fondsgesellschaft kaufen.

Der wesentliche Unterschied zwischen einem Index-ETF und einem indexorientierten Investmentfonds ist, dass ein Index-ETF innerhalb der Börsenzeiten getradet werden kann, ein indexorientierter Investmentfonds hingegen nur am Ende des Tages. Die meisten Fondsgesellschaften verlangen eine Mindestanlagesumme, gewöhnlich 2.500 bis 3.000 Dollar, während ein Index-ETF keine Mindestanlagesumme hat.

Beliebte Indexfonds sind der Vanguard 500 Index Fund Investor Shares (VFINX), der Fidelity 500 Index Fund (FXAIX) und der Schwab S&P 500 Index Fund (SWPPX), aber es gibt noch Hunderte weitere. Der Vanguard 500 Index Fund, gegründet von John Bogle, war der erste Indexfonds der Welt.

> ***Hinweis:*** Da ein Index-ETF und ein indexorientierter Investmentfonds sich ähneln, beziehe ich mich im Weiteren auf diese Produkte als „Indexfonds". Wählen Sie das Produkt, das Ihren Bedürfnissen am besten entspricht.

Mit Indexfonds in den Aktienmarkt einsteigen

Während ich dieses Buch schrieb, rief einer meiner Freunde an und fragte, wie man in den Aktienmarkt einsteigen kann. Er sagte, er habe keine Zeit, um Aktien auszuwählen, und wollte wissen, was er kaufen sollte. Ich schlug ihm Folgendes vor:

1. Eröffne ein Konto bei einer Brokerfirma.
2. Investiere mindestens 100 Dollar in einen Indexfonds, der die Wertentwicklung des S&P 500 abbildet. Als Börsenanfänger eignet sich der Kauf eines kostengünstigen Indexfonds bestens für den Einstieg. Später kannst du immer noch einzelne Aktien auswählen.
3. Jetzt kommt der schwierige Teil: Gewöhne dir an, jeden Monat 100 Dollar oder einen anderen für dich angenehmen

Betrag in denselben (oder einen anderen) Indexfonds zu investieren.

4. Kaufe und halte den Indexfonds auf unbestimmte Zeit. Wenn der Markt fällt, kaufst du zusätzliche Aktien zu einem niedrigeren Preis. Steigt der Markt, so kaufst du zu einem höheren Preis und erhältst weniger Anteile. Solange der Markt langfristig steigt, funktioniert auch die sogenannte *Dollar-Cost-Averaging*-Strategie.
5. Wenn deine Einkünfte mit der Zeit steigen, erhöhe deine monatliche Investition. Gewöhne es dir an, dich als Erstes mit dem Kauf eines Indexfonds zu entlohnen. Während der Markt weiter ansteigt, wird auch der Wert deines Indexfonds steigen.

Beim Dollar-Cost-Averaging wird in regelmäßigen Abständen, beispielsweise monatlich, immer derselbe Geldbetrag investiert. Es ist eine der einfachsten Arten, in den Aktienmarkt einzusteigen und sich daran zu beteiligen. Mit dieser Strategie soll die Volatilität Ihres Kontos verringert werden, indem die Käufe über lange Zeiträume verteilt werden.

Dollar-Cost-Averaging ist sinnvoller, als Ihr gesamtes Geld auf einmal (also eine Pauschalsumme) in einen Index (oder eine beliebige Anlage) zu investieren, da Sie sowohl zu niedrigen als auch zu hohen Kursen investieren können.

Gewinne aus dem Dollar-Cost-Averaging sind in der Regel höher als bei Pauschalinvestitionen. Vor allem aber vermeiden Sie mit dieser Strategie zeitlich falsche Einstiege, was Ängste und andere Emotionen reduziert. (Das Dollar-Cost-Averaging wird in Kapitel 8 ausführlicher erläutert.)

Warum Indexfonds nicht für jeden geeignet sind

Ein mögliches Risiko des Dollar-Cost-Averaging bei Indexfonds sind lange Bärenmärkte. Zwar gab es schon mehrere Bärenmärkte, der bisher längste Bärenmarkt der Geschichte dauerte jedoch fast drei Jahre, von 1929 bis 1932 (über die genaue Dauer herrscht unter Historikern Uneinigkeit). Bis zum Tiefpunkt hatte der Markt 89 Prozent seines Wertes (seit dem Höchststand) verloren. Es gab damals zwar noch keine Indexfonds, wären sie aber verfügbar gewesen, hätte es Jahrzehnte gedauert, das verlorene Geld wieder hereinzuholen. Mit anderen Worten: Indexfonds bieten keinen Schutz vor Kursverlusten.

Ein weiterer negativer Aspekt von Indexfonds ist, dass sie für manche Menschen langweilig sein können. Wenn Sie auf schnelle Gewinne aus sind, wird Sie diese einfache und langsame Strategie eher nicht ansprechen. Trotzdem ist es nicht langweilig, Geld zu verdienen. Daher sollten auch Trader etwas Geld beiseitelegen, um in einen „langweiligen" Indexfonds zu investieren.

Die Teilnahme am Aktienmarkt mit einem Pensionsplan

Einer der einfachsten Wege, in den Vereinigten Staaten in Investmentfonds oder Indexfonds zu investieren, ist ein freiwilliger, steuerlich absetzbarer Sparplan, der von vielen Unternehmen für die Mitarbeiter angeboten wird. Dieser beliebte Plan ist der Hauptgrund dafür, dass so viele Menschen am Aktienmarkt beteiligt sind.

Der Vorteil ist, dass bis zur Auszahlung des Geldes im Alter von 59,5 Jahren oder älter keine Steuern gezahlt werden müssen. Und bei einem Arbeitsplatzwechsel kann der Plan übertragen oder in ein individuelles Rentenkonto umgewandelt werden, ebenfalls eine Art von Sparplan mit Steueraufschub. Beachten Sie, dass die Regelungen komplex sind und sich gelegentlich ändern. Konsultieren Sie daher vor der Teilnahme oder Änderung an diesen Plänen einen Steuerberater.

Sofern die Möglichkeit besteht, an einem solchen Plan teilzunehmen, rate ich Ihnen, es zu tun. Viele Unternehmen ergänzen Ihre Beiträge bis zu einem bestimmten Betrag, die Steuern werden aufgeschoben, und die Pläne bieten viele Anlagemöglichkeiten, darunter Investmentfonds und Indexfonds, und einige Pläne bieten sogar einzelne Aktien.

Ich möchte Ihnen helfen, den Aktienmarkt zu verstehen und bessere Anlageentscheidungen zu treffen. Die Teilnahme an einem vom Arbeitgeber gesponserten Rentenplan ist definitiv eine dieser guten Entscheidungen.

INTERVIEW MIT JOHN BOGLE

Ich hatte das Glück, den verstorbenen John Bogle im Laufe der Jahre mehrmals interviewen zu können. John Bogle war der Gründer und ehemalige CEO der Vanguard Group, Inc. Wie bereits erwähnt, schuf er den ersten Indexfonds der Welt und war ein großer Verfechter dieses Produkts.

Sincere: Wann sind Sie erstmals auf die Idee gekommen, Indexfonds zu kaufen?

Bogle: Im Jahr 1951, als ich an der Princeton University war. Ich habe meine Abschlussarbeit über die Investmentfondsbranche geschrieben. Ich habe viele Fonds untersucht und ihre Daten studiert. Meine Untersuchungen, die zugegebenermaßen etwas oberflächlich waren, führten mich zu dem Schluss, dass es für Investmentfonds schwierig, wenn nicht gar unmöglich ist, den Marktdurchschnitt dauerhaft zu übertreffen. Das war für mich der Ausgangspunkt.

Sincere: Wie haben Sie den ersten Indexfonds bei Vanguard aufgelegt?

Bogle: Als Vanguard 1974 gegründet wurde, waren die Voraussetzungen ideal, um den ersten Indexfonds der Welt aufzulegen. Inspiriert wurde ich durch einen 1974 im *Journal of Portfolio Management* (eine vierteljährlich erscheinende akademische Zeitschrift für Finanzen und Investitionen) erschienen Artikel des Ökonomen Paul Samuelson, einem der größten Wirtschaftswissenschaftler des 20. Jahrhunderts. Er forderte jeden heraus, „handfeste Beweise" dafür zu finden, dass aktive Manager den Markt schlagen können. Er plädierte für die Schaffung eines Indexfonds. Im Jahr 1975 war meine erste große Geschäftsentscheidung bei Vanguard die Auflegung des weltweit ersten Indexfonds, und Dr. Samuelson war mein größter Unterstützer. Er schrieb daraufhin in einem vierseitigen Artikel in *Newsweek* (ein wöchentlich erscheinendes US-amerikanisches Nachrichtenmagazin), dass seine Gebete erhört wurden. Seine Unterstützung war für mich sehr wichtig.

Sincere: Ist die Investmentfondsbranche Ihrem Beispiel gefolgt?

Bogle: Zunächst nicht. An der Wall Street kursierte ein Plakat, auf dem stand: „Indexfonds sind unamerikanisch!" Die Investmentfondsbranche verstand nicht, warum jemand durchschnittlich sein wollte. Außerdem wollten die meisten in der Branche die Kosten für die Anleger nicht senken; es ging ihnen vielmehr darum, die Einnahmen der Fondsgesellschaften zu steigern, indem sie Vermögen anhäuften und die Gebühren erhöhten. Erst in den 1990er-Jahren begannen die Indexfonds zu wachsen.

Sincere: Warum mögen Sie die Indexierung?

Bogle: Indexfonds eliminieren die Kosten aus dem System und garantieren den Anlegern einen fairen Anteil an den Börsenerträgen. Es ist einfach, könnte aber für manch einen langweilig sein.

Sincere: Was halten Sie von börsengehandelten Fonds („ETFs")?

Bogle: Ich weiß nicht, ob ich sie gutheiße oder ablehne. Wenn Sie einen ETF wie SPY (SPDR S&P 500) oder VTI (Vanguard Total Stock Market ETF) kaufen, gibt es keinen Grund, warum Sie ihn nicht kaufen und halten sollten. Das Halten eines ETFs und eines, wie ich es nenne, traditionellen Indexfonds kostet in etwa das Gleiche. Der Unterschied ist, dass man mit einem ETF den ganzen Tag über traden kann, mit einem traditionellen Indexfonds aber nicht. Wir müssen uns also die folgende Frage stellen: Ist das eine Chance oder ein Fluch? Ich würde sagen, es ist ein Fluch. Die Vorstellung, „den ganzen Tag in Echtzeit" zu traden, ist einfach unsinnig.

Sincere: Sie sind von der Buy-and-Hold-Strategie überzeugt. Was, wenn man einen Bärenmarkt kommen sieht? Sollte man dann immer noch halten?
Bogle: Ja. Zunächst sollten Sie gut diversifiziert sein, und Ihre Vermögensaufteilung muss richtig sein. 60 Prozent Aktien und 40 Prozent Anleihen sind ein guter Anfang. Wenn sich ein Bärenmarkt ankündigt, sollten Sie am Höhepunkt des Marktes aussteigen und am Tiefpunkt wieder einsteigen. Aber ich kenne niemanden, der Ihnen genau sagen kann, wann ein Bärenmarkt beginnt, und ich kann Ihnen erst recht nicht sagen, wann er endet. Das heißt, Sie müssen zweimal richtigliegen. Die Chancen dafür sind so gering, dass Sie sich einfach an Ihren langfristigen Investitionsplan halten sollten. Es ist ein guter Rat, mir zu sagen, vor einem Bärenmarkt aus den Aktien auszusteigen. Aber könnten Sie mir eine Nachricht zukommen lassen, wenn es Zeit ist, wieder einzusteigen? Ich denke, Anleger sollten den Kurs beibehalten, sei es nun ein Bärenmarkt oder nicht. Versuchen Sie nicht, den Markt zu überlisten.
Sincere: Was schlagen Sie vor?
Bogle: Achten Sie nicht zu sehr auf die täglichen Schwankungen des Aktienmarktes. Wenn Sie ein diversifiziertes Portfolio mit niedrigen Kosten haben, halten Sie einfach den Kurs. Ja, Sie hätten recht gehabt, wenn Sie im Hoch ausgestiegen und im Tief wieder eingestiegen wären, aber ich kenne weder jemanden, der das getan hat, noch jemanden, der jemanden kennt, der es getan hat.
Sincere: Wie sollte man mit einem Indexfonds beginnen?
Bogle: Wenn Sie nach dem Studium ein paar Hundert Dollar in einen Indexfonds investieren können, was die einzig intelligente Wahl ist, lernen Sie, wie die Märkte funktionieren. Sie werden sehen, was passiert, wenn die Kurse fallen, und die Weisheit einer Buy-and-Hold-Strategie begreifen. Versuchen Sie nicht, den Markt zu timen. Halten Sie sich einfach an eine disziplinierte, langfristige Anlagestrategie. Investieren Sie so viel, wie Sie monatlich sparen können, und sorgen Sie sich nicht darum, was der Markt tut. Es spielt keine Rolle.

Wenn der Markt um 50 Prozent einbricht, geraten die Menschen in Panik und überlegen, auszusteigen. Ihre Emotionen lenken sie in die falsche Richtung.

Fallen Sie nicht darauf herein. Investieren Sie einfach jeden Monat weiter, ohne Rücksicht auf die momentane Entwicklung der Aktienkurse. Schauen Sie sich einfach die Quartalsberichte an und im Laufe eines ganzen Investmentlebens werden Sie mit Ihren Renditen überaus zufrieden sein. Sie werden sehen, dass Sie besser dastehen als die meisten anderen Menschen, die sich von ihren Emotionen leiten lassen.

Sincere: Sollte man jemals verkaufen?

Bogle: Wenn Sie in Ihren Dreißigern und Vierzigern sind und mehr Geld auf dem Spiel steht, sollten Sie nach und nach einen Teil Ihres Vermögens in Aktienindexfonds diversifizieren und in einen Rentenindexfonds investieren. Sie sollten Ihre Aufteilung schrittweise ändern, indem Sie Ihre Aktienportfolios reduzieren und Ihre Anleiheposition aufstocken. Die Renditen von Anleiheindexfonds waren in der Vergangenheit gewöhnlich höher als die von Aktienindexfonds, wobei dies nicht immer der Fall sein wird.

Sincere: Sollten Anleger einzelne Aktien kaufen und halten?

Bogle: Wenn Sie zu den seltenen glücklichen Menschen gehören, die wissen, wie man Gewinner auswählt, sollten Sie auf jeden Fall gute Aktien kaufen und die Indexierung vergessen. Ich weiß aber nicht, wie man das macht. Die Erfahrung zeigt ganz klar, dass sich die Aktien, die wir für gut hielten, in vielen Fällen als Reinfälle entpuppen können. Betrachten Sie es einmal so: Menschen spielen gern und Anleger sind da keine Ausnahme. Die Rechnung an der Wall Street ist dieselbe wie die in Las Vegas. Sie setzen auf Rot, jemand anderes setzt auf Schwarz, aber auf lange Sicht gewinnt nur das Haus. Und der Wall Street, dem Croupier in der Mitte, ist es egal, was Sie tun, solange Sie nur etwas tun.

Sincere: Was ist mit Anlegern, die glauben, den Markt schlagen zu können?

Bogle: Zunächst sollten Sie ein langfristiges Anlageportfolio mit einer guten Mischung aus Aktien- und Rentenindexfonds aufbauen. Das ist Ihr echtes Geldkonto. Es ist das Geld, das Sie für den Ruhestand brauchen. Das sollte 90 bis 95 Prozent Ihres investierbaren Vermögens ausmachen. Es ist sehr langweilig anzusehen, aber aufregend, wenn Sie Ihren Ruhestand antreten wollen. Nehmen Sie die restlichen 5 Prozent Ihres Vermögens und verwenden Sie sie als „Spielgeld“. Ich rate Ihnen, ein separates Konto für Ihr Spielgeld einzurichten, auf dem Sie dann nach Herzenslust traden können. Viele Menschen haben einen Spieltrieb und auf diesem Konto können Sie mit einzelnen Aktien traden. Überprüfen Sie nach fünf Jahren die Erträge und sehen Sie, ob Sie den Markt tatsächlich geschlagen haben. Haben Sie das? Ich denke, die Chancen liegen nicht ganz bei null, aber vielleicht bei einem oder zwei Prozent, dass Sie es geschafft haben.

Sincere: Warum kauft nicht jeder Indexfonds?

Bogle: Die Indexierung ist in gewisser Weise kontraintuitiv. Es bedeutet, dass niemand dauerhaft besser ist als der Index. Wenn Ihnen ein Verkäufer sagt, dass Sie den Quatsch mit den Indexfonds nicht glauben sollten, dass sein oder ihr Fonds besser abschneidet, kann es schwer sein, zu widerstehen. Aber die Person sagt Ihnen nicht, dass viele aktive Fondsgesellschaften häufig die Manager wechseln. Wie hoch ist die Chance, dass all diese Vermögensverwalter den Markt schlagen können, wenn man alle zusätzlichen Kosten berücksichtigt, die bei aktiv verwalteten Fonds anfallen? Ich würde sagen, sie liegt nicht bei null, sondern vielleicht bei 0,0001 Prozent. Vermögensverwalter sind jedoch großartige Vermarkter, und sie setzen nur auf die Fonds, die den Markt schlagen.

Sincere: Ein letzter Ratschlag?

Bogle: Langfristig wird die Rendite von der Wirtschaft bestimmt, nicht von Emotionen. Der Unternehmenswert steigt mit der Zeit durch Dividendenzahlungen und Gewinnwachstum. Auf lange Sicht entsprechen die Aktienmarktrenditen den Unternehmensrenditen. Auf kurze Sicht sind alle Wetten verloren.

• • • • • •

Nachdem Sie nun gelernt haben, wie man Investmentfonds, ETFs und Indexfonds kauft, ist es an der Zeit zu lernen, wie Sie Ihre erste Aktie verkaufen. Auch wenn es viel mehr Spaß macht, über den Kauf zu sprechen, ist es wichtig, dass Sie auch lernen, wie und wann Sie verkaufen. Schließlich ist der Verkauf viel komplizierter, als es vielen bewusst ist.

Kapitel 7

DER VERKAUF IHRER ERSTEN AKTIE

Die meisten Menschen denken lieber an den Kauf als an den Verkauf von Aktien. Schließlich ist es viel angenehmer, von all dem Geld zu träumen, das man mit der richtigen Aktie oder dem ETF verdienen kann. Wenn Sie jedoch ein erfolgreicher Anleger werden wollen, müssen Sie früher oder später auch alles über den Verkauf Ihrer Positionen lernen.

Das Verkaufen einer Aktie ist nicht schwer; das Schwierige ist der Verkauf zu einem für Sie günstigen Preis. Ganz gleich, wann Sie verkaufen, Sie haben oft das Gefühl, dass Sie es hätten besser machen können. Wenn Sie zum Beispiel zu früh verkaufen, ärgern Sie sich vermutlich über den Verlust potenzieller Gewinne. Sie haben das Gefühl, dass Sie hätten mehr Geld machen „können", wenn Sie die Aktie länger gehalten hätten.

Warten Sie wiederum zu lange mit dem Verkauf, kann sich eine Gewinner-Aktie oder eine ETF-Position als Verlierer entpuppen, was Ihrem Konto und Ihrem Ego schadet. Vielen Anfängern ist nicht klar, dass das Verkaufen zum schwierigsten Teil des Tradings und Investierens gehört.

Warum eine Aktie verkaufen?

Einfach gesagt: Sie verkaufen Aktien oder andere Finanzprodukte, um Gewinne zu sichern oder Verluste zu verringern. Wenn Ihr Anlageziel erreicht ist, gibt es möglicherweise keinen Grund mehr, die Aktien weiter zu besitzen.

Der Verkauf einer Aktie mit Verlust ist hingegen ein Eingeständnis, einen Fehler gemacht zu haben. Die meisten Menschen geben nur ungern zu, sich geirrt zu haben, aber Verluste zu akzeptieren ist ein wesentlicher Bestandteil Ihrer Anlageerfahrung. Vor allem aber gehören schlecht abschneidende Aktien nicht in Ihr Portfolio. Sofern Sie keinen triftigen Grund für die Annahme haben, dass der Markt die Aktien falsch bewertet hat, ist es an der Zeit, sie loszuwerden. Disziplinierte Trader und Anleger lernen, dass eine Investition oder ein Trade, der nicht wie erwartet läuft, verkauft oder ersetzt werden muss. Es ist besser, jetzt einen kleinen Verlust hinzunehmen, als später einen viel größeren Verlust zu erleiden.

Wenn Sie aber mit einer Aktie so viel Geld verdient haben, dass Sie mit Freunden und Familie feiern, ist das ein Warnsignal, und Sie sollten einen baldigen Verkauf in Erwägung ziehen. Besonders wenn man unerfahren ist, kann man große Gewinne leicht verlieren.

Viele Menschen verkaufen auch deshalb, weil sie nicht zu viel Geld in einer Position halten wollen. Daher nutzen viele Menschen die *Vermögensallokation*, eine Strategie, die in Kapitel 10 behandelt wird.

Hinweis: Trader verkaufen zwar schneller als Anleger, aber auch Anleger sollten Aktien nicht unbegrenzt halten. Selbst Aktien der besten Unternehmen verlieren mit der Zeit an Wert. Ob die angebotenen Produkte an Beliebtheit verlieren oder Missmanagement vorliegt – Aktien fallen aus den unterschiedlichsten Gründen: Sehen Sie sich nur an, was mit Sears, Kmart, Lehman Brothers und einer ganzen Reihe anderer ehemals erfolgreicher Unternehmen geschehen ist.

Aktien verkaufen: Schritt-für-Schritt-Anleitung

Gehen wir nun Schritt für Schritt auf den Verkauf einer Aktie oder eines ETFs ein. Zur Erinnerung: In Kapitel 5 haben wir 100 Aktien von YYYY zu 45,51 Dollar pro Aktie gekauft, die jetzt 2,11 Punkte höher bei 47,62 Dollar pro Aktie liegen. Da wir 100 Aktien besitzen, liegt unser Gewinn bei 211 Dollar (2,11-Punkte-Gewinn x 100 Aktien). Die Profite sind real, die Gewinne sind bis zum Verkauf der Aktien jedoch *nicht realisiert.*

Um diese Aktie zu verkaufen, rufen Sie zunächst das Fenster für Verkaufsaufträge auf, das der Abbildung 7.1 ähnlich sein sollte. (In diesem Beispiel habe ich eine *Limit-Order* zum Verkauf von 100 Aktien von YYYY zu 47,62 Dollar pro Aktie eingegeben.)

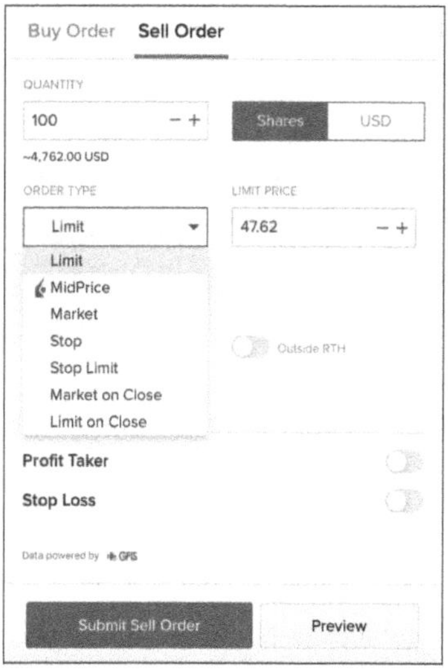

ABBILDUNG 7.1 Das Verkaufsauftragsfenster.
(Quelle: Interactive Brokers, Client Portal platform, Juni 2021.)

Wie Sie sehen, ist das Fenster für Verkaufsaufträge fast identisch mit dem Fenster für Kaufaufträge, das in Kapitel 5 abgebildet ist. Schauen wir uns kurz die verschiedenen Elemente des Fensters für Verkaufsaufträge an (manche der folgenden Elemente sind in Abbildung 7.1 nicht dargestellt).

- **Symbol.** Geben Sie das richtige Tickersymbol in das Symbolfeld ein.

  Ein Tipp: Achten Sie darauf, dass der Name der Aktie im Symbolfeld aufgeführt ist. Vergewissern Sie sich auch, dass Sie die Aktie besitzen, bevor Sie sie verkaufen. Wenn Sie eine Aktie verkaufen, die Sie nicht besitzen, wenden Sie eine etwas riskante Strategie an, die als Leerverkauf bezeichnet wird (siehe Kapitel 18). Der Leerverkauf ist grundsätzlich keine empfehlenswerte Strategie für Anfänger.

- **Aktion.** Wählen Sie aus dem Dropdown-Menü „Auftrag verkaufen" (Ihr Fenster hat eventuell eine andere Bezeichnung wie „Verkaufen"). Es gibt weitere Auswahlmöglichkeiten, aber an zweiter Stelle der Liste sollte „Verkaufen" stehen.
- **Anzahl.** Geben Sie die Anzahl der Aktien ein, die Sie verkaufen möchten. In diesem Fall geben Sie 100 Aktien ein (weil dies die Anzahl der Aktien ist, die Sie besitzen). Sie können eine beliebige Anzahl von Aktien eingeben, sofern sie die Anzahl Ihrer eigenen Aktien nicht übersteigt.
- **Auftragstyp.** Wählen Sie aus dem Dropdown-Menü Limit-Order aus. Wie Sie aus Kapitel 5 wissen, können Sie eine Limit- oder Markt-Order eingeben. Ich rate Ihnen, eine Limit-Order zu verwenden, da Sie damit einen besseren (also höheren) Preis aushandeln. Nur weil Sie zum höchstmöglichen Preis verkaufen wollen, heißt das nicht, dass andere am Kauf interessiert sein werden. Der Markt bestimmt die Preise, und wenn Sie wollen, dass Ihr Auftrag ausgeführt wird, sollten Sie einen wettbewerbsfähigen Preis wählen. Eine Markt-Order wird zwar sofort ausgeführt, aber nicht unbedingt zu einem für Sie günstigen Preis. Die freie Preiswahl ist der Grund, warum Limit-Orders die bessere Wahl sind.

Hinweis: Eine Markt-Order sollten Sie nur dann verwenden, wenn Sie die Aktie „sofort" verkaufen müssen. In der Regel ist dies kaum erforderlich.

- **Gültigkeitsdauer.** Die Standardeinstellung ist „nur für den Tag gültig" (Sie weisen also den Computer an, Ihre Aktien noch am selben Tag zu verkaufen). Eine weitere Option ist „Good 'Til Cancelled" oder GTC (dieser Auftrag wird auf unbestimmte Zeit gehalten, bis er storniert oder abgeschlossen wird). Diese Entscheidung ist Ihnen überlassen.

Ihr erster Verkauf

Das Schwierigste beim Verkaufen ist es, einen vernünftigen Preis zu erzielen. Es braucht Geschick, Aktien mit einem angemessenen Gewinn zu verkaufen, wenn Sie richtigliegen, oder mit einem kleinen Verlust, wenn Sie falschliegen. Sie können Ihr Verhandlungsgeschick mit Simulations- oder Testprogrammen verbessern (weitere Infos zur Verwendung von Papiergeldprogrammen finden Sie am Ende dieses Kapitels).

Geld- und Briefkurse

Die Geld- und Briefkurse erscheinen auf der Trading-Oberfläche, zum Beispiel 47,62 Dollar und 47,64 Dollar. In der Regel verkaufen Sie zu einem Preis, der dem Geldkurs (also dem niedrigeren Kurs) entspricht oder nahekommt. Es wäre zwar ideal, zum höchsten Preis (also zum Briefkurs) zu verkaufen, aber das passiert nur selten, außer es tauchen mehr Käufer auf. Möchten Sie „auf dem Markt" mit einer Markt-Order verkaufen, wird Ihr Auftrag zum aktuellen Geldkurs ausgeführt.

Zur Erinnerung: Der Markt ist vergleichbar mit einer Auktion, bei der Aktien das Hauptprodukt sind. Versuchen Sie, wie bei jeder Auktion, zum niedrigsten Preis zu kaufen und zum höchsten zu verkaufen.

Gewinne oder Verluste berechnen: Verwenden Sie einfache Mathematik

Wie Sie sich erinnern, haben Sie zuvor 100 Aktien von YYYY zu 45,51 Dollar gekauft, die insgesamt 4.551 Dollar kosteten. Im Kursfenster fällt Ihnen vielleicht auf, dass sich der Kurs von YYYY ständig ändert. Manchmal bleibt der Kurs aber auch eine Zeit lang konstant. In diesem Beispiel haben wir beschlossen, unsere Aktie zu verkaufen und die Gewinne zu sichern. Sicher könnten wir auch länger halten und auf weitere Gewinne warten, die aber nicht unbedingt (zumindest nicht sofort) eintreten müssen.

Schauen wir einmal, wie viel wir mit diesem Trade verdient haben. Die Rechnung ist einfach: Wir haben YYYY zu 45,51 Dollar gekauft und sehen nun, dass der Kurs auf 47,62 Dollar pro Aktie gestiegen ist. Zu diesem Preis wollen wir verkaufen. Der Profit beträgt also 47,62 Dollar – 45,51 Dollar, also ein Gewinn von 2,11 Punkten pro Aktie. Da wir 100 Aktien besaßen, beträgt der Nettogewinn 211 Dollar.

Das mag nicht viel Geld sein, aber es ist ein Gewinn von 4,6 Prozent. (Das ist der erfreuliche Teil – zu berechnen, wie viel Gewinn Sie machen werden.) Je mehr Aktien Sie besitzen, desto größer ist der Gewinn. Mit zunehmender Trading-Erfahrung können Sie die Anzahl der gehandelten Aktien oder den investierten Geldbetrag jederzeit erhöhen (oder verringern).

In diesem Beispiel haben Sie einen Gewinn von 211 Dollar erzielt. Verkaufen Sie schnell und sichern Sie sich den Gewinn? Oder warten Sie länger und versuchen, noch mehr Geld zu verdienen? Trader haben in der Regel ein Gewinnziel und verkaufen schnell, wenn es erreicht ist. Anleger warten viel länger und entscheiden periodisch, ob es sich lohnt, die Aktie weiter zu halten.

Was aber, wenn Sie Verluste machen? Warten Sie und hoffen, dass sich der Aktienkurs erholt, oder verkaufen Sie, um Ihre Verluste zu begrenzen? Diese wichtigen Fragen werden in den nächsten beiden Kapiteln beantwortet.

Drücken Sie die „Auftrag verkaufen"-Taste

Wenn Sie bereit sind, die Aktie zu verkaufen, klicken Sie einfach auf die „Auftrag verkaufen"-Taste (oder Auftrag senden) im Fenster „Auftrag verkaufen" (siehe Abbildung 7.1).

Nachdem Sie auf die Verkaufen-Taste geklickt haben, wird der Auftrag aufgegeben. Wenn der Preis akzeptiert wird, wird der Auftrag ausgeführt, und der Verkaufserlös (ursprünglicher Anlagebetrag plus Gewinne) wird auf ein Bargeld- oder Geldmarktkonto überwiesen.

Nach dem Verkauf ist eine zweitägige *Abrechnungsfrist* (Samstag und Sonntag nicht inbegriffen) vorgesehen. Das bedeutet, dass das Geld aus dem Verkauf erst zwei Tage nach dem Handelstag auf Ihr Konto überwiesen wird. Auch wenn das Geld nicht zur Verfügung steht, ist die *Kaufkraft* vorhanden, und Sie können den Erlös aus einem Verkauf sofort wieder anlegen. Warum? Weil Sie das Geld erst zwei Tage nach dem Handelstag einzahlen müssen.

> ***Hinweis:*** Sie dürfen zwar mit den *offenen* Mitteln ein anderes Wertpapier kaufen, dieses aber erst nach der Verrechnung der für den Kauf verwendeten Barmittel verkaufen. Das heißt, Sie können mit den offenen Erlösen eine andere Aktie kaufen, diese aber erst verkaufen, wenn der Abrechnungszeitraum abgelaufen ist. Wenn Sie diese Regel verletzen, verstoßen Sie gegen *Treu und Glauben*. Die meisten Brokerfirmen lassen innerhalb eines Kalenderjahres drei Verstöße gegen Treu und Glauben zu. Darüber hinaus wird Ihr Konto vermutlich für einen bestimmten Zeitraum gesperrt.

Begrenzen Sie Ihre Verluste

Würden Sie mich fragen, ob es eine Regel gibt, die Sie vor großen Verlusten bewahrt, stünde diese an erster Stelle meiner Liste: Begrenzen Sie Ihre Verluste. Viele Anleger, die Aktien kaufen, sind schockiert, wenn ihr Aktienkurs sinkt.

Statt Verluste an einem gewissen Punkt einzugrenzen, folgen Trader oft der Strategie, zu „hoffen", dass der Aktienkurs wieder auf den Breakeven-Preis zurückkehrt. Viele geben der Versuchung nach und kaufen zusätzliche Aktien (sie kaufen also die Kursdelle).

Manchmal geht diese Strategie auf und die Verluste werden aufgeholt. Aber oft gelingt die Strategie nicht. Deshalb sollten Sie aus einer Verlierer-Aktie, die Ihren Grenzpreis erreicht hat, aussteigen.

Um an der Börse zu überleben, sollten Sie immer einen Ausstiegskurs festlegen für den Fall, dass Sie sich beim Aktienkurs irren. Halten Sie sich an diesen Plan, sofern nichts Unerwartetes Ihre Prognosen ändert. So steigen und fallen selbst die Aktien der besten Unternehmen im Laufe der Monate und Jahre, besonders während einer Korrektur oder eines Bärenmarktes.

Leider geben manche Leute nicht zu, dass sie sich geirrt haben, und halten weiter an ihren Aktien fest, während diese weiter fallen. Aus den sieben oder acht Prozent Verlust werden zehn Prozent Verlust, der bald zu 20 oder 30 Prozent ansteigen kann. Sobald dies geschieht, fühlen sich die Trader gefangen und verkaufen die Aktie nie. Sie werden zu sogenannten „Stuckholdern" (englisch *stuck*: „feststecken").

Automatisierte Stop-Loss-Tools

Automatisierte Stop-Loss-Tools sind auf der Trading-Oberfläche Ihrer Brokerfirma verfügbar, sobald Sie einen Auftrag zum Kauf oder Verkauf von Aktien eingeben. Wenn Sie sie vorher noch nie benutzt haben, wirken sie vielleicht überwältigend. Diese automatischen Hilfsmittel sollen Sie bei einer wichtigen Aufgabe unterstützen: Verluste zu reduzieren oder zu begrenzen. Mit diesen sogenannten Tools können Sie automatisch Gewinne sichern oder weitere Verluste bei einem vorher festgelegten Preis oder Prozentsatz stoppen. Nach mehrmaliger Anwendung verstehen Sie sie immer besser.

Nun lernen Sie eine Reihe von Hilfsmitteln kennen, die Ihnen bei Verkaufsentscheidungen helfen. Jede Brokerfirma hat diese automatischen Verkaufstools in ihre Trading-Oberflächen integriert.

Die oberste Regel für Trader und Anleger lautet, niemals einen kleinen Verlust zu einem großen Verlust werden zu lassen. Deshalb sind automatische Stop-Loss-Tools, Preiswarnungen, mentale Stopps oder Zeitstopps nützlich.

Stop-Loss-Order: Verluste reduzieren

Wie der Name schon sagt, soll eine Stop-Loss-Order Gewinne sichern oder Verluste begrenzen. Ein Verkaufsstopp wird aktiviert, sobald die Aktie zum Stop-Loss-Kurs (oder darunter) gehandelt wird. Stop-Loss-Orders können eine Limit- oder eine Markt-Order sein. Beginnen wir mit der Stop-Loss-*Markt*-Order. Der größte Vorteil dieser Order ist, dass sie bei *fallenden* Aktienkursen die Verluste automatisch begrenzt. Sie ist hilfreich, wenn Sie den Markt nicht beobachten können, aber unter bestimmten Bedingungen trotzdem verkaufen wollen. Dies ist eine Möglichkeit, Ihre Gefühle aus dem Entscheidungsprozess herauszuhalten.

So funktioniert die Stop-Loss-Markt-Order: Geben Sie einen Preis ein, der *unter* dem aktuellen Marktpreis liegt. Es geht darum, aus dem Trade auszusteigen, sobald der Aktienkurs auf Ihren Stop-Loss-Kurs fällt.

Eingabe einer Stop-Loss-Order

Hier ein Beispiel: Nehmen wir an, Sie kaufen XYZ zu 30 Dollar pro Aktie. Dann setzen Sie eine Stop-Loss-Order bei 28,50 Dollar pro Aktie, ein Verlust von fünf Prozent. Notiert XYZ mit 28,50 Dollar oder weniger pro Aktie, wird sofort ein Verkaufsauftrag generiert. Die Markt-Order wird zum besten verfügbaren Geldkurs ausgeführt (wie bei jeder anderen Markt-Order). Sie kann zu 28,50 Dollar verkauft werden (in diesem Beispiel), aber dieser Preis ist nicht garantiert.

Der Zweck der Order ist es, Verluste bei diesem Trade auf fünf Prozent zu begrenzen. Ohne eine Stop-Loss-Order hätten Sie bei weiter fallenden Aktienkursen keinen Schutz. Mit der Eingabe einer Stop-Loss-Order zu einem bestimmten Kurs akzeptieren Sie, dass Ihr Trade nicht wie geplant gelaufen ist und somit ein relativ geringer Verlust entstanden ist.

Diese Sicherheit hat jedoch ihren Preis: Für die Vermeidung eines beträchtlichen Verlusts verlieren Sie die Möglichkeit, an einem steigenden Aktienkurs zu partizipieren.

Der Stop-Loss-Button im Verkaufsauftragsfenster ist in Abbildung 7.2 dargestellt (Ihr Fenster sollte ähnlich aussehen). In diesem Beispiel habe ich für 100 Aktien von XYZ eine Stop-Loss-Order zum Preis von 28,50 Dollar pro Aktie erteilt. Fällt XYZ auf 28,50 Dollar pro Aktie (ein Verlust von fünf Prozent), wird die Aktie zum Marktpreis verkauft (gilt nur für diesen Tag).

ABBILDUNG 7.2 Der Stop-Loss-Button im Verkaufsauftragsfenster.
(Quelle: Interactive Brokers, Client Portal platform, Juni 2021.)

Betrachten Sie den Stop-Loss-Kurs als einen Notausstiegskurs, der Verluste beim Aktienhandel begrenzt. Sobald der Stop-Loss ausgelöst wird, verkauft er automatisch zu dem von Ihnen eingegebenen Preis. Sie können den Stop-Loss-Kurs auf jeden beliebigen Wert anpassen. Als Richtwert schlage ich einen Stop-Loss-Kurs von sieben bis acht Prozent vor, wobei Sie Ihre eigene Verlustgrenze gemäß Ihrer Risikotoleranz festlegen sollten.

Stop-Loss-Markt-Order: Gewinne sichern

Die Stop-Loss-Order wird zwar häufig eingesetzt, um Verluste zu verhindern oder zu minimieren, sie kann aber auch dazu verwendet werden, Gewinne zu sichern. Nehmen wir an, Sie besitzen Apple, dessen Aktienkurs seit Monaten stetig steigt. Um Ihre unrealisierten Gewinne zu sichern, erteilen Sie eine Stop-Loss-Order unterhalb des aktuellen Kurses. Würde der Aktienkurs auf diesen Wert fallen, würde automatisch ein Verkaufsauftrag zum Marktpreis erteilt werden.

Eine Stop-Loss-Order ist eine gute Idee, um Gewinne zu sichern, aber nicht für jeden geeignet. Manche Anleger wollen bei steigenden Aktienkursen einfach nicht verkaufen und das ist verständlich. Gewinne sollten vor allem bei einem Kursrückgang mit einer Stop-Loss-Order gesichert werden.

> *Ein Tipp:* Nehmen wir an, Sie fahren in den Urlaub und können Ihre Position nicht beobachten. Sie könnten eine übliche Stop-Loss-Order erteilen, um bei einem Kursrückgang von sieben Prozent zu verkaufen. Anschließend könnten Sie eine weitere Order zum Verkauf erteilen, wenn die Aktie um fünf Prozent steigt – ja, der Broker erlaubt Ihnen, mehrere Stop-Loss-Orders pro Aktie zu erteilen. In diesem Beispiel sind Sie vor einem zu hohen oder zu niedrigen Kurs der Aktie abgesichert. Sie könnten auch zwei OCO-Aufträge *(One Cancels The Other)* erteilen.

Sobald ein Auftrag ausgeführt ist, wird der andere automatisch storniert.

Das Problem mit Stop-Loss-Orders

Die Stop-Loss-Order erfüllt zwar ihre Aufgabe, ist aber nicht perfekt. Der Verkauf Ihrer Aktien ist zwar garantiert (bei Einsatz einer Stop-Loss-Markt-Order), aber nicht unbedingt zu einem akzeptablen Preis. Ein Risiko beim Einsatz einer Stop-Loss-Markt-Order ist nämlich, dass Ihre Stop-Loss-Order in volatilen Märkten zu einem Preis ausgelöst werden kann, der viel niedriger ist als erwartet.

Folgendes könnte passieren: Nehmen wir an, Sie erteilen eine Stop-Loss-Order für XYZ bei 28,50 Dollar pro Aktie, die derzeit bei 30 Dollar notiert. Später an diesem Tag fällt XYZ von 30 Dollar pro Aktie, und zwar schnell. Sobald XYZ 28,50 Dollar erreicht, wird der Stop-Loss ausgelöst. Da aber XYZ so schnell fällt, könnte der nächste verfügbare Kurs noch niedriger sein, etwa 25,50 Dollar. In diesem Beispiel betrug der Verlust statt 5 Prozent 15 Prozent!

Hinweis: Unter extremen Bedingungen, wie einem plötzlich um Tausende von Dow-Punkten einbrechenden Markt, vielleicht aufgrund negativer Nachrichten oder einer Panik, könnte der nächste verfügbare Verkaufspreis wesentlich niedriger sein. Glücklicherweise sind unerwartete „Flash Crashs" und extreme Verkäufe selten, aber sie zeigen die Schwäche einer Stop-Loss-Order auf. Der Einsatz einer Stop-Loss-Order ist eine persönliche Entscheidung. Manche Menschen lieben sie, während andere nur ungern die Kontrolle an den Computer abgeben. Eine weitere Option ist der Einsatz einer „mentalen" Stopp-Order, die ich später erläutern werde.

Stop-Limit-Order

Die *Stop-Limit-Order* bietet in vielerlei Hinsicht mehr Kontrolle als die Markt-Order. So funktioniert sie: Anstelle eines Stop-Loss-Kurses geben Sie zwei Kurse ein. Der erste löst den Stopp aus. Der zweite gibt den Limitpreis an, den Sie für Ihre Aktien akzeptieren würden.

Beispiel: Besitzen Sie eine Aktie im Wert von 30 Dollar, erteilen Sie eine Stop-Limit-Order bei 27,90 Dollar (ein Stop-Loss von sieben Prozent) und einen Limitpreis von 27,90 Dollar (beide Preise sind bewusst identisch). Sobald die Aktie in diesem Beispiel 27,90 Dollar oder weniger erreicht, wird die Order ausgelöst und geht in eine Limit-Order über, um bei 27,90 Dollar oder höher zu verkaufen. Wenn der Preis von 27,90 Dollar verfügbar ist, wird der Auftrag ausgeführt. Wenn die Aktie nicht zu 27,90 Dollar verkauft werden kann, weil der Aktienkurs fällt, wird Ihr Auftrag vorerst nicht ausgeführt. Vielleicht wird er im Laufe des Tages ausgeführt, sofern der Aktienkurs wieder auf 27,90 Dollar ansteigt. Das mögliche Problem bei der Stop-Limit-Order ist wie immer, dass der Auftrag in einem sich schnell bewegenden Markt nicht ausgeführt werden kann. Da dies riskant ist, schlage ich vor, den Limitpreis einige Cent unter dem Trigger-Preis festzulegen.

Bricht der Markt jedoch ein und schnellt wieder in die Höhe, werden Sie froh sein, dass Sie eine Stop-Limit-Order und nicht einen Stop-Loss verwendet haben. Beachten Sie nur, dass bei einer Kursrally die (jetzt getriggerte) Order zu Ihrem Limitpreis ausgeführt wird.

Abbildung 7.3 zeigt ein Fenster einer Stop-Limit-Order. Sie ist der Stop-Loss-Order sehr ähnlich, nur dass Sie zwei Preise eingeben, nicht nur einen. Die Abbildung zeigt Ihnen, wie eine Stop-Limit-Order nach dem Kauf von 100 Aktien zu 50 Dollar aussieht. Ihr Stoppkurs liegt bei 47,50 Dollar und Ihr Limitpreis bei 47,25 Dollar.

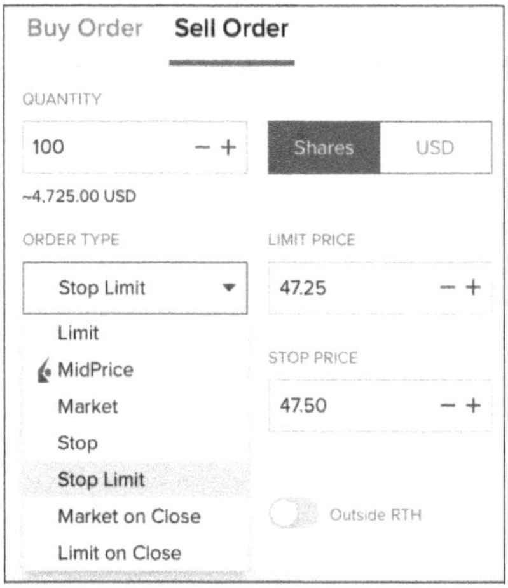

ABBILDUNG 7.3 Stop-Limit-Order.
(Quelle: Interactive Brokers, Client Portal platform, Juni 2021.)

Trailing-Stop-Order

Die Trailing-Stop-Order, die in Dollar- oder Prozentbeträgen erteilt wird, scheint perfekt zu sein. Der Trailing-Stop folgt automatisch dem steigenden Aktienkurs. Er soll Gewinne absichern oder Verluste begrenzen.

Sobald eine Aktie um einen bestimmten Betrag (in Dollar oder Prozent) fällt, wird die Order ausgelöst und, wenn möglich, ausgeführt. Wenn eine Aktie beispielsweise auf 50 Dollar pro Aktie steigt, setzen Sie einen Trailing-Stop von fünf Prozent, der automatisch ausgelöst wird, wenn die Aktie fünf Prozent von ihrem Höchstkurs fällt. Der Trailing-Stop hat den Vorteil, dass er sich bei einem Anstieg der Aktie ebenfalls erhöht, und zwar punktgenau. Er wird erst dann ausgelöst, wenn die Aktie um fünf Prozent von ihrem Höchstkurs zurückfällt. Der Nachteil des Trailing-Stops ist, dass in einem volatilen Markt ein plötzlicher Verkaufsausbruch zu einem überzogenen Kursrückgang führen kann, der die Stopp-Order auslöst. Dieses Risiko gehen Sie beim Einsatz des Trailing-Stops oder anderer automatischer Auslöser ein.

Hinweis: Sie können auch eine Trailing-Stop-*Limit*-Order erteilen, die Ihnen noch mehr Kontrolle über Ihren Auftrag gibt. Zu beachten ist allerdings: Die Trailing-Stop-*Markt*-Order bringt Sie auf jeden Fall aus der Position heraus, die Trailing-Stop-Limit-Order unter Umständen nicht.

Preiswarnungen: Das Beste aus beiden Welten

Der legendäre Investmentfondsmanager Peter Lynch sagte mir einmal, dass Stop-Loss-Orders wie „der Tod durch tausend Schnitte" sind. Tatsächlich summieren sich diese kleinen Verluste, wenn man ständig mit Stop-Loss-Orders verkauft.

Es gibt aber eine Alternative: Statt Stop-Loss-Orders zu verwenden, können Sie für die Wertpapiere, die Sie kaufen (und jene, die Sie zu kaufen beabsichtigen), automatische *Kurswarnungen* einrichten. So können Sie für den Kauf von YYYY zu einem Preis von 50 Dollar pro Aktie einen Stop-Loss-Alarm bei 47,50 Dollar (fünf Prozent Verlust) oder sogar bei 55 Dollar (zehn Prozent Gewinn) einrichten.

Wird der Alarm bei 47,50 Dollar ausgelöst, erhalten Sie eine Meldung durch einen Ton auf Ihrem Computer, eine E-Mail oder eine SMS (Sie können festlegen, wie Sie informiert werden möchten). Auch bei einem Anstieg der Aktie auf 55 Dollar würden Sie benachrichtigt werden. Sobald Sie die Warnungen erhalten haben, können Sie auf Wunsch eine Order erteilen. Mit Kurswarnungen bestimmen Sie, ob und wann Sie verkaufen.

Neue Technologien haben Kurswarnungen möglich gemacht. Dank mobiler Geräte werden Sie sofort benachrichtigt und können, falls gewünscht, sofort handeln. Es ist durchaus sinnvoll, diese Funktionen zu nutzen, von denen Anleger der vergangenen Jahrhunderte nur träumen konnten.

Hinweis: Es erfordert Disziplin, anhand eines Preisalarms zu kaufen oder zu verkaufen. Daher sollten Trader, die dazu neigen, Kurswarnungen zu ignorieren, einen automatischen Stop-Loss verwenden. Sollten Sie auf Ihr Handelskonto nicht zugreifen können (vielleicht sind Sie im Urlaub), ist ein automatischer Stop-Loss eine ausgezeichnete Wahl.

Mentaler Stop-Loss

Angenommen, Sie haben eine Aktie zu einem Kurs von 25 Dollar gekauft und beschlossen, die Aktie zu verkaufen, wenn sie auf 23 Dollar fällt (ein Verlust von acht Prozent). So sieht der mentale Stop-Loss aus und für disziplinierte Anleger und Trader ist er sinnvoll. Sie verhalten sich nach dem Motto „Abwarten und Tee trinken“.

Leider sind viele Anleger nicht diszipliniert genug, um eine Verlierer-Aktie zu verkaufen, wenn sie das „mentale“ Kursziel erreicht. Sie erstarren vielleicht vor Angst, wenn ihre geliebten Aktien fallen, oder reden sich ein, dass der niedrigere Kurs nur vorübergehend ist.

Andere wiederum geben eine Verlierer-Aktie nicht auf, weil sie „zu günstig zum Verkaufen ist“. Eventuell weigern sie sich, Verluste zu akzeptieren. Manche Menschen lieben ihre Aktien und behandeln sie wie Familienmitglieder und verkaufen sie nicht. Andere ignorieren den mentalen Stop-Loss und hoffen, dass sich die Aktie wieder erholt.

Dennoch ist der mentale Stop-Loss eine ausgezeichnete Wahl für diejenigen, die die Einschränkungen der automatischen Stop-Loss-Programme umgehen wollen und diszipliniert genug sind, zu verkaufen, wenn der mentale Stop-Loss ausgelöst wird.

Time Stops: Verkauf nach dem Kalender

Ein *Time Stop* ist eine nützliche, aber kaum genutzte Methode, um Verluste zu begrenzen oder Gewinne zu sichern. Legen Sie nach dem Kauf einer Aktie oder eines ETFs einen Tag oder eine Uhrzeit fest, an dem oder der Sie die Position entweder mit Gewinn oder Verlust verkaufen. Wenn eine Aktie beispielsweise nach dem Kauf im Minus ist, ziehen Sie eine klare Linie und verkaufen sie spätestens am Freitag – unabhängig vom Aktienkurs.

Wenn Sie ein kurzfristiger Trader sind, können Sie noch am selben Tag oder am nächsten Tag (oder bis Freitag) verkaufen. Statt nach Punkten oder Prozentsätzen zu verkaufen, richten Sie sich beim Verkauf nach dem Kalender.

Abschließend zum Thema Verkaufen: Sie müssen sich über den Verkauf genauso viele Gedanken machen wie über den Kauf. Der Erfolg eines Traders oder Anlegers liegt darin, zu wissen, wann er gewinnbringend verkaufen oder Verluste reduzieren kann. Viele Anfänger machen den Fehler, nicht an den Verkauf zu denken. Ich möchte nicht, dass Ihnen das passiert.

ÜBEN SIE, BEVOR SIE TRADEN

Jetzt, wo Sie wissen, wie man Aktien kauft und verkauft, können Sie es sicher kaum erwarten, einen Trade zu tätigen. Sicherlich haben Sie Trading-Ideen, vielleicht Tipps von Freunden und Bekannten, Ihre eigenen Ideen oder Anregungen aus dem Internet oder dem Fernsehen.

Wenn Sie Anfänger sind, empfehle ich Ihnen, die Software des Brokers zu benutzen, um das Trading zu üben. Viele Brokerfirmen bieten einen Trading-Simulator an, mit dem Sie am besten üben können, welche Strategien funktionieren – oder nicht. Mit einem *Papiergeldkonto* oder einem *Simulationskonto für den Handel* können Sie auch Ihre Trading-Fähigkeiten verfeinern.

Würden Sie jemanden ein Flugzeug steuern lassen, bevor er ein Simulationsprogramm benutzt hat? Natürlich nicht! Ehe Sie echte Trades tätigen, sollten Sie ein Testkonto verwenden, um die Broker-Software zu testen. Die

Vertrautheit mit der Trading-Plattform verringert die Wahrscheinlichkeit von Fehlern wie dem Drücken einer falschen Taste oder der Eingabe eines falschen Aktiensymbols.

Wenn Ihr Broker kein Papiergeldkonto anbietet, können Sie im Internet einen Trading-Simulator finden. Ein hervorragender kostenloser Simulator befindet sich auf dieser Website: platform.thinkorswim.com. Sie können mit der thinkorswim-Software von TD Ameritrade 60 Tage lang kostenlos üben. Jeder auf der Welt kann die Software nutzen. Fragen Sie Ihre Brokerfirma, wie Sie sie am besten nutzen können.

Interactive Brokers bietet ebenfalls ein kostenloses und leistungsstarkes Trading-Programm zum Üben an, das Tradern zur Verfügung steht (auch wenn Sie noch kein Konto haben). Weitere Informationen finden Sie auf der Website http://www.interactive brokers.com.

Andere Brokerfirmen, die Papiergeld-Trading-Programme anbieten, sind TradeStation, E*Trade und Webull. In Zukunft werden noch mehr Brokerfirmen Trading-Simulatoren anbieten, da die Nachfrage danach steigt.

Nicht nur Brokerfirmen, auch MarketWatch bietet über ihre „virtuelle Börse“ ein simuliertes Trading-Spiel mit einer 15-minütigen Kursverzögerung und 100.000 Dollar Spielgeld an. Auch auf Investopedia können Sie ein Trading-Spiel mit einem Spielgeld von einer Million Dollar und einer 15-minütigen Kursverzögerung einrichten.

Fazit: Testen Sie eine Aktie, bevor Sie das nächste Mal mit dem Gedanken spielen, sie zu kaufen. Nicht jeder ist ein Fan dieser Methode, aber die Vorteile überwiegen bei Weitem die Nachteile. Sich ohne zu testen in einen Trade zu stürzen, ist ein Fehler, den Sie nicht machen müssen.

Möchten Sie jedoch die Simulation auslassen und direkt mit dem Traden beginnen, gibt es eine Alternative: Investieren Sie nur wenige Dollar in eine Aktie, die Sie besitzen möchten. Wer für ein Test-Trading keine Geduld hat, dem bietet sich als Alternative das Trading mit kleinen Beträgen an.

• • • • • •

Sie kennen nun eine Reihe von Verkaufsstrategien und jetzt gehen wir auf das Geldverdienen ein. Das können Sie langsam mit langfristigen Investitionen oder schnell mit kurzfristigen Trades tun. Sie können auch beides tun. Für viele von Ihnen ist Teil 3 ein Muss, und ich verspreche Ihnen, auf Ihre Bedürfnisse bestmöglich einzugehen.

TEIL 3

STRATEGIEN ZUM GELD-VERDIENEN

Dieser Teil enthält verschiedene Strategien, die alle auf Gewinn abzielen. Eine *Strategie* ist ein Trading-Plan, der sich beim Aktienkauf und -verkauf gezielt auf die Erzielung von Gewinnen richtet. Eine tragfähige Strategie ist unerlässlich, wenn Sie beständig Gewinne erzielen wollen. Es gehört mehr dazu, als nur günstig zu kaufen und teuer zu verkaufen (was theoretisch gut klingt, aber tatsächlich eine extrem schwierige Strategie ist).

Ohne eine Strategie oder einen Plan stürzen sich viele von einer Idee zur nächsten, ohne ein Ziel zu erreichen. Das wäre so, als würden Sie in Chicago ins Auto steigen, in eine zufällige Richtung fahren und hoffen, in Florida anzukommen. Ohne vorherige Planung ist die Reise wahrscheinlich erfolglos.

Als Börsenanfänger ist es am besten, unvoreingenommen an eine Strategie heranzugehen. Es dauert vielleicht eine Weile, bis Sie eine Anlage- oder Trading-Strategie gefunden haben, die zu Ihnen und Ihrer Risikobereitschaft passt, aber es lohnt sich.

Sie müssen sich nicht auf eine einzige Methode beschränken. Manche Menschen kombinieren mehrere Strategien, andere wiederum sind mit einer einzigen zufrieden. Es lässt sich nicht pauschal sagen, was für Sie am besten ist, aber ich helfe Ihnen gern bei der Entscheidungsfindung. Beachten Sie Folgendes in Bezug auf Strategien:

1. Egal wie brillant und ausgeklügelt eine Strategie ist, sie muss gut ausgeführt werden.
2. Nicht alle Strategien funktionieren unter allen Marktbedingungen.
3. Halten Sie nicht so sehr an einer Strategie fest, dass Sie gar nicht mehr merken, wenn diese nicht funktioniert und Sie Geld verlieren. Geld ist der Maßstab, der bestimmt, ob Ihre Strategie erfolgreich ist oder nicht.

Im dritten Teil stelle ich sowohl langfristige Strategien (für Anleger) als auch kurzfristige Strategien (für Trader) vor. Sie müssen sich nicht für die eine oder die andere entscheiden, Sie können beide anwenden. Beginnen wir mit langfristigen Anlagestrategien.

Kapitel 8

LANGFRISTIGE ANLAGESTRATEGIEN

Interessierte Anleger informieren sich sicher gern über die verschiedenen Wege, langfristig Geld zu verdienen. Die Buy-and-Hold-Strategie ist die erste Wahl für alle, die lieber langfristig Geld verdienen. Sie werden sehen, dass es viele Arten von langfristigen Strategien gibt. Finden Sie eine, die zu Ihnen und Ihrer Risikobereitschaft passt.

Sollten Sie ein Trader sein, der seine Positionen nicht länger als ein paar Tage oder Wochen halten möchte, sollten auch Sie dieses Kapitel unbedingt lesen. Auch als Trader kann es vorkommen, dass Sie etwas Geld in längerfristige Anlagen investieren möchten.

Die beliebtesten Anlagestrategien

Die folgenden Anlagestrategien sind unter Kleinanlegern bekannt und beliebt. Unter bestimmten Marktbedingungen können sie Ihre Gewinne steigern und so zum Vermögensaufbau beitragen. Ein Bullenmarkt ist optimal, um Geld zu verdienen, da die großen Marktindizes und die meisten Aktienkurse ohne ein sichtbares Ende immer weiter ansteigen.

Leider lernen viele auf die harte Tour, dass es *immer* ein Ende gibt, auch wenn keiner weiß, wann. Viele beliebte Anlagestrategien sind in Bärenmärkten, in denen die großen Marktindizes über Monate, wenn nicht sogar Jahre hinweg (oft steil) fallen, nicht so erfolgreich. In solchen Zeiten verlieren die meisten Anleger Geld, sie verkaufen ihre Bestände aber nicht, weil sie fürchten, die nächste Rally zu verpassen (ein Leiden, bekannt als *FOMO*, fear of missing out).

Andere wiederum fürchten nicht, etwas zu verpassen, sondern den Großteil ihres Geldes zu verlieren. Oft geben diese Anleger auf und verkaufen alle ihre Aktien – sobald sich der Markt einem Tiefpunkt nähert.

Langfristig gesehen hat sich der Markt jedoch immer nach oben bewegt und diejenigen belohnt, die den Kurs gehalten haben. Daher ist diese erste Strategie auf unserer Liste bei Anlegern sehr beliebt, und das mit gutem Grund: weil sie am einfachsten zu handhaben ist.

Kaufen und halten

Die meisten Anleger ziehen es vor, Aktien ohne eine festgelegte Haltedauer zu kaufen. Diese Strategie wurde durch den Milliardär Warren Buffett bekannt, der einmal sagte, dass er nicht nur Aktien kauft, sondern auch ein Unternehmen. Er kauft Aktien zum bestmöglichen Preis und hält sie lange Zeit, wobei er gesagt haben soll, dass seine bevorzugte Haltedauer „ewig" sei.

Mit der Buy-and-Hold-Strategie soll durch den Kauf von Aktien eines fundamental soliden Unternehmens zu einem fairen Preis und das Halten dieser Aktien auf unbestimmte Zeit (mehrere Jahre) eine mehr als zufriedenstellende Rendite erzielt werden. Das Schöne am Kaufen und Halten ist, Aktien eines Unternehmens zu besitzen und den Aktienkurs in regelmäßigen Abständen steigen zu sehen, ohne den Markt ständig beobachten zu müssen. Der Schlüssel zu dieser Strategie liegt in der Auswahl von Aktien unterbewerteter Unternehmen, die langfristig Wachstumspotenzial haben.

Anleger, die zu Beginn Aktien von Apple, Netflix, Starbucks, Home Depot, Lowe's, Costco, McDonald's, Walmart und Meta (ehemals Facebook) gekauft und langfristig gehalten haben, wurden für ihre Geduld reichlich belohnt. Selbst die Anleger, die diese Aktien später gekauft haben, haben davon profitiert, da die Gewinne (und der Aktienkurs) weiter gestiegen sind.

Natürlich gibt es keine Garantie dafür, dass die Aktien dieser Unternehmen (oder anderer) ewig weitersteigen werden. Langfristig (über Jahrzehnte) haben Anleger, die erfolgreiche Unternehmen gewählt haben, durchaus profitiert.

EINE ERFOLGSGESCHICHTE DES BUY AND HOLD

Es gibt Zeiten, in denen das Kaufen und Halten über Jahrzehnte hinweg bestens funktioniert. So kaufte 1997 ein junges Ehepaar, Mary und Larry, zwei Aktien eines neuen Unternehmens, Amazon, das Bücher online verkaufte. Sie fanden es großartig, so einfach Bücher für ihren kleinen Sohn bestellen zu können. Sie beschlossen, für ihren Sohn in Amazon zu investieren, konnten sich aber nur zwei Aktien leisten.

Jahrelang wollte der Sohn die Aktien bei steigendem Kurs von Amazon verkaufen. Seine Eltern drängten ihn, die Aktien zu behalten, was er auch tat. Nach 24 Jahren ist Amazon zu einem der größten Unternehmen der Welt geworden und aus den zwei Aktien des jungen Paares ist ein Gewinn von 81.098 Dollar entstanden, ein „splitbereinigter prozentualer Anstieg" von 172.449 Prozent (*Quelle: Insider*, April 2021).

Ihr Sohn Ryan verkaufte 2021 einige seiner 24 Aktien (die drei Mal gesplittet wurden), um sich ein neues Haus zu kaufen. Das Ehepaar schrieb dem CEO von Amazon, Jeff Bezos, um sich für die Gründung eines so großartigen Unternehmens zu bedanken. In ihrem Brief schrieben sie das folgende Postskriptum: „Wir wünschten, wir hätten zehn Aktien gekauft!"

Diese Geschichte zeigt, dass Sie kaufen und halten können, um langfristig Vermögen aufzubauen. Die Strategie des Kaufens und ewigen Haltens kann also mit der richtigen Aktie im richtigen Marktumfeld funktionieren. Andererseits hat diese Strategie, die bei bestimmten Aktien durchaus funktioniert hat, auch ihre Schattenseiten. Ein Blick auf die ursprünglichen zwölf Aktien des Dow Jones Industrial Average zeigt, dass nicht eine davon übrig geblieben ist (wie bereits erwähnt, wurde der letzte Überlebende, General Electric, 2018 aus dem Index geworfen). Die anderen Aktien im Dow wurden im Zuge der Aktualisierung des DJIA ersetzt.

Stellen Sie sich vor, Sie hätten Sears, Kmart, Lehman Brothers oder Tausende weniger bekannter Unternehmen, die schließlich in Konkurs gingen, gekauft und gehalten. Jeder kennt Geschichten von Menschen, die bestimmte Aktien kauften und „ewig" hielten, bis sie dann ihr Geld verloren. Während eines langen Bullenmarktes ist diese Strategie ausgezeichnet. Sehen Sie sich beim nächsten Bärenmarkt dieselben Aktien an und prüfen Sie, ob diese Strategie auf Dauer Bestand hat.

• • • • • •

Kaufen und halten (bis sich etwas ändert)

Es gibt eine Gruppe von Anlegern, die kaufen und halten ihre Aktien und verkaufen erst dann, wenn sich etwas ändert. Dieses „Etwas" könnten eine Umstrukturierung des Managements, schwache Erträge oder eine neue Entwicklung des Unternehmens sein. Es könnte auch ein technischer Indikator sein, der vor vorübergehenden Problemen warnt. Diese technischen Indikatoren werden in Kapitel 12 erörtert.

Jede dieser Veränderungen sollte Anleger dazu veranlassen, den Kauf weiterer Aktien oder gar das Halten früher gekaufter Aktien zu überdenken. Auch wenn es ratsam ist, ein langfristiger Anleger zu sein, muss man nicht auf unbestimmte Zeit halten. Deshalb ist es so wichtig, Ihre Aktien und andere Finanzprodukte regelmäßig zu überprüfen, um sicher zu sein, dass Ihr Portfolio es wert ist, gehalten zu werden. Schließlich heißt die Strategie nicht „Kaufen und vergessen“.

> *Fazit:* Wenn Sie Aktien der richtigen Unternehmen auswählen (oder einen Indexfonds kaufen), stehen die Chancen auf langfristige Gewinne gut. Vergessen Sie aber nie, dass an der Börse alles möglich ist.

Wenn „Buy and Hold“ nicht funktioniert

Wenn Sie Pech haben und Aktien zum falschen Zeitpunkt kaufen (zum Beispiel kurz *vor* einer Korrektur oder einem Bärenmarkt), werden Sie vermutlich Geld verlieren, unabhängig davon, welche Aktien Sie besitzen. Während der Covid-19-Pandemie 2020 zum Beispiel blieben die Menschen zu Hause und stornierten ihre Reisepläne, sodass die Aktien von Kreuzfahrtgesellschaften, Fluggesellschaften und allen anderen Unternehmen aus der Reisebranche abstürzten.

Vor der Pandemie schnitten die Aktien vieler dieser Unternehmen, insbesondere die der Fluggesellschaften, hervorragend ab. Und auf einmal machte die Pandemie die Gewinne dieser Unternehmen zunichte und die Aktionäre wurden bestraft.

Es ist für Buy-and-Hold-Anleger nervenaufreibend, wenn sie mit ansehen müssen, wie der Wert ihrer Aktien um 30 oder 40 Prozent, manchmal sogar mehr, einbricht. Wenn Sie sich an die Buy-and-Hold-Strategie gehalten und von Panikverkäufen abgesehen haben, wurden Sie im Jahr 2021, als der Markt wieder neue Höchststände erreichte, belohnt. Nach einem vorübergehenden Rückgang kehren viele Aktien oft wieder auf die Erfolgsspur zurück.

Nicht alle Menschen haben das nötige Geschick, Aktien mit großem Potenzial zu erkennen, und nur wenige haben bei ansteigenden Gewinnen die Geduld zu halten. Sobald der Markt von einem Aufwärtstrend in einen Abwärtstrend übergeht, verkaufen viele Anleger in panischer Angst, ihr gesamtes Geld zu verlieren. Es erfordert starke Nerven, zu kaufen und zu halten, wenn die Wirtschaft am Boden liegt und sogar die Aktien guter Unternehmen fallen. An diesem Punkt stellen viele Anleger fest, wie viel Risiko sie zu akzeptieren bereit sind.

> *Hinweis:* Ob man Aktien auf unbestimmte Zeit kauft und hält oder so lange hält, bis sich etwas Grundlegendes im Unternehmen ändert, liegt ganz bei einem selbst. Bestimmte Aktien können ein Leben lang gehalten werden und positive Renditen erzielen. Die meisten Aktien müssen jedoch regelmäßig (mindestens einmal pro Jahr) auf mögliche Probleme hin überprüft werden. Wer Technische Analysen wie *gleitende Durchschnitte* verwendet, kann Positionen bei einem Verkaufssignal reduzieren. Ihre Absicht, für immer zu halten, sollten Sie ändern, wenn es einen guten Grund gibt, einige oder alle Aktien zu verkaufen.

Dollar-Cost-Averaging: Ein systematischer Weg, Aktien zu kaufen

Dollar-Cost-Averaging (DCA) ist eine beliebte Strategie, bei der ein bestimmter Geldbetrag regelmäßig und systematisch, etwa monatlich oder vierteljährlich, in Aktien, ETFs oder Indexfonds investiert wird. Mit dieser Methode sammeln Sie bei steigenden und fallenden Kursen langfristig eine größere Anzahl von Aktien an. Die Alternative ist die *Pauschalinvestitionsmethode*: eine einmalige oder beliebige Investition, wann immer Sie zusätzliches Geld in der Tasche haben.

Die Dollar-Cost-Averaging-Strategie hat den Vorteil, dass Sie bei fallenden Aktienkursen mit demselben Betrag mehr Aktien kaufen, sodass sich der Durchschnittspreis pro Aktie verringert. Wenn die Aktienkurse steigen, kaufen Sie jeden Monat weniger Aktien. Das führt insgesamt zu einer größeren Anzahl von Aktien, solange der Markt nicht ohne Rückschläge in die Höhe schießt.

Angenommen, Sie investieren 250 Dollar in YYYY, wenn der Kurs bei 20 Dollar pro Aktie liegt. Wenn der Kurs im nächsten Monat auf

18 Dollar pro Aktie fällt, investieren Sie weitere 250 Dollar (angenommen, Sie haben die Disziplin, nach einem zehnprozentigen Rückgang weiter zu investieren). Nach einer Rally investieren Sie erneut 250 Dollar bei 22 Dollar pro Aktie.

Diese Strategie ist sinnvoller als eine Pauschalinvestition von 750 Dollar zu 20 Dollar pro Aktie, da Sie so bei normalen Marktschwankungen (sowohl nach oben als auch nach unten) mehr Anteile ansammeln können. Nachfolgend die Kalkulation (eventuell können Sie keine Bruchteile von Aktienanteilen kaufen, wohl aber, wenn Sie in einen Indexfonds investieren):

A. **Pauschalbetrag.** Investieren Sie auf einmal 750 Dollar, während die Aktie bei 20 Dollar notiert, besitzen Sie 37,50 Anteile.
B. **Dollar-Cost-Averaging.** Investieren Sie mit DCA dreimal 250 Dollar über einen bestimmten Zeitraum bei 20, 18 und 22 Dollar pro Aktie, so erhalten Sie 12,50, 13,89 und 11,36 Anteile. Insgesamt gekaufte Aktien: 37,75.
C. **Der DCA-Vorteil.** Strategie B funktioniert besser, weil die Anleger mehr Aktien besitzen – in diesem Beispiel 37,75 Aktien gegenüber 37,50 Aktien. Dies mag wie ein trivialer Unterschied erscheinen, aber es sind tatsächlich 0,66 Prozent mehr Aktien. Wenn sich dieser Vorgang mehrmals wiederholt und sich der Wert Ihrer Anlagen erhöht, machen diese zusätzlichen Anteile einen großen Unterschied.

Wählen Sie die Aktien eines erfolgreichen Unternehmens, das in der Vergangenheit den Marktdurchschnitt übertroffen hat, so werden Sie das Dollar-Cost-Averaging zu schätzen wissen. Entscheidend bei dieser Strategie ist, dass der Aktienkurs im Laufe der Zeit steigt, selbst wenn es zeitweise Rückschläge gegeben hat. Wenn der Wert der Aktie langfristig nicht steigt, ist es vielleicht Zeit, diese Strategie auf eine andere Anlage anzuwenden.

Sie können auch Indexfonds als Dollar-Cost-Averaging-Anlage in Betracht ziehen. Tatsächlich schlage ich Anlegern, die gerade erst anfangen, vor, dass sie sich angewöhnen, „sich selbst zuerst zu bezahlen“, indem sie jeden Monat mindestens 25 bis 100 Dollar in einen Indexfonds einzahlen. (Selbst wenn Sie etwas weniger einzahlen können, lohnt sich die Mühe.)

Wie bereits in Kapitel 6 erwähnt, eignet sich das Dollar-Cost-Averaging auch für fallende Märkte, da Sie zu niedrigeren Preisen und nicht auf einen Schlag kaufen. Diese Strategie verleiht Ihrem Portfolio einen Schub, insbesondere im Vergleich zur pauschalen Methode.

Den Dip kaufen: Gute Aktien zu Schnäppchenpreisen kaufen

Die Buy-the-Dip-Strategie ist ein weiterer beliebter Investitionsplan. Sie funktioniert folgendermaßen: Fällt ein Aktienkurs, besonders wenn das Unternehmen Ihrer Meinung nach noch solide und der Rückgang nur temporär ist, kaufen Sie Aktien (oder stocken Sie Ihren Bestand auf, wenn Sie den Wert bereits besitzen). Wenn die Aktien wieder steigen, machen die Anleger Geld.

Die meisten der in diesem Buch erwähnten großen Unternehmen hatten schon einmal einen temporären Rückgang und gingen wieder stark bergauf. Deshalb ist der Kauf von Dips bei Anlegern so beliebt. Es geht darum, das kurzzeitige Missgeschick auszunutzen und Aktien im Sonderangebot zu kaufen. Das ist zwar nicht jedem klar, aber es handelt sich um eine Markttiming-Strategie. Sie funktioniert, solange man die richtige Aktie zum richtigen Zeitpunkt kauft.

Ich hatte Ihnen bereits von dem Ehepaar und deren Sohn erzählt, die durch den Kauf und das jahrzehntelange Halten von Amazon-Aktien einen großen Gewinn erzielten. Ein Bekannter von mir hatte einen anderen Ansatz. Vor ein paar Jahren kaufte er ein paar Amazon-Aktien, als der Kurs bei 350 Dollar lag. Damals schien der Preis für einen beliebten Onlinehändler mit zu hohen Schulden und zu geringen Erträgen sehr hoch zu sein.

Dennoch kaufte mein Freund an den Tagen, an denen der Kurs von Amazon fiel, weitere Aktien. Er setzte diese einfache Buy-the-Dip-Strategie jahrelang fort. Fünf Jahre später stieg der Kurs von Amazon auf bis zu 3.500 Dollar pro Aktie. Obwohl mein Freund mit einer relativ kleinen Position begann, machte er mit dem Kauf (und seltenen Verkauf) dieser einen Aktie ein Vermögen.

In diesem Beispiel funktionierte der Kauf von Dips, weil mein Freund auf einen Gewinner setzte. Das Gute ist, dass Dutzende von anderen Aktien langfristig hervorragende Ergebnisse erzielt haben. Beachten Sie jedoch: Nur weil eine Aktie sich in der Vergangenheit gut entwickelt hat, ist das keine Garantie dafür, dass dies auch in Zukunft der Fall sein wird. Deshalb ist es so wichtig, vor dem Aktienkauf Unternehmen zu recherchieren und zu analysieren.

Hätte mein Freund die falsche Aktie gewählt, wäre die Buy-the-Dip-Strategie gescheitert. Sehen wir uns noch weitere Gründe an, warum diese Strategie nicht perfekt ist.

Probleme beim Kauf von Dips

Das Hauptproblem beim Kauf von Dips liegt im Timing. Es ist schwer zu wissen, wann der Rückgang temporär ist oder wann der Aktienkurs weiter fallen wird. Das richtige Timing zu finden, ist selbst für professionelle Trader schwierig. Deshalb sollten Sie eine Aktie nicht auf dem Weg nach unten kaufen (das ist so, als würden Sie in ein fallendes Messer greifen). Warten Sie stattdessen mit dem Kauf, bis die Aktie aufhört zu fallen und sich nach oben bewegt.

Außerdem erholt sich nicht jede Aktie sofort wieder. Diese Aktien fallen nicht nur, sie stürzen ab. In der Vergangenheit haben Anleger viel Geld in Aktien investiert, die damals wie Schnäppchen aussahen, in Wirklichkeit aber überbewertet waren oder auf den

Konkurs zusteuerten. Im Nachhinein ist es einfach, über- oder unterbewertete Aktien zu erkennen. Zum Kaufzeitpunkt ist das nicht so klar.

Als Anleger kommt es nicht so sehr darauf an, den richtigen Zeitpunkt zu erwischen, solange man einen angemessenen Preis erzielt. Solange die Dips nur kurzzeitig auftreten (was nicht unbedingt sofort ersichtlich ist), kann die Strategie funktionieren.

Manchen Anlegern fällt es aus psychologischer Sicht schwer, den Dip zu kaufen. Wenn der Markt stark fällt und viele erstklassige Aktien mit dem Markt untergehen, ist es verlockend, sich der Panik anzuschließen und zu verkaufen, anstatt zu kaufen. Wie Sie sehen, ist es in der Praxis nicht ganz so einfach, wie es in der Theorie klingt.

Bottom-Fishing: Mit unbeliebten Aktien Schnäppchen machen

Als „Bottom-Fisher" suchen Sie nach Aktien, deren Kurse so niedrig sind, dass sie den Boden erreicht zu haben scheinen und es nur noch aufwärtsgehen kann. Sollten Sie eine dieser Perlen finden, profitieren Sie, wenn sich der Aktienkurs erholt. Viele dieser unbeliebten Aktien sind nicht ohne Grund im Keller (meist wegen schlechter Gewinne). Einige waren in der Anfangszeit vielleicht Gewinner, wurden dann aber unattraktiv.

Es gibt zwei Arten von Aktien, die von Bottom-Fishern gekauft werden. Zur ersten gehören ehemals starke und erfolgreiche Aktien, die stark eingebrochen sind. Als Anleger müssen Sie herausfinden, ob es sich um einen temporären Rückgang handelt oder das Unternehmen schwerwiegende Probleme hat, die sich in absehbarer Zeit nicht lösen werden.

Als beispielsweise der Gründer von Apple, Steve Jobs, das Unternehmen Anfang der 1990er-Jahre verließ, fiel die Notierung auf unter sechs Dollar pro Aktie (nach Aktiensplits bereinigt), und das Unternehmen war fast bankrott. Im Jahr 1996 kehrte Jobs triumphierend zurück und in den folgenden Jahren stieg die Aktie rasant an. Als Jobs den iPod, das iPad und natürlich das iPhone vorstellte, war der Aktienkurs nicht mehr zu stoppen. Dies ist nur ein Beispiel für ein extrem gutes Abschneiden von Bottom-Fishern.

Die zweite Art von Aktien, die Bottom-Fisher gern kaufen, sind Aktien von unbekannten oder unbeliebten Unternehmen, die zu niedrigen Preisen verkauft werden. Langfristig orientierte Anleger, die solche Aktien identifizieren können, werden reich belohnt, wenn diese Unternehmen erfolgreich sind.

Das Hauptrisiko beim Bottom-Fishing ist jedoch, dass man nie weiß, wo der Boden ist. Wenn eine gut laufende Aktie beispielsweise von 100 Dollar auf 20 Dollar fällt, könnten Anleger sie für ein echtes Schnäppchen halten und Aktien kaufen. Die Annahme (eigentlich eher die Hoffnung) ist, dass der Preis nicht noch tiefer sinken kann. (Vermutlich sind es dieselben Anleger, die auf dem Weg nach unten Aktien zu 50, 40 und 30 Dollar gekauft haben.)

Wenn die Aktie um 80 Prozent gefallen ist, steckt sie sehr wahrscheinlich in einer „Todesspirale". Der fallende Aktienkurs deutet darauf hin, dass mit dem Unternehmen etwas nicht stimmt, wobei Sie das möglicherweise erst später herausfinden. Es ist nicht einfach, als Bottom-Fisher zu investieren. Viele, wenn nicht sogar die meisten dieser Unternehmen kehren nie wieder in die Gewinnzone zurück. Und wenn doch, kann es Jahre dauern, bis dies geschieht. Die meisten dieser Aktien erholen sich nicht so, wie es bei Apple der Fall war. Aktien, die im Keller sind, bleiben in der Regel auch dort.

Hinweis: Es gibt einen Unterschied zwischen Bottom-Fishing und *Schnäppchenjagd*. Eine Aktie zu kaufen, die so tief gefallen ist, dass sie massiv überverkauft ist, ist Bottom-Fishing. Eine Aktie zu kaufen, die vorübergehend im Angebot ist, ist Schnäppchenjagd.

Averaging-Down

Averaging-Down ist eine Anlageform, bei der Sie nach Belieben zusätzliche Aktien kaufen, und zwar fast immer dann, wenn der Kaufpreis niedriger ist als beim letzten Mal. Beim Dollar-Cost-Averaging gibt es einen Plan – regelmäßig (etwa monatlich) einen festen Betrag investieren. Beim Averaging-Down hingegen kaufen Sie zusätzliche Anteile, wann immer Sie wollen.

Leider hat uns die Geschichte gelehrt, dass Averaging-Down nicht garantiert, dass Sie Ihr Geld jemals zurückbekommen, vor allem nicht ohne einen Plan. Außerdem werden bei dieser Strategie schwache Aktien oft noch schwächer und kommen nie aus dem Keller heraus. Averaging-Down ist eine undisziplinierte Strategie, die Sie vielleicht meiden sollten.

Value-Aktien: Aktien im Sale kaufen

Value-Aktien sind Aktien von Unternehmen, die im Vergleich zu ihrem wahren Wert günstiger verkauft werden. Die Schwierigkeit für Anleger liegt in der Bestimmung des tatsächlichen Wertes eines Unternehmens. Deshalb nutzen *Value-Anleger* die Fundamentalanalyse, um qualitativ hochwertige Aktien zum Schnäppchenpreis zu finden. Oft suchen sie nach Aktien mit niedrigem *Kurs-Gewinn-Verhältnis* (KGV), mehr dazu in Kapitel 15.

Value-Anleger kaufen meist Aktien von Unternehmen, die für andere Anleger nicht infrage kommen. Dazu gehören oft altmodische Unternehmen wie Versicherungsgesellschaften, Einzelhandelsgeschäfte und bestimmte Banken. Value-Investoren sind in der Regel langfristige Anleger, die gern jahrelang darauf warten, dass ihre Anlagen über dem Marktwert gehandelt werden und sich rentieren.

Es ist nicht einfach, qualitativ hochwertige Value-Aktien zu finden. Die nötige Recherche kostet viel Zeit, und viele Privatanleger haben keine Zeit oder die Fähigkeit, die fundamentalen Daten eines Unternehmens zu analysieren. Das Ziel ist es, solide Aktien zu finden, die unterbewertet sind. Manch niedrig bewertete Aktie, die nach einem Schnäppchen aussieht, kann teuer sein, während eine hoch bewertete Aktie tatsächlich ein Schnäppchen sein kann. Es reicht nicht aus, nur den Preis einer Aktie zu kennen; Sie müssen auch wissen, was sie wert ist.

Die Suche nach Value-Aktien ist auch deshalb schwierig, weil in manchen Marktphasen die Aktien vieler Unternehmen so stark gestiegen sind, dass es schwer ist, ein Schnäppchen zu finden. Ein weiterer Grund, warum Value-Anleger geduldig sein und nach Aktien suchen müssen, die „Rohdiamanten" sind.

Alternativ können Sie auch in einen Investmentfonds oder einen ETF investieren, der in Value-Aktien anlegt. Der Kauf eines Investmentfonds macht vielleicht nicht so viel Spaß wie das Treffen eigener Anlageentscheidungen, aber das spielt keine Rolle, wenn Sie in erster Linie Geld verdienen wollen – was eine andere Art von Spaß ist.

Dividenden- oder Einkommensaktien und ETFs kaufen

Dividenden- oder Einkommensaktien sind jene, die Geld an die Aktionäre in Form von Dividenden ausschütten. Die Auszahlung erfolgt in der Regel in bar. Einige Anleger, gewöhnlich diejenigen, die keine großen Risiken eingehen wollen, nehmen gern Dividenden entgegen, da sie eine Barrendite für ihre Investition bieten.

Unternehmen, die Dividenden ausschütten, sind eher größere, risikoärmere Blue-Chip-Unternehmen (im Pokerspiel sind Blue Chips die wertvollsten), einer der Gründe, warum viele konservative Anleger sie mögen. Anleger, die kurz vor der Rente stehen, interessieren sich für Dividendenaktien, weil sie die Dividenden als Einkommensquelle nutzen wollen.

Dividenden zu sammeln ist eine gute Idee. Die Anleger erhalten einen Teil der Unternehmensgewinne in bar. Die Reinvestition dieser Dividenden und die Aufzinsung der Erträge ist eine altehrwürdige

Methode des Vermögensaufbaus. Dividenden sind kein geschenktes Geld für die Aktionäre, denn der Aktienkurs sinkt um den Betrag der gezahlten Dividende (der am *Ex-Dividenden*-Tag anfällt). Die Dividende wird an Anleger gezahlt, die bereits vor dem Ex-Dividenden-Termin im Besitz der Aktie waren; neue Käufer haben keinen Anspruch auf diese Dividende.

Beachten Sie, dass der Vorstand nicht verpflichtet ist, Dividenden auszuschütten, dies aber tut, wenn es der Geschäftsplan des Unternehmens zulässt. Eine Dividendenerhöhung ist in der Regel ein positives Ereignis und der Aktienkurs steigt häufig an. Eine Dividendenkürzung hingegen verweist darauf, dass die Geschäfte vielleicht nicht so gut laufen und das Unternehmen sich die Dividendenzahlungen nicht leisten kann. Meist fällt der Aktienkurs nach einer Dividendenkürzung.

> ***Hinweis:*** Viele Unternehmen vereinfachen die automatische Reinvestition von Dividenden, indem sie Sie über einen DRIP (Dividend Reinvestment Plan) zusätzliche Aktien kaufen lassen.

Nachteile beim Kauf von Dividenden- oder Einkommensaktien

Der Kauf von Dividendenaktien hat einige Nachteile. Erstens gelten Dividenden als steuerpflichtiges Einkommen, daher müssen Sie diese Einkünfte dem Finanzamt melden (genauere Auskünfte erhalten Sie von einem Steuerberater).

Zweitens können Dividendenaktien genauso wie andere Aktien fallen. Auch wenn Sie eine Aktie eines konservativen Unternehmens besitzen, das Dividenden ausschüttet, sind Sie vor Geldverlusten nicht geschützt, wenn der Aktienmarkt abwärts tendiert und der Aktienkurs fällt.

Sehen Sie nur, was mit General Electric (GE), einer der zuverlässigsten Dividendenaktien der Geschichte, passiert ist. Nachdem GE am

19. Juni 2018 auf weniger als zehn Dollar pro Aktie gefallen war, wurde die Dividende von zwölf Cent pro Aktie auf nur noch einen Cent gekürzt. GE wurde aus dem Dow Jones Industrial Average entfernt und durch die Drogeriekette Walgreens Boots Alliance ersetzt.

Obwohl GE nicht wieder in den Dow aufgenommen wurde, ist die gute Nachricht für das Unternehmen, dass sich der Aktienkurs in den folgenden vier Jahren erstaunlich erholt hat. Zum Zeitpunkt der Erstellung dieses Berichts beträgt die Dividende jedoch nur wenige Cent pro Aktie.

Wann man eine Dividendenaktie verkaufen sollte

Wer Dividendenaktien kauft, verkauft sie in der Regel nur selten. Schließlich geht es beim Kauf dieser Aktien darum, ein regelmäßiges Einkommen (oder *Cashflow*) in Form von vierteljährlichen Dividendenzahlungen zu erzielen. Es gibt jedoch Zeiten, in denen es ratsam ist, Dividendenaktien zu verkaufen, egal wie hoch die Dividendenzahlungen sind.

Wie bereits erwähnt, sollten Sie bei einer Kürzung der Dividende den Verkauf der Aktie in Erwägung ziehen, ganz gleich, wie sehr Sie das Unternehmen lieben. Finden Sie heraus, warum das Unternehmen die Dividende gestrichen hat und ob es mögliche negative Veränderungen gegeben hat, wie zum Beispiel sinkende Umsätze und Erträge oder ein neues Management. Es ist vielleicht an der Zeit, sich nach anderen Aktien umzusehen.

Kehren wir als Beispiel zu General Electric zurück: Als das Unternehmen erstmals seine Dividende von 24 Cent auf 12 Cent pro Aktie senkte, notierten die Papiere bei 190 Dollar pro Aktie. Nach der Kürzung brach der Aktienkurs ein. Diese erste Dividendenkürzung war ein deutlicher Hinweis auf interne Probleme. Anleger, die diese Warnung nicht beachteten, wurden mit einem Kurseinbruch bestraft, und die Dividende wurde schließlich auf einen Penny pro Aktie gekürzt.

Hieraus lässt sich eine wichtige Lehre ziehen. Mit dem Kaufen und Halten von Dividendenaktien verhält es sich ähnlich wie mit jeder anderen Aktie in Ihrem Buy-and-Hold-Portfolio: kaufen, aber nicht ewig halten. Sobald die Dividende gekürzt wird, handelt es sich nicht mehr um eine dividendenstarke Aktie, und sie sollte aus Ihrem Portfolio eher entfernt werden. Wenn eine Aktie nicht mehr gefragt ist, gibt es keinen Grund mehr, sie zu halten.

Ein Tipp: Sofern ein börsennotiertes Unternehmen eine Dividende ausschüttet, können Sie dies ganz einfach online oder in einer Finanzzeitung nachlesen.

Ein Tipp: Sie können statt einzelner Dividendenaktien auch ETFs oder Investmentfonds kaufen, die dividendenzahlende Aktien enthalten. Dazu gehören beispielsweise SDY, TDV, TMDV und NOBL. Ganz gleich, welche Methode man anwendet, es geht darum, Unternehmen zu finden, die kontinuierlich Dividenden an die Aktionäre ausschütten. Wenn diese Unternehmen zum S&P 500 gehören und ihre Dividende 25 Jahre in Folge erhöht haben, werden sie von den Anlegern zu „Aristokraten" gesalbt. (Ein Dividenden-„König" ist ein Unternehmen, das seine Dividende seit mehr als 50 Jahren jedes Jahr erhöht hat.) Ein Beispiel für einen Dividenden-König ist Tootsie Roll (TR).

Wachstumsaktien: Florierende Aktien, angetrieben durch starke Gewinne

Wachstumsaktien sind die Aktien von Unternehmen, die ihre Gewinne Jahr für Jahr kontinuierlich steigern. Es wird erwartet, dass diese Unternehmen schneller wachsen werden als die Konkurrenz, was sich im Aktienkurs widerspiegelt. Hohe Gewinne und die Beschleunigung dieser Gewinne machen Wachstumsaktien für Anleger (und kurzfristige Trader, die schnelle, profitable Trades suchen) attraktiv. Diese Aktien sind häufig im Technologiesektor zu finden.

Wachstumsaktien können für langfristige Anleger, die vom Unternehmen und seinem Geschäftsmodell überzeugt sind, eine hervorragende Anlageform sein. Allerdings kann die tägliche Volatilität für manche Anleger nervenaufreibend sein. Der Besitz von Wachstumsaktien kann manchmal riskant sein. Allein ein einziger enttäuschender Gewinnbericht kann zu einem rasanten Kurseinbruch führen. Manchmal sind Wachstumsaktien mit einem überhöhten KGV überbewertet, vor allem dann, wenn die Unternehmensgewinne nicht so berauschend sind. Das passiert, wenn Wachstumsinvestoren überhöhte Erwartungen haben oder eine Aktie zu hoch und schnell steigt. Wachstumsinvestoren bevorzugen in der Regel jährliche Gewinnsteigerungen von mindestens 15 bis 20 Prozent (dies ist nur ein Richtwert, da jeder Investor eigene Kriterien hat). Gewöhnlich schütten diese Aktien keine Dividenden aus, da das zusätzliche Geld in das wachsende Unternehmen gesteckt wird.

Wachstumsinvestitionen bewähren sich am besten während eines Bullenmarktes, wenn die Aktien steigen und das KGV zunimmt. Die Gewinne einer guten Wachstumsaktie sind zwar großartig, aber die Verluste einer falschen Wachstumsaktie können erheblich sein. So sind viele Aktionäre durch den Besitz bestimmter erfolgreicher Wachstumsunternehmen (von denen viele in diesem Buch genannt wurden) reich geworden. Leider gab es Tausende andere, denen es nicht so gut ging, darunter Worldcom, Pets.com, Webvan, Boo.com und Global Crossing, um nur einige zu nennen.

Fazit: Die Wachstumsinvestition ist eine spannende Strategie, die jedoch die Fähigkeit voraussetzt, erfolgreiche Aktien zu finden. Wenn Sie sich für Wachstumsaktien interessieren, aber keine Zeit oder Motivation haben, Aktien auszusuchen, können Sie in einen Investmentfonds oder einen ETF investieren, der in Wachstumsaktien investiert.

WARREN BUFFETT: EIN VALUE-INVESTOR, DER KAUFT UND HÄLT

Würde man professionelle Anleger fragen, wer der größte Investor aller Zeiten ist, würden die meisten wohl den Milliardär Warren Buffett nennen. Er ist bekannt als CEO von Berkshire Hathaway, einem Unternehmen, das eine Reihe von Unternehmen besitzt oder an diesen in großem Umfang beteiligt ist, darunter Versicherungs-, Verlags- und Produktionsunternehmen.

Buffett kauft in der Regel Aktien gewöhnlicher Unternehmen wie Versicherungsgesellschaften und Banken (mit einigen Ausnahmen). Einige der Aktien, die Buffett kaufte und hielt, waren Kraft-Heinz, Coca-Cola, American Express, Bank of America und Apple. Er weiß auch (zusammen mit einem Team professioneller Analysten), wie man potenziell wertvolle Unternehmen zu niedrigen Preisen erkennt und in sie investiert.

Benjamin Graham, der Autor des 1934 erstmals veröffentlichten Klassikers über Wertanlagen, „Security Analysis“, beeinflusste Buffett schon früh in seinem Leben. Später arbeitete Buffett für Graham in dessen Brokerfirma und lernte von dem Guru, wie man Investmentportfolios verwaltet und Value-Aktien auswählt.

Buffett nahm eine Reihe erfolgreicher Änderungen an Grahams ursprünglichen Strategien vor. Er verwendet – neben anderen Maßstäben – den Buchwert einer Aktie, ihr KGV und ihre Dividendenrendite, um den fairen Wert des Unternehmens zu berechnen. Er ist überzeugt, dass man ein Unternehmen zu einem niedrigeren Preis kaufen und seine Aktien ein Leben lang halten sollte (wobei er Aktien von schlecht abschneidenden Unternehmen durchaus verkauft).

Buffett glaubt fest daran, Aktien von Unternehmen zu kaufen, die einfach und verständlich sind. Er verzichtete auf Investitionen in Internetaktien, weil er deren wahren Wert nicht einschätzen konnte.

Anfangs machten die meisten Internetunternehmen wenig oder gar keine Gewinne und hatten sehr hohe KGVs. Als Internetaktien (ab 1990) am populärsten waren, machten sich einige Profis über Buffett lustig, weil er in diese Unternehmen nicht investierte. Im Nachhinein konnte Buffett, als er im Jahr 2000 der Dotcom-Blase entkam, zuletzt lachen.

Zusammen mit seiner rechten Hand Charles Munger hat sich Buffett einen Ruf als ehrlicher und humorvoller Mensch erworben. Buffett war auch einer der Ersten, der betonte, dass man bei Investitionen in Unternehmen, die Bilanzierungsspielchen betreiben, indem sie Mitarbeiter mit Aktienoptionen entlohnen, vorsichtig sein sollte.

Viele haben versucht, Buffetts erfolgreiche Buy-and-Hold-Strategien nachzuahmen. Über seine Anlagemethoden sind eine Reihe hervorragender, vernünftiger Bücher geschrieben worden. Der schwierige Teil ist es, zu lernen, wie man ein Unternehmen richtig bewertet – etwas, das Buffett nach einem Leben voller Anlageerfolge gemeistert hat.

• • • • • •

Nachdem Sie nun gelernt haben, wie Sie Ihr Einkommen als Anleger steigern können, ist es an der Zeit zu lernen, wie Sie als kurzfristiger Trader schnell Geld verdienen können. Viele dieser Trading-Strategien sind zwar nicht für jedermann geeignet, aber dennoch nützlich, vor allem wenn der Markt volatil ist. Es lohnt sich, diese Methoden zu erlernen.

Kapitel 9

KURZFRISTIGE TRADING-STRATEGIEN

In diesem Kapitel zeige ich Ihnen, wie Sie mit kurzfristigen Trading-Strategien schnell Geld verdienen können. Diese Strategien sind für diejenigen, die für die Chance auf einen größeren Gewinn gern mehr Risiken eingehen.

Kurzfristige Strategien sind bei aggressiven Tradern, die sich volatile Marktbedingungen und kurzfristige Trends zunutze machen und so Geld verdienen wollen, sehr beliebt. Trader analysieren Aktien- oder Marktbewegungen und Trends primär mithilfe der *Technischen Analyse*.

Wenn Sie in erster Linie Anleger sind, müssen Sie die Strategien in diesem Kapitel nicht gleich lernen. Sie sollten als Anleger beginnen und das kurzfristige Trading auf einen anderen Tag verschieben. Wer hingegen lernen möchte, wie man schnell, aber mit erhöhtem Risiko Geld verdienen kann, sollte weiterlesen.

Kurzfristiges Trading umfasst *Daytrading* (Kauf und Verkauf innerhalb eines Tages), *Swingtrading* (drei bis fünf Tage halten) und *Positionstrading* (ein oder zwei Monate lang halten). Daneben folgen die meisten Trader entweder einem Aktientrend (*Trend-Trading*) oder verwenden risikoreiche *Momentum-Strategien*. Diese Ansätze eignen sich für diejenigen, die versuchen, von relativ schnellen Kursschwankungen zu profitieren. Jede Strategie wird in diesem Kapitel erläutert.

> *Hinweis:* Wie ich in diesem Buch immer wieder betone, ist es zwar wichtig zu lernen, wie Sie mit kurzfristigen Strategien Geld verdienen können, aber Ihr Kernbestand sollte aus langfristigen Anlagen bestehen. Erst wenn Sie ein langfristig angelegtes Portfolio haben, können Sie einen Teil für kurzfristige Trades verwenden.

Swingtrading

Beim *Swingtrading* werden Aktien innerhalb von drei bis fünf Tagen gekauft und verkauft. Bei dieser Strategie nutzt man kurzfristige Trends aus, aber für einen längeren Zeitraum als beim Daytrading.

Beim Swingtrading wird anhand der Technischen Analyse versucht, einen Aufwärtstrend (beim Long-Gehen) oder einen Abwärtstrend (beim *Leerverkauf*) zu erkennen. Sobald das Kursziel erreicht ist oder die Zeit abläuft, verkaufen Swingtrader.

Diese kurzfristige Methode gelingt manchmal hervorragend, vor allem in einem Bullenmarkt, wenn Aktien oder Indizes tagelang oder wochenlang nach oben tendieren. In der Vergangenheit stiegen starke Aktien wie Microsoft, Apple, Alphabet, Netflix, Tesla und Hunderte andere wochen-, monate- und jahrelang und brachten sowohl kurzfristigen Tradern als auch langfristigen Anlegern Gewinne. Der Einsatz der Swing-Strategie hat sich für Trader, die drei bis fünf Tage durchgehalten haben, gelohnt.

> *Hinweis:* Ich habe eine Strategie entwickelt, die ich „wöchentliches Trading" nenne. Sie ähnelt dem Swingtrading, außer dass Sie zu Beginn

der Woche kaufen und immer bis Freitag verkaufen. Der Vorteil ist, dass Sie Ihre Gewinne, falls vorhanden, sichern und das Wochenende genießen können, ohne am Montagmorgen von einem Abverkauf überrascht zu werden.

Daytrading: Kauf und Verkauf innerhalb weniger Minuten oder Stunden

Für diejenigen, die weniger Zeit haben und noch schneller zu Geld kommen wollen, ist das *Daytrading* (oder *Intraday Trading*) eine attraktive Strategie. Wie der Name schon sagt, öffnen und schließen Daytrader ihre Positionen innerhalb von Sekunden, Minuten oder Stunden (oder Mikrosekunden bei Hochfrequenz-*Algorithmus*-Tradern), aber immer taggleich. Mithilfe der Technischen Analyse versuchen Daytrader den Zeitpunkt eines kurzfristigen Höchst- oder Tiefststandes einer Aktie oder eines ETFs vorherzusehen.

Daytrader haben über die Jahre viel Aufsehen in den Medien erregt, vor allem bei großen Gewinnen oder Verlusten. Das typische Bild eines Daytraders ist jemand, der mit Dutzenden (oder mehr) Aktien und ETFs tradet, um mit jedem Trade kleine Gewinne zu erzielen. Sie werden merken, dass es für die meisten Menschen sehr schwierig ist, täglich Dutzende von Trades zu tätigen, und dass es ein besonders hohes Maß an Disziplin erfordert, um erfolgreich zu sein.

Eine klügere Daytrading-Strategie wäre es, mit höchstens ein oder zwei Aktien gleichzeitig zu traden. Diese Methode ist für den Geist und oft auch für Ihr Handelskonto gesünder. Wenn Sie etwa nur eine oder zwei Aktien im Auge behalten, lernen Sie die Merkmale einer Aktie kennen (also wie sie im Laufe des Tages notiert), was Ihnen einen Vorteil gegenüber anderen Tradern verschaffen kann. Es ist schon schwer genug, mit ein bis zwei Aktienpositionen Geld zu verdienen, aber mit noch mehr zu jonglieren, schreit geradezu nach Ärger.

Und wenn Sie sich für Daytrading entscheiden, empfiehlt es sich, „klein zu traden". Statt mit 10.000 Dollar 500 Dollar verdienen zu wollen (und damit Pfennige vor einer Dampfwalze aufzusammeln), versuchen Sie, mit 500 Dollar 1.000 Dollar (oder mehr) zu verdienen. Wenn Sie auf Daytrading bestehen, ist diese Methode weniger riskant.

In den späten 1990er-Jahren war das Daytrading so populär, dass Tausende von Menschen ihren Job kündigten, um Vollzeit zu traden. Als der Aktienmarkt immer höher und höher kletterte, schien es, als ob jeder Geld verdienen würde. Anfang 2000 setzte ein heftiger Bärenmarkt ein und löschte die Konten vieler Daytrader aus, die nie gelernt hatten, Aktien richtig zu verkaufen. Es verloren so viele Trader ihr Geld, dass die FINRA (Financial Industrial Regulatory Authority) die Pattern-Daytrading-Regel aufstellte.

Die Pattern-Daytrading-Regel

Daytrader müssen die Pattern-Daytrading-Regel befolgen, die ein Mindestguthaben von 25.000 Dollar auf Ihrem Handelskonto voraussetzt. Wenn Ihr Konto weniger aufweist, dürfen Sie in einem Zeitraum von fünf Tagen nur drei „Round Trip"-Tagestrades tätigen (Kauf und Verkauf einer Position am selben Tag).

Wenn Sie in diesen fünf Tagen den vierten Trade tätigen, werden Sie als „Pattern-Daytrader" eingestuft und müssen mindestens 25.000 Dollar auf Ihrem Konto haben. Sollten Sie diesen Mindestbetrag auf Ihrem Konto nicht vorweisen können, wird Ihr Konto für das Trading 90 Tage lang gesperrt.

Wenn Sie zum Beispiel YYYY Manufacturing kaufen und noch am selben Tag wieder verkaufen, gilt dies als Tageshandel. Kaufen Sie YYYY am Montagnachmittag und verkaufen es am Dienstagmorgen, ist das kein Tageshandel, sondern ein sogenannter Overnight-Trade.

Auch wenn die Pattern-Daytrading-Regel streng erscheint, ist sie doch sinnvoll. Wenn Sie als Trader neu sind und weniger als 25.000

Dollar auf Ihrem Konto haben, sind Sie gezwungen, bei Ihren Trades sehr wählerisch zu sein. Ohne ausreichendes Training und Übung können Sie Ihr Konto mit Daytrading leicht in den Sand setzen.

Mit dieser Strategie lernen Sie, mit der Zeit ein besserer Trader zu werden. In der Lernphase ist es jedenfalls klüger, statt großer Summen einen relativ kleinen Betrag zu riskieren. Wie alle Daytrader auf die harte Tour lernen, steht das Risikomanagement immer an erster Stelle. Der Gewinn kommt an zweiter Stelle.

Ein Tipp: Erkundigen Sie sich bei Ihrem Broker nach der aktuellen Pattern-Daytrading-Regel.

Daytrading ist keine einfache Strategie

Daytrading ist für die meisten Menschen eine schwierige Strategie. Selbst mit den besten Computern und der besten Software macht nur ein kleiner Prozentsatz der Daytrader dauerhaft Geld. Es erfordert ein hohes Maß an Disziplin und exzellentes Timing, um jeden Tag einen Gewinn zu erzielen. Auch wenn einige Daytrader Geld verdienen, ist es schwierig, davon zu leben.

In manchen Fällen kann diese Strategie erfolgreich sein. Bei volatilen Marktbedingungen bieten sich viele Gelegenheiten für erfolgreiches Daytrading – dann sind Sie vermutlich froh, diese Strategie gelernt zu haben.

Hinweis: Um festzustellen, wann sie in eine Aktienposition einsteigen oder aus ihr aussteigen sollten oder wann eine Aktie überkauft oder überverkauft ist, verlassen sich Daytrader weitgehend auf technische Indikatoren und Oszillatoren. Die nützlichsten Indikatoren für Daytrader sind MACD (Moving Average Convergence Divergence), RSI (Relative Strength Index), VWAP (volumengewichteter Durchschnittspreis), Stochastik, Bollinger-Bänder und gleitende Durchschnitte.

Hinweis: Wenn Sie Anfänger sind und sich für Daytrading-Strategien interessieren, können Sie mit meinem Buch „So werden Sie zum Daytrader" beginnen. Neben dem Daytrading gehe ich auch auf andere kurzfristige Trading-Strategien ein (wie zum Beispiel Swingtrading).

Positionstrading: Wochen- oder monatelang halten

Für längerfristige Trader ist das *Positionstrading* eine lohnende Strategie. Das Ziel ist es, eine Aktie zu kaufen und die Position über Wochen oder sogar einige Monate zu halten. Wie bei vielen Strategien ist auch das Positionstrading in Bullenmärkten erfolgreich und in Bärenmärkten oft erfolglos.

Positionstrader halten ihre Positionen nicht ewig, sondern verkaufen sie, wenn ihre Gewinnziele erreicht sind oder sie eine Trendumkehr erkennen. Im Prinzip wird verkauft, wenn der Aufwärtstrend endet (was nicht immer leicht festzustellen ist) oder die erwarteten Gewinne erzielt werden. Diese Strategie funktioniert am besten, wenn Sie die stärksten Aktien aus den stärksten Sektoren auswählen.

Positionstrading bedeutet nicht, Aktien „zu kaufen und zu vergessen", daher kann diese Strategie herausfordernd sein. Sie müssen den Markt untersuchen, die Technische Analyse beherrschen und Ihre Emotionen über relativ lange Zeiträume unter Kontrolle haben. Die Strategie erfordert Geduld, da Gewinne nicht wie beim Day- oder Swingtrading sofort eintreten. Wenn Sie aber warten können, bis eine Aktie Ihr Kursziel erreicht hat, und Sie die richtige Aktie auswählen, die in die richtige Richtung tendiert, können Sie als langfristiger Positionstrader erfolgreich sein.

Dem Trend folgen: Ein einfacher Weg, dem Markt zu folgen

Trend-Trading ist eine äußerst beliebte Trading-Strategie. Trend-Trader haben das Ziel, den aktuellen Markt- oder Aktientrend zu erkennen und ihm zu folgen. Dabei gibt es drei Arten von Trends: *Aufwärtstrend, Abwärtstrend* und *Seitwärtstrend.* Wenn eine Aktie oder der Gesamtmarkt nach oben tendiert, befindet er sich in einem Aufwärtstrend. Hält der Trend nach dem Kauf einer Aktie an, verkaufen Sie Ihre Anteile zu einem noch höheren Preis und verbuchen die Gewinne.

Zwar ist Trend-Trading nicht immer präzise, aber die Idee dahinter recht einfach: Aktien frühzeitig kaufen oder bestehende Positionen aufstocken, wenn die Aktie im Aufwärtstrend ist. Das Konzept ist sehr einfach, unterscheidet sich aber von der traditionellen Methode, niedrig zu kaufen und hoch zu verkaufen. Beim Trend-Trading kaufen Sie hoch, um dann noch höher zu verkaufen.

Diese Strategie funktioniert in Bullenmärkten, in denen der gesamte Markt im langfristigen Aufwärtstrend ist, hervorragend. Dann können Sie mit dem Kauf von Gewinner-Aktien auf kurze oder lange Sicht hervorragende Gewinne erzielen. Viele starke Aktien steigen nicht nur für Tage oder Wochen, sondern für Monate oder Jahre.

Es geht darum, dem Markt zu folgen, statt zu versuchen, ihn zu schlagen. Kaufen Sie Aktien von Unternehmen, die im Aufwärtstrend sind, und halten Sie sie, bis der Aufwärtstrend endet. Die Trendfolge ist zwar nicht für jeden geeignet, gelingt aber sehr gut, wenn Sie einen Trend richtig erkennen.

Sie fragen sich vielleicht: „Wie erkenne ich einen Trend?" Sie müssen die Indikatoren und Oszillatoren der Technischen Analyse anwenden, die Sie in Kapitel 12 kennenlernen werden. So können Sie mit bestimmten technischen Indikatoren wie den *gleitenden Durchschnitten* feststellen, ob eine Aktie im Auf- oder Abwärtstrend ist. Oszillatoren wie der RSI helfen Ihnen, überkaufte oder überverkaufte Bereiche zu erkennen.

Manche Anfänger glauben fälschlicherweise, dass ein Blick auf einen Aktienchart ihnen die Trendrichtung verrät. Der „Sehtest" ist zwar eine beliebte Methode zur Trendbeurteilung, doch bedarf es weiterer Analysen, wenn Sie diese Strategie erfolgreich anwenden wollen.

Hinweis: Die meisten Trend-Trader gehen nur long. Bearishe Trend-Trader dagegen machen *Leerverkäufe* (oder gehen in Bargeld über), wenn sich die Aktie oder der Index in einem Abwärtstrend befindet.

Kritikpunkte am Trend-Trading

Auf dem Papier scheint Trend-Trading einfach zu sein: den Trend erkennen und ihm folgen. Im wirklichen Leben sind Trends nicht eindeutig und ändern sich häufig, vor allem kurzfristig. Manchmal beginnt ein Aufwärtstrend (oder Abwärtstrend) am Morgen und ändert seine Richtung am Nachmittag. Ein Grund, warum das kurzfristige Trading so schwierig ist.

Selbst wenn Sie eine Aktie im Aufwärtstrend erkennen, kann die Entscheidung, wann Sie gewinnbringend verkaufen sollten, schwierig sein. Halten Sie einen Tag, ein paar Tage, Wochen oder Monate? Legen Sie ein bestimmtes Gewinnziel fest und verkaufen unabhängig von der Stärke des Aufwärtstrends? Langfristige Anleger müssen sich um den Verkaufszeitpunkt nicht sorgen, während kurzfristige Trader das Ende des Aufwärtstrends beachten müssen.

Außerdem wird kritisiert, dass es unangenehm sein kann, hoch zu kaufen und höher zu verkaufen. Manche Menschen verstehen diese Methode nur schwer.

Von allen Strategien aus diesem Kapitel ist Trend-Trading jedoch die einfachste Methode und kann ordentliche Gewinne bringen, ohne dass man ein Experte sein muss. Dem Markttrend zu folgen ist eine klügere Idee, als den Markt timen zu wollen. Es braucht Geduld, die Auswahl der richtigen Aktien und grundlegende Kenntnisse der Technischen Analyse.

Fazit: Hier eine Regel, die alle kurzfristigen Trend-Trader kennen: Kämpfe nicht gegen den Trend an!

Hinweis: Es gibt zwar auch Trader, die gegen den Trend traden, aber diese sind in der Regel sehr erfahren.

Momentum-Trading: Hoch kaufen und höher verkaufen

Beim *Momentum-Trading* (auch als *Momo* bekannt) kauft man Aktien, deren Kurse aufgrund hoher Umsätze in die Höhe geschnellt sind, und hofft, dass das Momentum die Kurse noch weiter steigen lässt. Bei dieser Strategie folgt man dem Aktienkurs und lässt den Wert des Unternehmens außer Acht. Momentum-Trader halten Aktien so lange, wie der Kurs steigt (meist innerhalb eines kurzen Zeitraums, etwa eines Tages).

Obwohl diese Methode dem Trend-Trading ähnelt, gibt es einen großen Unterschied. Beim Trend-Trading folgt man starken Aktien, die kontinuierlich steigen. Beim Momentum-Trading werden Aktien, die bereits übermäßig gestiegen sind, sehr schnell gekauft, oft direkt nach der Markteröffnung.

Mit anderen Worten: Momo-Trader steigen nur dann in den Trade ein, wenn die Aktie ein extrem starkes Momentum und Volumen aufweist, und hoffen, zu einem viel höheren Preis verkaufen zu können. In Bullenmärkten (oder sogar an Aufwärtstagen) funktioniert das Momentum-Trading wie ein Zauber. Die Marktteilnehmer treiben Aktien so lange in die Höhe, bis das Momentum zum Stillstand kommt. Der Schlüssel ist, schnell zu verkaufen – hoffentlich mit einem Gewinn.

Das Momentum-Trading ist zwar aufregend und durchaus profitabel, erfordert aber ein hervorragendes Timing, um erfolgreich zu sein. Entscheidend ist, die Gewinner-Aktien von denen zu unterscheiden, die kurz nach der Eröffnungsglocke abstürzen. Ich bezeichne sie als „1-Minuten-Wunder".

Wenn die Aktienkurse eine andere Richtung einschlagen, stehen Momo-Trader natürlich mit leeren Händen da. Unerfahrene Momentum-Trader erleiden nicht selten große Verluste.

Dazu kommt, dass zu viele Momo-Trader den Aktien „hinterherjagen“. Aktien bei steigendem Trend zu kaufen, ist eine vernünftige Trading-Strategie. Aktien zu jagen, wenn sie in die Höhe schnellen, ist weder eine kluge Strategie noch ein vernünftiger Plan. Ganz gleich, welche Trading-Strategie Sie anwenden, Sie sollten Aktien nicht hinterherjagen. Das führt fast immer zu Verlusten.

Anfänger sollten Momentum-Strategien generell meiden. Sie erfordern viel mehr Erfahrung und Geschick, als vielen Tradern bewusst ist. Diese Fähigkeiten können zwar mit der Zeit erlernt werden, Sie müssen sie aber nicht gleich zu Beginn einsetzen können. Sie können diese risikoreiche Strategie später immer noch erlernen.

Hinweis: Einige dieser Strategien mit hohem Risiko und hohen Gewinnen werden in meinem Nachfolgebuch „Wie man an Aktienmärkten Geld verdient“ ausführlicher behandelt.

Gegentrend-Strategien: Niedrig kaufen und hoch verkaufen

Bei einer *Gegentrend-Strategie* wird in die entgegengesetzte Richtung des Trends getradet. Den meisten Menschen fällt es schwer, zu glauben, dass die beliebteste Gegentrend-Strategie eine ist, die fast jeder Anleger kennt: niedrig kaufen und hoch verkaufen. Gegentrend-Strategien sind nicht einfach. So erfordert der Kauf zu einem niedrigen Preis und der Verkauf zu einem hohen Preis hervorragendes Timing.

Diese Strategie funktioniert folgendermaßen: Nehmen wir an, eine Aktie fällt bei der Eröffnung schnell. Ein Gegentrend-Trader würde am Tiefpunkt kaufen und dann die Aktie bei einem Kursanstieg wieder verkaufen. Diese Strategie ist auch als Buy-the-Dip-Strategie bekannt, über die Sie im vorherigen Kapitel gelesen haben. Vielleicht fragen Sie sich: „Woher weiß man, wann eine Aktie niedrig und wann sie hoch steht?“ Das ist eine ausgezeichnete Frage, denn *niedrig* und *hoch* sind relative Begriffe.

Erinnern Sie sich an die Geschichte, die ich Ihnen über Amazon erzählt habe? Als Amazon bei 350 Dollar pro Aktie notierte, schien der Preis hoch zu sein. Hinterher betrachtet war der Preis jedoch tatsächlich niedrig, nur wusste das damals noch niemand. Einige Jahre später wurde Amazon mit bis zu 3.500 Dollar pro Aktie gehandelt.

Ein anderes Beispiel: Als Bitcoin für 300 Dollar pro Stück verkauft wurden, riet mir mein sachkundiger Nachbar zum Kauf. Damals dachte ich, dass die Investition von 300 Dollar je Coin für eine unbekannte Technologie zu riskant sei, und lehnte daher ab.

Als der Preis von Bitcoin jedoch auf 3.000 Dollar pro Coin stieg, hielt mein Nachbar es immer noch für ein Schnäppchen und kaufte 20 Coins. Wie sich herausstellte, hatte er recht. Als der Bitcoin auf 20.000 Dollar pro Münze stieg, hatte er den Jackpot geknackt. Leider verkaufte er die meisten seiner Coins in Panik, als der Bitcoin ein paar Wochen später auf 6.000 Dollar fiel.

Der springende Punkt in meiner Geschichte: *Niedrig* und *hoch* sind relative Begriffe. Erst später erkennen Sie den wahren Wert einer Aktie, eines ETFs oder einer Kryptowährung.

Wenn Sie erkennen können, wann der Kurs einer Aktie „niedrig“ und wann er „hoch“ ist, werden Sie ein Vermögen machen. Deshalb nutzen die meisten Trader die Technische Analyse, um herauszufinden, wann eine Aktie oder ein ETF hoch oder niedrig bewertet ist, und traden dementsprechend.

Je weiter Sie lesen, umso mehr werden Sie feststellen, dass Trading ebenso sehr Kunst wie Wissenschaft ist. Es gibt zwar technische Hilfsmittel, die dabei helfen, den Einstiegs- oder Ausstiegszeitpunkt einer Aktienposition zu bestimmen, aber einfach ist es dennoch nicht. Aus diesem Grund kann der Aktienhandel für viele Menschen eine große Herausforderung darstellen.

Fehler minimieren und Profite steigern

Bedenken Sie, dass das kurzfristige Trading, wenn auch sehr beliebt und durchaus profitabel, eine anspruchsvolle Strategie ist, auch wenn es so aussieht, als ließe sich damit schnell ein Gewinn erzielen. Wenn Sie sich jedoch die Zeit nehmen, die Technische Analyse zu erlernen, Ihre Emotionen unter Kontrolle halten und gute Handelsentscheidungen treffen, können Sie ein erfolgreicher kurzfristiger Trader sein.

Ihr Hauptziel ist es jetzt, so viel wie möglich über den Markt zu lernen und Ihre Trading-Fähigkeiten zu verbessern. Mit zunehmender Erfahrung, Wissen und Disziplin ist es Ihr Ziel, Risiken und Fehler zu minimieren und dabei Ihre Gewinne zu steigern. Glauben Sie mir – das ist ein lohnendes Ziel, das auch langfristige Anleger erreichen müssen.

Machen Sie bitte nicht den gängigen Fehler, schnell reich werden zu wollen. Sie sollen nicht versuchen, jeden Tag Homeruns zu erzielen, sondern daran arbeiten, Singles zu machen (um eine Analogie zum Baseball zu verwenden). Deshalb sollten Sie als Anfänger mit einem kleinen Betrag beginnen (der für jeden unterschiedlich hoch sein kann). Mit zunehmender Erfahrung können Sie den Betrag, den Sie auf Ihr Handelskonto einzahlen, erhöhen und zugleich in andere Anlagen diversifizieren.

Und nun ein Bonus für Sie: Der Autor des Bestsellers „Wie man mit Aktien Geld verdient" und Erfinder der CAN SLIM-Investitionsmethode, William O'Neil, hat sich bereit erklärt, mit mir über das kurzfristige Trading zu sprechen.

TRADER UND AUTOR WILLIAM O'NEIL

Nachdem William O'Neil der US-Luftwaffe beigetreten war, kaufte er seine erste Aktie mit 500 Dollar – das war alles, was er damals hatte. Nach Beendigung seiner Dienstzeit experimentierte O'Neil mit einer Reihe verschiedener Strategien, die zunächst nicht sehr erfolgreich waren.

Tatsächlich brauchte er zweieinhalb Jahre, um herauszufinden, wie man an der Börse Geld verdienen kann. Er verbrachte die gesamte Zeit damit, alles Mögliche über Aktien zu studieren und zu lernen. Er probierte viel aus und machte Fehler.

Die Bücher, die ihn am meisten beeinflussten, wurden von oder über professionelle Trader wie Gerald Loeb („The Battle for Investment Survival") und Edwin Lefèvre („Reminiscences of a Stock Operator" – ein Buch über den legendären Trader Jesse Livermore) sowie die Anlagestrategien von Bernard Baruch geschrieben. Ihre Ideen und Schriften halfen O'Neil, den Rahmen für viele seiner Strategien zu entwickeln.

Zunächst kaufte O'Neil einfach die Marktführer und dachte, dass er damit gut gefahren sei. Tatsächlich aber verdiente er kaum Geld. Doch dann machte er eine erstaunliche Entdeckung. Er wusste, wie man Aktien kauft, aber nicht, wann er verkaufen sollte. Um dieses Problem zu lösen, erstellte er eine lange Liste von Verkaufsregeln.

Im Jahr 1962 rieten ihm seine neuen Verkaufsregeln, alles zu verkaufen, was er auch tat. Er verdiente sogar ein wenig Geld mit Leerverkäufen. Als sich der Markt 1963 erholte, investierte er sein gesamtes Bargeld (3.000 Dollar), lieh sich weitere 2.000 Dollar und machte aus seinen 5.000 Dollar einen Gewinn von 200.000 Dollar. Mit den Gewinnen kaufte er sich einen Sitz an der New Yorker Börse.

Sincere: Gibt es Anhaltspunkte dafür, wann ein Markt seinen Höhepunkt erreicht hat?

O'Neil: Man sieht, wie führende Aktien schwächeln und allmählich abverkauft werden. Wenn die Gewinner einem schwierigen Markt nicht trotzen können, ist das ein Zeichen von Schwäche. Trader sollten nicht ihrem Instinkt folgen. Vielmehr sollten sie sich ansehen, was der Markt und die einzelnen Aktien ihnen in Bezug auf die Preis- und Volumenentwicklung sowie die Fundamentaldaten sagen.

Sincere: Haben sich die Volumenzahlen verändert, seit Sie mit dem Investieren begonnen haben?

O'Neil: Ja, es gibt mehr Geld auf dem Markt, mehr Aktien und mehr Trader als noch vor Jahrzehnten, aber die Chartmuster sind nach wie vor die gleichen. In einem idealen, starken Markt suchen Sie nach Aktien, die bei hohem Volumen neue Kurshöchststände erreichen. Dies lässt sich an den Charts ablesen, die für das Timing jeder Investition entscheidend sind. Der Schlüssel liegt darin, die Aktivitäten der Marktindizes und Aktien zu beobachten.

Sincere: Wie verdienen Sie während Marktkorrekturen Geld?

O'Neil: Während einer Korrektur ist es oft am sichersten, an der Seitenlinie zu stehen und Bargeld zu halten. Aber eine interessante Statistik besagt, dass 72 Prozent der Aktien, die während einer Korrektur ein gutes Basismuster beibehalten, in der Regel als Erste wieder steigen, wenn der Markt in einen Aufwärtstrend übergeht. Obwohl man bei einer Korrektur nicht investiert bleiben sollte, weil drei Viertel der Wachstumsaktien dem Markttrend folgen, ist es wichtig, die Aktien im Auge zu behalten, die dem Abwärtstrend standhalten.

Sincere: Was haben Sie von Jesse Livermore gelernt?

O'Neil: Eine seiner zentralen Strategien war das Pyramidisieren, also das Aufstocken von Aktien. Livermore meinte damit, dass Sie in eine Aktie mit Ihrem ersten Kauf eintauchen, aber wenn die Aktie steigt, können Sie weitere Aktien kaufen.

Sincere: Beobachten Sie einen bestimmten Wirtschaftsindikator?

O'Neil: Statt auf einzelne Wirtschaftsindikatoren achten wir eher darauf, wie der Markt auf diese Indikatoren reagiert. So kann beispielsweise der monatliche Arbeitsmarktbericht den Markt stark beeinflussen.

Sincere: Was sollten Anleger sonst noch tun?

O'Neil: Die erfolgreichste Strategie ist eine, die Regeln hat und frei von Emotionen ist. So vermeidet ein Anleger, sich in eine Aktie zu verlieben. Anleger brauchen einen soliden Plan, um jedes mögliche Szenario zu bewältigen. Emotionen können das gesunde Urteilsvermögen beeinträchtigen.

Sincere: Welche Lektion war die wichtigste, die Sie von Bernard Baruch gelernt haben?

O'Neil: Scheuen Sie sich nicht, eine steigende Aktie zu verkaufen und Ihre Gewinne zu sichern. Baruch hat das regelmäßig getan und damit große Erfolge erzielt.

Sincere: Welche drei Lektionen würden Sie den Anlegern mit auf den Weg geben?

O'Neil: Lernen Sie die Regeln. Lernen Sie, Charts zu lesen. Analysieren Sie Ihre Fehler.

Sincere: Gibt es noch andere Regeln, die Sie gelernt haben?

O'Neil: Es ist nicht mein Konzept, aber eine historische Analyse zeigt, wie Aktien in Fahrt kommen und von den Institutionen erkannt und gekauft werden. Im Grunde beobachtet man das laufende Marktgeschehen mit CAN SLIM als Leitfaden.

Das bedeutet nicht, dass die Märkte keine Nuancen haben – und deshalb untersuchen wir die Märkte immer, um diese zu erkennen. So sind die Marktbedingungen zum Beispiel jedes Jahr anders, aber die allgemeinen Regeln sind dieselben.

CAN SLIM

CAN SLIM ist eine von William O'Neil entwickelte regelbasierte Investitionsmethode, die sowohl technische als auch fundamentale Analysen umfasst. Jeder Buchstabe in CAN SLIM steht für ein Leistungsmerkmal von Gewinner-Aktien. Im Idealfall weisen die Gewinner-Aktien alle diese Eigenschaften auf.

Hier sind die sieben Leistungsmerkmale:

C Current quarterly earnings (aktuelles Quartalsergebnis)
A Annual earnings increases (jährliches Gewinnwachstum)
N New products, management, or highs (neue Produkte oder Angebote)

S Supply and demand (Angebot und Nachfrage)
L Leader or laggard (Marktführer oder Nachzügler)
I Institutional sponsorship (Institutionelle Anleger wie Banken, Fonds)
M Market Direction (Marktrichtung)

Laut CAN SLIM haben gute Aktien überdurchschnittliche Gewinne und Umsätze. Daher ist es sinnvoll, Aktien zu kaufen, deren Quartalsgewinne und -umsätze im Vergleich zum Vorjahr steigen, vorzugsweise um 25 Prozent oder mehr. Aktien mit einem starken vierteljährlichen Gewinn- und Umsatzwachstum werden wahrscheinlich auch in Zukunft erfolgreich sein.

Suchen Sie auch nach Unternehmen, die neue Produkte auf den Markt gebracht oder das Management gewechselt haben – etwas, das sie von der Konkurrenz abhebt. Suchen Sie mithilfe der Technischen Analyse nach Aktien von Unternehmen, die neue Kurshöchststände erreicht haben.

Beobachten Sie Unternehmen, deren Aktien bei höherem Volumen steigen, da dies ein Zeichen dafür ist, dass institutionelle Anleger kaufen. Wenn eine Aktie einen neuen Höchststand erreicht, sollten Sie ein überdurchschnittliches Volumen erwarten.

Suchen Sie mithilfe der CAN SLIM-Methode nach Unternehmen, die ihre eigenen Aktien zurückkaufen, oder nach Managern, die privat Aktien ihres eigenen Unternehmens besitzen. Das bedeutet, dass sie am Erfolg des Unternehmens beteiligt sind.

Kaufen Sie mit dieser Methode die stärksten Aktien einer Industriegruppe oder eines Industriesektors. Sie sind die Marktführer. Kaufen Sie insbesondere die führenden Aktien der stärksten Branchen und hoffentlich in einem guten Markt (etwa in einem Bullenmarkt oder einem Markt im Aufwärtstrend).

Kaufen Sie Aktien, die sich im Besitz von institutionellen Anlegern wie Pensionsfonds, Banken, Hedgefonds und Investmentfonds befinden.

Aktien mit starker institutioneller Unterstützung sind liquide, sodass der Ein- und Ausstieg aus Positionen leicht möglich ist.

Zu guter Letzt sollten Sie Kurs- und Volumenindikatoren beobachten, um die Stärke und Schwäche des Marktes zu erkennen. Da die meisten Aktien dem allgemeinen Markttrend folgen (drei von vier Aktien laut O'Neils Untersuchung), sollten Sie den allgemeinen Markttrend genau beobachten.

Das ist kurz gesagt CAN SLIM, ein vernünftiger Ansatz, um starke Aktien in starken Sektoren in einem starken, aufwärts gerichteten Markt zu finden. Wenn Sie eine dieser Aktien finden, können Sie gewinnbringend traden oder langfristig investieren.

Einer der interessantesten Aspekte von O'Neils Strategie ist, dass er keinen Dip kauft, auch wenn dies eine beliebte Strategie ist. O'Neil stellt den Kauf von Aktien eines Unternehmens, das an Wert verliert, infrage. Das heißt, wenn sich eine Aktie nach unten bewegt, hat das einen Grund, und deshalb sollte man sie seiner Meinung nach meiden.

••••••

Nachdem Sie nun die kurzfristigen Trading-Strategien kennengelernt haben, befassen wir uns nun mit ein paar unterhaltsamen Wegen zur Wertsteigerung eines Portfolios: Diversifizierung, Allokation, Akkumulation und Klassifizierung.

UNTERHALTSAME WEGE ZUR WERTSTEIGERUNG EINES PORTFOLIOS

Kapitel 10

Mit zunehmender Erfahrung auf dem Aktienmarkt werden Sie verschiedene Wege entdecken, Ihr Vermögen zu vermehren. In diesem Kapitel befassen wir uns eingehend damit, wie Sie den Wert Ihres Portfolios steigern können. Richtig angewandt, können diese Methoden sowohl Ihr Vermögen schützen als auch Ihr Einkommen steigern.

Diese Methoden sind unerlässlich, um ein erfolgreicher Anleger oder Trader zu werden. Hier einige Beispiele dafür, was Sie mit Aktien tun können:

- Diversifizierung
- Allokation
- Akkumulation
- Klassifizierung

Darüber hinaus lernen Sie etwas über *Marktkapitalisierung, Streubesitz* und *Aktiensplits*. Seien Sie bei diesen Konzepten besonders aufmerksam. Ich beginne mit einem der wertvollsten Anlagekonzepte, das je geschaffen wurde: der Diversifizierung.

Diversifizierung: Setzen Sie nicht alles auf eine Aktie

Ein Weg, das Anlagerisiko zu verringern, ist die Diversifizierung. Das heißt, statt Ihr gesamtes *Portfolio* auf eine oder zwei Aktien oder einen einzigen Marktsektor zu setzen, verteilen Sie das Risiko durch Investitionen in mehrere Wertpapiere. Bei einer Diversifizierung können die anderen Anlagen die Verluste ausgleichen oder zumindest minimieren, wenn eine oder zwei Anlagen in die Hose gehen.

> *Hinweis:* Ein *Portfolio* besteht aus allen Vermögenswerten, die Sie besitzen, darunter Aktien, Investmentfonds, Anleihen, ETFs und liquide Mittel wie Geldmarktfonds und Staatsanleihen.

Falls Sie unsicher sind, wie Diversifizierung funktioniert, vertiefen wir das Ganze ein wenig. Nehmen wir an, Sie investieren zu 100 Prozent (das heißt, Ihr gesamtes verfügbares Bargeld befindet sich auf dem Aktienmarkt). Um richtig diversifiziert zu sein, müssten Sie etwa fünf bis zehn Aktien in *verschiedenen* Branchen halten. Ein gängiger Fehler ist es, sein gesamtes Geld in einen Sektor wie den Technologiesektor zu stecken und fälschlicherweise zu glauben, dass dies eine Diversifizierung sei.

Um wirklich diversifiziert zu sein, sollten Sie einen Teil Ihres Vermögens außerhalb des Aktienmarktes anlegen. Zum Beispiel in den Anleihemarkt. Auch Rohstoffe wie Gold oder Immobilien können für diversifizierungsorientierte Anleger attraktiv sein. Bleiben Sie innerhalb Ihrer Komfortzone und legen Sie Ihr Geld nicht in Anlagen an, die sich schwer verkaufen lassen.

Diversifizierung ist wichtig. Um es richtig zu machen, sollten Sie eine Reihe von Faktoren berücksichtigen, darunter die Risikobereitschaft (die sogenannte *Risikotoleranz*), Ihr Alter, Ihren Zeithorizont und Ihre Anlageziele. Viele Finanzexperten raten zu einer Mischung aus Wachstums-, Substanz- und Dividendenaktien sowie einem kleinen Anteil an internationalen Aktien. Sie sollten auch Aktien großer und kleiner Unternehmen in Betracht ziehen.

Fazit: Für viele Menschen ist Diversifizierung nicht sonderlich aufregend, aber ich kann nicht genug betonen, wie wichtig ein grundlegendes Verständnis für dieses Konzept ist.

Hinweis: Wenn Sie sofort diversifizieren wollen, investieren Sie in Indexfonds, ETFs oder Investmentfonds. Auf diese Weise können Sie eine breite Palette von Anlagen besitzen, ohne eine große Anzahl von Einzelaktien kaufen zu müssen.

Manche Menschen beauftragen *Finanzberater,* die sie bei der Diversifizierung unterstützen. Nur Sie können entscheiden, ob dies der richtige Weg für Ihr Vermögen ist. Einerseits sollten Sie eine gute Diversifizierung anstreben, um nicht zu viele Risiken einzugehen. Andererseits sollten Sie nicht *überdiversifiziert* sein (also so viele Aktien und andere Produkte besitzen, dass die Leistung des Portfolios darunter leidet). In diesem Fall sollten Sie sich mit unserem nächsten Thema, der *Vermögensaufteilung,* befassen.

Vermögensaufteilung: Entscheiden Sie, wie viel Geld Sie in jede Anlage investieren wollen

Entscheiden Sie beim Aufbau eines diversifizierten Portfolios, wie viel Geld Sie jeder Anlage *allokieren* (oder zuweisen) wollen. Wenn Sie zum Beispiel in 30 Jahren in den Ruhestand gehen, könnten Sie 65 Prozent in Einzelaktien und Indexfonds, 25 Prozent in Anleihen und 10 Prozent in Bargeld investieren. Das wäre ein Beispiel für eine Vermögensaufteilung.

Früher haben viele Finanzberater diese Formel angewandt: Ziehen Sie Ihr Alter von 100 ab, und Sie erhalten den Prozentsatz Ihres Vermögens, den Sie in Aktien investieren sollten. Beispielsweise ergibt 100 minus 40 Jahre gleich 60 Prozent. Wenn Sie 40 Jahre alt sind, sollten Sie nach dieser alten Formel 60 Prozent Ihres Vermögens in Aktien und 40 Prozent in Anleihen anlegen.

Das Problem mit dieser Formel ist, dass sie sich als viel zu konservativ erwiesen hat (so sollte ein 40-Jähriger mehr als 60 Prozent in den Aktienmarkt investieren). Infolgedessen blieben diversifizierte Portfolios oft zurück, wenn Aktien außergewöhnlich gut liefen.

Zudem ist es schwierig, Anleger vor einer starken Marktkorrektur zu schützen. In solch schwierigen Zeiten können Diversifizierungsstrategien den Schlag abfedern, aber hin und wieder kann ein Bärenmarkt dazu führen, dass alle Anlageklassen zusammen einbrechen. Machen Sie sich bewusst, dass eine „Einheitsmethode" an der Börse nicht funktioniert, da jeder Anleger andere Ziele und eine andere Risikotoleranz hat.

Akkumulation: Das achte Weltwunder

Einstein soll gesagt haben, die *Akkumulation* sei „das achte Weltwunder. Wer sie versteht, erntet sie. Wer sie nicht versteht, zahlt sie."

Akkumulation funktioniert folgendermaßen: Reinvestieren Sie alle Erträge aus Ihren Anlagen, einschließlich Zinsen, Dividenden und Kapitalgewinne. Je länger Sie Ihre Erträge reinvestieren, desto mehr Geld werden Sie verdienen. Neben den Erträgen aus der ursprünglichen Investition verdienen Sie auch an den Investitionen, die Sie mit diesen Erträgen erworben haben. Falls die Akkumulation neu für Sie ist, werden Ihnen die Zahlen die Augen öffnen.

Hier ist ein Beispiel: Wenn Sie 100 Dollar anlegen und diese jährlich um 10 Prozent wachsen, haben Sie am Ende des Jahres insgesamt 110 Dollar. Bleiben diese 110 Dollar ein weiteres Jahr auf Ihrem Konto, betragen die Zinsen am Jahresende elf Dollar (zehn Prozent von 110 Dollar).

Diese Summe von zehn Dollar entspricht Ihren regulären Erträgen, aber der Extra-Betrag von einem Dollar stammt aus dem Zinseszins oder den Erträgen, die sich aus den zehn Dollar des ersten Jahres ergeben. Sie haben nun 121 Dollar auf Ihrem Konto. Selbst wenn Sie kein Geld mehr auf das Konto einzahlen, betragen die Zinsen im nächsten Jahr 12,10 Dollar. Jetzt hat das Konto einen Wert von 133,10 Dollar.

Das scheint nicht viel zusätzliches Geld zu sein, aber die jährliche Akkumulation macht mit der Zeit einen großen Unterschied. Je mehr Ihre Anlagen verdienen, umso schneller akkumulieren sie sich. Befürworter der Akkumulation erinnern Sie daran, früh zu investieren, wenn Sie später einmal Geld haben wollen. Glauben Sie ihnen, denn es ist wahr. Man ist nie zu jung, um damit anzufangen.

Akkumulation ist eine äußerst wirksame Strategie, die Sie umso reicher machen kann, je früher Sie damit beginnen. Wenn der Wert der Aktien, die Sie besitzen, steigt, akkumulieren sich Ihre Erträge (Anlagegewinne und Dividenden), da Sie laufend investieren, indem Sie weitere Aktien mit diesen Dividenden kaufen.

Je länger Sie eine Anlage halten, desto mehr akkumuliert sie sich. Diese jährlichen Dividenden und Reinvestitionen steigen mit der Zeit weiter an. John Bogle bezeichnete die Akkumulation als „die größte mathematische Entdeckung aller Zeiten für den Anleger, der die maximale Rendite anstrebt“. Anleger, die auf den Kauf und das Halten von Aktien setzen, erwähnen oft die Macht der langfristigen Akkumulation.

Solange der Wert Ihrer Anlage steigt, funktionieren Akkumulationsformeln wie ein Zauber. Nur leider gibt es auf dem Aktienmarkt keine Garantie dafür, dass der Kurs Ihrer Aktien steigt oder Sie jährlich eine bestimmte Rendite erzielen werden. Bei fallenden Märkten funktioniert diese Methode eventuell nicht wie erwartet. Dieses Risiko gehen wir alle beim Aktienkauf ein. Im Allgemeinen ist der Aktienmarkt trotz gelegentlicher Aussetzer auf dem Weg nach oben langfristig gestiegen.

Hinweis: Bei Schulden funktioniert der Zinseszins auf die gleiche Weise. Haben Sie sich jemals gefragt, warum es 20 Jahre dauern kann, eine relativ kleine Kreditkartenschuld zurückzuzahlen, wenn Sie nur den fälligen Mindestbetrag zahlen? Es ist die Macht des Zinseszinses, die Sie in einem Schuldenloch hält. Wenn Sie Kreditkartenschulden haben, ist es ratsam, mehr als den fälligen Mindestbetrag zu zahlen.

Klassifizierung von Aktien nach Branchen

Eine *Branche* besteht aus einer Reihe von Unternehmen, die größtenteils der gleichen Industrie angehören und ähnliche Produkte oder Dienstleistungen anbieten. Aktienbranchen sind unter anderem Fluggesellschaften, Software, Chemikalien, Öl, Energie, Automobile, Technologie und Pharmazie. Branchenkenntnisse sind nützlich, wenn Sie den Aktienmarkt verstehen wollen. Der Grund dafür ist einfach: Ganz gleich, wie sich der Markt entwickelt und in welchem Zustand sich die Wirtschaft befindet, es gibt immer Branchen, die gut abschneiden, und solche, die kämpfen.

In einem Bärenmarkt beispielsweise sind die Computer- und Technologiebranche und die mit dem Internet verbundenen Branchen oft am stärksten betroffen. In diesem Fall ziehen viele Institutionen ihr Geld aus den schwachen Branchen ab und investieren in „rezessionssichere“ Branchen wie Lebensmittel, Getränke, Arzneimittel und Haushaltswaren. Auch in einer Rezession müssen Menschen essen, trinken, Medikamente einnehmen und Haushaltswaren wie Taschentücher und Toilettenpapier kaufen.

Wie alles, was mit der Börse zu tun hat, klingt auch das erfolgreiche Ein- und Aussteigen aus Branchen zum richtigen Zeitpunkt einfacher, als es im wirklichen Leben ist. Beim Blick in den Rückspiegel ist es völlig klar, welche Sektoren am profitabelsten waren.

Es lohnt sich aber, sich die Zeit zu nehmen, die einzelnen Branchen zu identifizieren und sie zu verstehen, um die stärksten und schwächsten unter ihnen zu ermitteln. Während Anleger versuchen, die nächste Phase des *Konjunkturzyklus* vorherzusagen (die vier Phasen des Konjunkturzyklus sind *Expansion*, *Boom*, *Rezession* und *Depression*), fließt jeden Tag oder jede Woche Geld in die Branchen hinein und aus ihnen hinaus.

Die effizienteste Art, in Branchen zu investieren oder zu traden, ist der Kauf eines Branchen-ETFs oder eines Investmentfonds. Dieser enthält einen Aktienkorb aus dem jeweiligen Sektor, was einfacher ist, als Aktien aus dieser Branche zu finden und sie einzeln zu kaufen.

Klassifizierung von Aktien nach Größe

Aktien können sowohl nach Größe als auch nach Branchen klassifiziert werden. Die *Marktkapitalisierung* der Aktie (*Market Cap*) gibt Aufschluss über die Größe des Unternehmens. *Ausstehende Aktien* sind alle von dem Unternehmen ausgegebenen Aktien, einschließlich jener, die Insider und Führungskräfte des Unternehmens halten.

Warum ist es wichtig, über ausstehende Aktien informiert zu sein? Mit der Anzahl der ausstehenden Aktien lassen sich der Gewinn pro Aktie und die Marktkapitalisierung eines Unternehmens berechnen. So hat ein großes Unternehmen mit einer Milliarde ausstehenden Aktien und einem Aktienkurs von 50 Dollar eine Marktkapitalisierung von 50 Milliarden Dollar.

Der Vorstand des Unternehmens entscheidet, wie viele Aktien ausgegeben werden. Er kann für die Führungskräfte und Mitarbeiter des Unternehmens Aktien zurückbehalten. Auf diese Weise sind viele Mitarbeiter vieler Technologieunternehmen wohlhabend geworden.

Die Marktkapitalisierung eines Unternehmens finden Sie auf der Website Ihrer Brokerfirma und auf anderen Finanzseiten, die in diesem Buch und im Anhang erwähnt werden.

Marktkapitalisierung

Wie bereits erwähnt, können Anleger mit der Marktkapitalisierung die Größe der verschiedenen Unternehmen klassifizieren und vergleichen. Die einfache Formel lautet wie folgt:

Aktienkurs pro Aktie x ausstehende Aktien
= Marktkapitalisierung

Zusammengefasst ist die Marktkapitalisierung der gesamte Dollarbetrag aller ausstehenden Aktien zum jüngsten Marktpreis. Anleger nutzen diese Information, um Unternehmen zu vergleichen. Die größten Blue-Chip-Unternehmen haben die höchste Marktkapitalisierung.

Diese Unternehmen wachsen oft langsam bei geringerem Risiko. Das sind die Aktien, die große Institutionen in ihr Portfolio aufnehmen. Viele kurzfristige Trader setzen dagegen auf volatile *Small-Cap*-Aktien, die größere Kursschwankungen aufweisen.

Ob Sie eine Aktie kaufen sollten, hat nichts mit der Größe der Marktkapitalisierung zu tun. Der Kauf einer Small-Cap-Aktie kann sinnvoller sein als der Kauf einer teuren Large-Cap-Aktie. Welche man kauft, ist jedem selbst überlassen. Der springende Punkt ist, dass der Aktienkurs allein den wahren Wert eines Unternehmens nur ungenau wiedergibt. Man sollte eine Reihe verschiedener Faktoren berücksichtigen, darunter auch die Marktkapitalisierung.

Hinweis: Mit dem Aktienkurs ändert sich auch die Marktkapitalisierung (die ausstehenden Aktien schwanken jedoch kaum).

Die drei Hauptkategorien der Marktkapitalisierung sind *Large Cap*, *Mid Cap* und *Small Cap*. Large-Cap-Aktien sind zwischen 10 und 200 Milliarden Dollar wert. Mid-Cap-Aktien (mittelgroße) sind zwischen 2 und 10 Milliarden Dollar wert. Small-Cap-Aktien sind zwischen 300

Millionen und 2 Milliarden Dollar wert (und haben das größte Wachstumspotenzial). *Micro-Cap*-Aktien (also Pennystocks) haben eine Marktkapitalisierung zwischen 50 Millionen und 300 Millionen Dollar (und sind am riskantesten zu handeln).

Auf die Frage, welche Aktien man kaufen sollte, gibt es keine allgemeingültige Antwort. Manche Leute investieren nur in Large-Cap-Aktien wie Walmart, Coca-Cola, Johnson & Johnson, Apple, Boeing und Hunderte andere. Warum? Diese Investoren glauben, dass die Aktien großer Unternehmen sicherer sind und nicht im Preis fallen. Heutzutage wissen wir dank Unternehmen wie Sears, Lehman Brothers und Enron, dass auch große Unternehmen in Konkurs gehen können.

Andere wiederum kaufen lieber Mid-Cap-Aktien, die das Potenzial haben, zu wachsen und eine Large-Cap-Aktie zu werden. Viele Anleger und Trader kaufen lieber wendige Small-Cap- oder Micro-Cap-Aktien, weil sie glauben, es bestehe eine echte Chance, dass sich der Wert der Aktien verdoppelt oder verdreifacht. Bei Small-Cap-Aktien besteht jedoch ein höheres Risiko, dass das Unternehmen scheitert. Der Kauf von Aktien sehr kleiner Unternehmen ist ein Beispiel dafür, dass man mit einem höheren Risiko größere Gewinne anstrebt.

> ***Hinweis:*** Der Kurs von Large-Cap-Aktien kann sich nur schwer verdoppeln oder verdreifachen. Um den Aktienkurs einer Large-Cap-Aktie beispielsweise von 50 auf 100 Dollar zu verdoppeln, müsste der Wert des Unternehmens von 100 auf 200 Milliarden Dollar steigen – nicht unmöglich, aber schwierig.

Mein Ratschlag: Diese Begriffe lernt man am besten im Internet kennen, indem man sich verschiedene Aktien ansieht. Vergleichen Sie die Marktkapitalisierung und andere grundlegende Daten. Wenn Sie diese Daten bei verschiedenen Aktien vergleichen, können Sie sehr gut einschätzen, welche Aktien die größte und welche die kleinste Marktkapitalisierung haben.

Welche Aktien die besten sind, lässt sich nicht pauschal beantworten. Es kommt darauf an, ob Sie ein langfristiger Anleger sind (vielleicht sind Sie an Mid-Cap- und Large-Cap-Aktien interessiert) oder ein kurzfristiger Trader (vielleicht bevorzugen Sie Small-Cap-Aktien).

Natürlich gibt es auch kurzfristige Trader, die mit Large-Cap-Aktien handeln, und langfristige Anleger, die nach Small-Cap-Aktien suchen. Nun, da Sie wissen, wie Aktien bewertet werden, bleibt es Ihnen überlassen, was Sie kaufen.

Der Streubesitz

Wir können nicht über die Marktkapitalisierung sprechen, ohne den *Streubesitz* zu erwähnen. Für viele ist der Streubesitz wichtiger als die Marktkapitalisierung. Der Streubesitz bezieht sich auf die Anzahl der für den Handel verfügbaren Aktien. Je mehr Aktien für den Handel zur Verfügung stehen (*hoher Streubesitz*), umso geringer sind die Schwankungen und umso stabiler ist der Aktienkurs. Ein hoher Streubesitz liegt in der Regel vor, wenn mehr als 100 Millionen Aktien verfügbar sind.

Aktien mit *geringem Streubesitz* (also weniger als 20 Millionen verfügbare Aktien) sind oft volatiler und neigen im Tagesverlauf zu größeren (prozentualen) Kursschwankungen. Deshalb fühlen sich viele kurzfristige Trader von diesen Aktien angezogen. Viele Aktien mit geringem Streubesitz haben auch einen geringen Preis (also unter 10 bis 15 Dollar pro Aktie).

Der Streubesitz kann im Internet nachgelesen werden. Aktien mit einem extrem hohen Streubesitz bewegen sich tagsüber eher wenig, außer wenn es ein wichtiges Ereignis gibt. Langfristige Anleger und institutionelle Investoren bevorzugen diese Aktien mit hohem Streubesitz, weil sie nicht nur weniger volatil, sondern auch besser vorhersehbar sind. Walmart, Home Depot, Apple und Microsoft, um nur einige zu nennen, haben einen hohen Streubesitz.

Hinweis: Nehmen wir an, die Small-Cap-Aktie XYZ hat insgesamt 20 Millionen Aktien, 16 Millionen Aktien befinden sich jedoch im Besitz von Insidern des Unternehmens (und sind nicht handelbar). In diesem Beispiel hat das Unternehmen also einen Streubesitz von vier Millionen Aktien (20 Millionen minus 16 Millionen). Diese Zahl gibt die für den Handel verfügbaren Aktien an. In diesem Beispiel hat XYZ einen geringen Streubesitz.

Aktiensplits: Aktien erschwinglicher machen

Ein *Aktiensplit* findet statt, wenn der Vorstand beschließt, mehr Aktien an seine Aktionäre auszugeben. Kündigt ein Unternehmen beispielsweise einen Aktiensplit im Verhältnis 1:2 an, erhält jeder Aktionär für jede gehaltene Aktie eine zusätzliche Aktie, was die Anzahl der ausstehenden Aktien verdoppelt.

Das ist kein finanzieller Glücksfall. Vielmehr ist das Unternehmen genauso viel wert, wie es vor dem Split war. Jeder Aktionär besitzt somit doppelt so viele Aktien, die jeweils die Hälfte des ursprünglichen Aktienwerts haben. Obwohl es keinen wirtschaftlichen Gewinn gibt, sind Aktiensplits bei den Marktteilnehmern beliebt, da der Aktienkurs nach der Ankündigung eines Splits gewöhnlich steigt.

Eine Theorie für diesen Anstieg ist, dass eine günstigere Aktie mehr Kleinanleger anlockt und die erhöhte Nachfrage zu einem Kursanstieg führt. Die Richtigkeit dieser Annahme lässt sich jedoch weder beweisen noch widerlegen.

Aus mathematischer Sicht hat das nichts geändert. Sie besitzen zwar doppelt so viele Aktien, aber da der Aktienkurs um die Hälfte gesenkt wurde, ist der Wert Ihrer Investition genau derselbe. Es gibt auch einen Aktiensplit von 1:3, 1:4 oder in einem anderen Verhältnis.

Ein Split wird hauptsächlich aus psychologischen Gründen durchgeführt. Ein Aktiensplit hat keinen Einfluss auf die finanzielle Situation des Unternehmens. Wie bereits erwähnt, ist der größte Vorteil eines

Aktiensplits, dass er mehr Investoren anlocken kann – vielleicht diejenigen, die sich Aktien zu einem höheren Preis nicht leisten konnten.

Ein Unternehmen kann auch aus praktischen Gründen einen Aktiensplit durchführen. Wissen Sie zum Beispiel, was passieren würde, wenn ein äußerst erfolgreiches Unternehmen seine Aktien nicht splitten würde? Denken Sie an das Unternehmen von Warren Buffett, Berkshire Hathaway. Zeitweise wurde Berkshire Hathaway mit über 450.000 Dollar pro Aktie gehandelt. Das ist kein Tippfehler! Die meisten Menschen können sich nicht einmal eine Aktie zu diesem Preis leisten.

Aus praktischer Sicht sind Aktiensplits für manche Unternehmen durchaus sinnvoll. Der Aktiensplit ist ein reines Buchhaltungs- oder Marketingverfahren, um die Aktie für die Anleger attraktiver zu machen.

Reverse Splits: Ein Warnsignal

Manche Unternehmen führen einen sogenannten *Reverse Split* durch. Bei einem recht niedrigen Aktienkurs kann der Vorstand einen Reverse Split durchführen, um die Zahl der ausstehenden Aktien zu verringern. Reverse Splits dienen oft psychologischen Zwecken, in der Hoffnung, dass ein höherer Aktienkurs das Vertrauen der Aktionäre stärkt. Diese Kapitalmaßnahme wirkt sich nur auf den Aktienkurs und nicht auf den Wert des Unternehmens aus.

Um den Aktienkurs in die Höhe zu treiben, könnte der Vorstand beispielsweise einen Reverse Split von 10:1 vornehmen. Nach dem Reverse Split bleibt der Marktwert Ihrer Aktien unverändert, aber Sie besitzen weniger Aktien. Ein Reverse Split ist ein Warnsignal, da er normalerweise nach dem Einbruch des Aktienkurses vorgenommen wird. Wenn ein Unternehmen einen Reverse Split macht und den Aktienkurs künstlich in die Höhe treibt, sollten Sie über einen Verkauf nachdenken.

••••••

Ich hoffe, Sie haben diese wichtigen Anlagekonzepte nun besser verstanden. Kommen wir nun zu der Methode, von der Sie schon viel gehört haben: der Technischen Analyse. Ich nehme an, dass viele von Ihnen begierig sind und so viel wie möglich über dieses Thema lernen möchten.

Wenn die Technische Analyse neu für Sie ist, betreten Sie eine völlig andere Welt. Die Technische Analyse ist die Welt der kurzfristigen Trader, denn sie nutzen diese Methode, um Trends, überkaufte oder überverkaufte Aktien sowie Einstiegs- und Ausstiegspunkte zu erkennen. Auch als Anleger sollten Sie lernen, wie man einen Aktienchart liest und sich ein paar grundlegende technische Indikatoren aneignen. Ich werde Ihnen die wichtigsten davon vorstellen.

Machen Sie sich bereit für eine faszinierende Einführung!

TEIL 4

EINFÜHRUNG IN DIE TECHNISCHE ANALYSE

In diesem Teil zeige ich Ihnen, wie Sie Aktien und andere Finanzprodukte mithilfe der *Technischen Analyse* bewerten können. Sie ist das Spielfeld der kurzfristigen Trader und der klugen Investoren, die mithilfe von *Indikatoren* und *Oszillatoren* durch die tückischen Märkte navigieren.

Die Technische Analyse bietet wichtige Hinweise auf die Markt- oder Aktienrichtung. Ferner hilft sie bei der Risikominimierung, indem sie vor gefährlichen Marktbedingungen warnt. Trader und Investoren können davon profitieren, wenn sie sich mit der Funktionsweise dieser Hilfsmittel vertraut machen.

Auch wenn sich viele Menschen bei Kauf- und Verkaufsentscheidungen auf ihr Gefühl verlassen oder auf den Rat von Bekannten hören, rate ich Ihnen dringend, diesen Weg nicht einzuschlagen. Erlernen Sie stattdessen die Grundlagen der Technischen Analyse, die Ihnen kostenlose Hilfsmittel bietet, um Handelsentscheidungen zu treffen.

Hinweis: Ihre Trading-Software verfügt über eine Charting-Software, die Ihre Anforderungen erfüllen sollte. Wenn Sie ein kostenloses Charting-Programm suchen, das alle Indikatoren und Oszillatoren sowie eine Anleitung zu deren Funktionsweise enthält, empfehle ich StockCharts (http://www.stockcharts.com), aber es gibt Dutzende anderer Websites mit Charting-Tools (eine Liste dieser Websites finden Sie im Anhang).

Kapitel 11

NUN ZU DEN TECHNISCHEN ASPEKTEN

Stellen Sie sich vor, Sie sind ein Arzt und haben einen neuen Patienten, der zur Untersuchung in Ihre Praxis kommt. Vielleicht lassen Sie den Patienten erst einmal einen Fragebogen ausfüllen, in dem er nach seiner Krankengeschichte und der seiner Familie gefragt wird. Wenn Sie dieses Vorgehen auf den Aktienmarkt übertragen, entspricht dies der *Fundamentalanalyse.*

Sie könnten den Patienten anhand eines Elektrokardiogramms (EKG) auf mögliche Probleme untersuchen lassen. Die Analyse des EKGs ist vergleichbar mit der Analyse eines Aktiencharts. Das nennt man *Technische Analyse.*

Mit der fundamentalen oder Technischen Analyse können Sie kaufenswerte Aktien entdecken oder die Ihnen bereits bekannten Aktien bewerten. Das ist weitaus besser, als sich auf die Tipps eines Anpreisers im Fernsehen oder eines flüchtigen Bekannten zu verlassen. Die Fähigkeit, Aktien bewerten zu können, ist für jeden, der Geld auf dem Markt anlegt, unerlässlich.

Wie Sie feststellen werden, ist die Technische Analyse ebenso sehr Kunst wie Wissenschaft. Obwohl jeder die gleichen Daten betrachtet, interpretiert sie jeder anders. Der schwierige Teil besteht darin, aus den Daten nützliche Informationen zu gewinnen und umsetzbare Trades zu machen.

Ob nun als Anleger oder als Trader, Sie haben grundsätzlich zwei Möglichkeiten: Sie können sich über das Unternehmen erkundigen und auf dessen Erträge und Bilanz konzentrieren; das wäre die Fundamentalanalyse. Oder Sie können die Aktienkurse und -trends sowie die technischen Indikatoren auf einem Chart beobachten; das wäre die Technische Analyse. (Die dritte Option wäre, jemanden mit der Analyse zu beauftragen.)

Am besten lässt sich die Technische Analyse in Verbindung mit der Fundamentalanalyse einsetzen. Wählen Sie zunächst eine Aktie anhand solider Fundamentaldaten aus. Nutzen Sie dann die Technische Analyse, um zu entscheiden, wann Sie ein- und aussteigen, Trends zu erkennen oder festzustellen, wann eine Aktie *überkauft* oder *überverkauft* ist. Ich empfehle Ihnen, beide Methoden in Betracht zu ziehen, denn jede hat ihre Stärken und Schwächen.

Hinweis: Näheres zur Fundamentalanalyse erfahren Sie in Teil 5.

Was ist die Technische Analyse?

Wenn Sie die vergangenen Kursentwicklungen einer Aktie in einem Chart untersuchen, können Sie Prognosen über zukünftige Kursentwicklungen machen. Das ist die theoretische Seite der Technischen Analyse. Theoretisch gilt: Je kürzer der Zeitrahmen, desto genauer fallen die Prognosen aus.

Die Technische Analyse umfasst die Untersuchung von Momentum, Volumen und Trends. Die Leistung des Unternehmens, wirtschaftliche Faktoren und die Lage der Branche werden dabei ignoriert. Daneben liefert die Technische Analyse, wie oben erwähnt, wichtige Hinweise und Daten darüber, wann gekauft oder verkauft werden sollte, ob eine Aktie überkauft oder überverkauft ist, und über die Marktpsychologie (wo die Massen investieren, auch bekannt als *Herdenmentalität*). Kennen Sie das Sprichwort, dass ein Bild mehr sagt als tausend Worte? Wenn ja, werden Sie die Technische Analyse zu schätzen wissen, da sie sich bei Kauf- und Verkaufsentscheidungen auf Charts und Indikatoren und nicht auf Emotionen stützt.

Die Technische Analyse ist zwar äußerst nützlich, aber nicht immer eindeutig, da sie oft eher Hinweise als endgültige Signale liefert. Jeder Trader muss die Signale selbst richtig interpretieren, bevor er einen Trade eingeht. Zum Glück ist die Technische Analyse nicht so schwer zu erlernen, auch wenn es einige Zeit in Anspruch nimmt.

> ***Hinweis:*** Mein Buch über technische Indikatoren, *All About Market Indicators* (McGraw Hill), soll Anfängern helfen, Marktindikatoren zu verstehen und zu nutzen. Es enthält auch Interviews mit den Entwicklern vieler beliebter Indikatoren.

Der Markt: Der mächtigste Indikator der Welt

Bevor wir die Technische Analyse weiter vertiefen, möchte ich Sie auf einen Indikator aufmerksam machen, der wichtiger ist als alle anderen. Dieser Indikator, nämlich der Markt selbst, hat immer das letzte Wort. Er wird durch die wichtigsten Indizes repräsentiert, darunter fünf der bekanntesten: Dow Jones Industrial Average (DJIA), S&P 500 (SPX), Nasdaq 100 (NDX), Russell 2000 (IWM) und Wilshire 5000.

Abbildung 11.1 zeigt einen dreimonatigen Tageschart des Dow Jones Industrial Average. Der Chart zeigt, dass der DJIA nach einem harten September die Richtung gewechselt und sich bis Oktober erholt hat. Die Erholung ging in einen starken *Aufwärtstrend* über, über den wir später in diesem Kapitel sprechen werden. Am 8. November erreichte der Aufwärtstrend offenbar seinen Höhepunkt, das heißt, die Verkäufer überholten die Käufer auf diesem Kursniveau.

ABBILDUNG 11.1 Tageschart des Dow Jones Industrial Average.
(Mit freundlicher Genehmigung von StockCharts.com.)

> *Hinweis:* Die anderen zwei Linien auf dem Chart sind *gleitende Durchschnitte*, über die Sie im nächsten Kapitel mehr erfahren werden. Beachten Sie auch die Volumenbalken (die im nächsten Abschnitt erläutert werden) am unteren Rand des Charts.

Der Aktienchart

Trends. Als Anleger sollten Sie unbedingt lernen, einen einfachen Aktienchart zu nutzen und auszuwerten, da er Ihnen hilft, *Trends* zu erkennen (die Richtung, in die sich der Aktienkurs bewegt). Ein Aktienchart zeigt die Entwicklung des Aktienkurses über einen bestimmten Zeitraum an.

Nehmen wir beispielsweise an, Sie besitzen Aktien von Boeing (BA). Wenn Sie vorhaben, die Aktie zu halten, werfen Sie einen Blick auf einen 3-Monats-Chart, um die bisherige Entwicklung der Aktie zu beurteilen (in diesem Beispiel die der letzten drei Monate).

Wenn also Boeing sich in einem dreimonatigen *Abwärtstrend* befände, wäre es dann klug, weitere Aktien zu kaufen, während sie sich abwärts bewegt? Oder sollten Sie lieber warten, bis der Rückgang beendet ist? Auch deshalb sind Aktiencharts so nützlich (in Verbindung mit Indikatoren und Oszillatoren).

Mithilfe von Charts können Sie auch Aktienkurse vorhersagen oder zumindest die Erfolgsaussichten eines Trades erhöhen. Der Blick auf einen Chart hilft Ihnen, Ihre Emotionen aus dem Entscheidungsprozess herauszuhalten. Vielleicht mögen Sie das Unternehmen und das angebotene Produkt, aber wenn der Chart zeigt, dass die Aktie schwach ist und nach unten tendiert, sollten Sie sie zu diesem Zeitpunkt lieber nicht kaufen.

Aktiencharts sind für jedes Unternehmen leicht zu finden. Ihre Brokerfirma hat detaillierte Charts auf ihrer Website oder Sie können fast jede in diesem Buch erwähnte Finanzseite besuchen. Am einfachsten lässt sich die Wertentwicklung einer Aktie anhand eines Charts mit ihrer bisherigen Kursentwicklung verfolgen.

Zeitrahmen. Mit Charts lassen sich Daten in vielen Formaten darstellen. Als Erstes wählen Sie einen Zeitrahmen aus. So können Sie beispielsweise einen kurzen Zeitraum wählen (Minuten oder Stunden, oder Sie entscheiden sich für den beliebten *Tageschart*). Andere bevorzugen einen längeren Zeitraum: einen Wochen- oder Monatschart. Manche Trader sehen sich mehrere Charts mit unterschiedlichen Zeitrahmen gleichzeitig an.

Als Anfänger fragen Sie sich vielleicht, welcher Zeitraum sich am besten eignet. Das hängt davon ab, ob Sie ein Trader oder ein Anleger sind. Ich empfehle Ihnen, die Standardeinstellung der Software zu verwenden, nämlich einen 3-Monats-Tageschart. Später können Sie die Voreinstellungen immer noch ändern. Experimentieren Sie ruhig mit verschiedenen Zeiträumen, um den für Sie nützlichsten zu finden.

> *Hinweis:* Daytrader arbeiten mit kurzen Zeiträumen wie einem 5-Minuten-, 15-Minuten-, 30-Minuten- oder 60-Minuten-Chart. Manche vergleichen sie für eine längerfristige Betrachtung mit einem Tageschart. Langfristig orientierte Anleger greifen eher auf den Tages-, Wochen- oder Monatschart zurück. Es empfiehlt sich immer, einen Blick auf das Gesamtbild zu werfen, da es als Realitätscheck dienen kann.

Volumen. Ein weiterer wichtiger Punkt auf jedem Aktienchart ist das Volumen, das angibt, wie viele Aktien in einem bestimmten Zeitraum (in der Regel ein Tag) den Besitzer gewechselt haben. Das Handelsvolumen wird durch einen vertikalen Balken am unteren Rand eines jeden Aktiencharts angezeigt (siehe zum Beispiel Abbildung 11.1). Je höher der Balken, desto höher das Volumen. Je niedriger der Balken, desto geringer das Volumen.

Es ist wichtig, das Volumen zu beobachten, da es der Treibstoff ist, der die Aktienkurse nach oben oder unten treibt. Wenn Sie neben der Marktrichtung auch das Volumen beobachten, können Sie beurteilen, wie stark der Aufwärtstrend oder der Abwärtstrend ist.

Das Volumen spiegelt auch den Grad des positiven oder negativen Enthusiasmus für eine Aktie wider. Wenn zum Beispiel der Kurs einer Aktie an diesem Tag gestiegen ist und das Volumen zugenommen hat, spricht man von einer positiven Stimmung. Ist dagegen der Kurs an diesem Tag gesunken und das Volumen zurückgegangen, so spricht man von einer negativen Stimmung.

Viele Fachleute nutzen das Volumen, um das, was sie auf einem Chart sehen, zu bestätigen. Ist beispielsweise das Volumen hoch, bestätigt dies, dass der aktuelle Trend (oder Preis) gerechtfertigt ist. Ein schwaches Volumen hingegen deutet auf das Risiko einer Trendumkehr (oder einer Preisänderung) hin.

Achten Sie auf dieses Warnzeichen: Manchmal bewegt sich das Volumen in die umgekehrte Richtung des Aktienkurses. In diesem Fall könnte dies auf eine mögliche Trendumkehr der Aktie hindeuten. Wenn beispielsweise eine Aktie bei geringem Volumen steigt, ist das ein Hinweis darauf, dass die Aktie zwar steigt, es aber an Käufern mangelt. Das ist kein gutes Zeichen für die Aktie.

Die drei Charttypen

Es gibt drei Charttypen, die hauptsächlich dazu dienen, Informationen über eine Aktie (oder andere Finanzprodukte wie zum Beispiel einen ETF) darzustellen: der *Linienchart*, der *Balkenchart* und der *Candlestick-Chart*. Probieren Sie alle aus und wählen Sie den, der für Sie und Ihre Strategien am besten geeignet ist. *Liniencharts* sind beliebt, weil sie visuell ansprechend sind, weshalb sie auch im Fernsehen und in vielen Büchern verwendet werden. Viele Trader bevorzugen *Balkencharts*, weil sie wie eine vereinfachte Version des *Candlestick-Charts* wirken. Der *Candlestick-Chart* ist der beliebteste, weil er zahlreiche Informationen über den Aktienkurs liefert.

Schauen wir uns nun jeweils ein Beispiel für jede der drei Typen an.

Linienchart

Die Schlusskurse einer Aktie werden für einen bestimmten Zeitraum durch eine Linie verbunden. Im Chart erscheint sie als eine einzige, durchgehende Linie, die die einzelnen Kurspunkte miteinander verbindet.

Obwohl Liniencharts einfach zu lesen und zu verstehen sind, bieten sie nicht allzu viele detaillierte Informationen. Liniencharts sind in Kombination mit anderen technischen Indikatoren, wie zum Beispiel den *gleitenden Durchschnitten*, am nützlichsten.

Die vorherige Abbildung 11.1 ist ein Beispiel für einen Linienchart.

Balkenchart

Ein Balkenchart liefert Informationen über die Eröffnungs-, Schluss-, Höchst- und Tiefstkurse einer Aktie. Die horizontale Skala am unteren Rand des Charts beispielsweise stellt die Eröffnungs- und Schlusskurse für einen bestimmten Zeitraum dar, der von Minuten bis zu Jahren reichen kann. Die vertikale Skala stellt die Höchst- und Tiefstkurse für einen bestimmten Zeitraum dar.

Der „Balken" ist die Preisspanne der Aktie in diesem Zeitraum. Auf einem Tageschart zum Beispiel zeigt der untere Teil des Balkens den niedrigsten Wert des Tages an. Der obere Teil des Balkens steht für den Höchstkurs des Tages.

An den Balken sind zwei *Querstriche (oder Rautezeichen)* angehängt, wobei sich einer nach rechts und der andere nach links erstreckt. Der linke Strich steht für den Eröffnungskurs des Handelstages. Der rechte steht für den Schlusskurs. Balkencharts sind zwar nicht so detailliert wie Candlesticks (siehe unten), aber die Daten, die sie Tradern liefern, machen die Charts nützlich, vor allem in den Händen erfahrener Fachleute.

Abbildung 11.2 ist ein Beispiel für einen Balkenchart.

ABBILDUNG 11.2 Balkenchart.

(Mit freundlicher Genehmigung von StockCharts.com.)

Candlestick-Charts

Candlestick-Charts sind die älteste Form der Technischen Analyse und manche datieren diese Methode auf das 18. Jahrhundert zurück. Damals nutzte ein schlauer japanischer Reishändler, Munehisa Homma, Candlestick-Charts, um reich zu werden. Berichten zufolge hat er mit diesem Charttyp einst 100 aufeinanderfolgende erfolgreiche Trades gemacht. Der amerikanische Trader Steve Nison führte die Candlesticks 1991 nach einem Besuch in Japan im Westen ein.

Candlestick-Charts sind beliebt, weil die Muster leicht zu deuten und einfach zu verwenden sind, sie können sich aber auch zu komplexeren Mustern entwickeln. Vor allem aber geben sie Hinweise auf die Marktpsychologie, anhand derer man sagen kann, wer die Kontrolle hat: die Bären oder die Bullen. So lässt sich mit diesen Informationen entscheiden, wann man in den Markt ein- oder aussteigen sollte, ehe er umschlägt.

Candlesticks zeigen Tradern auch, wann sie an der Seitenlinie bleiben sollten. Der Markt ist an diesem Tag vielleicht zu volatil und unberechenbar, sodass es besser ist, gar nicht zu traden. Aus diesen Gründen lohnt es sich, das Candlestick-Charting zu erlernen.

Zwar sind die allgemeinen Candlestick-Muster leicht zu erkennen und relativ einfach zu erlernen, doch je tiefer Sie sich mit dieser Methode befassen, umso komplexer werden die Muster. Im Grunde können Anfänger Candlesticks verwenden, um die wichtigsten Muster zu entschlüsseln und vielleicht einen umsetzbaren Trade auf der Grundlage des Charts zu tätigen.

Candlesticks bilden mit zweidimensionalen Körpern die Spanne zwischen dem Eröffnungs- und dem Schlusskurs einer Aktie während eines beliebigen Zeitraums ab. Die Tiefst- und Höchstkurse werden als eine einzige Linie (also *Schatten*) dargestellt. Die Preisspanne zwischen dem Eröffnungs- und dem Schlusskurs wird als schmales Rechteck (der *eigentliche Körper*) dargestellt.

Candlestick-Farben

Der Candlestick-Chart zeigt verschiedene Farben an, wie zum Beispiel grün (bullish) und rot (bearish), aber die Anzeige der Farben hängt von Ihrer Broker-Software ab, die angepasst werden kann. In diesem Buch sehen Sie ausgefüllte oder hohle Candlesticks (siehe unten).

Nachfolgend die grundlegenden Candlestick-Farben (Sie sehen auf Ihrer Oberfläche eventuell andere Farben als in den Beispielen unten).

- Grüne Candlesticks treten auf, wenn der Schlusskurs *höher* als der letzte ist.
- Rote Candlesticks treten auf, wenn der Schlusskurs *unter* dem vorherigen liegt.
- Ausgefüllte Candlesticks treten auf, wenn im gleichen Zeitraum der aktuelle Schlusskurs *niedriger* ist als der Eröffnungskurs.
- Hohle Candlesticks treten auf, wenn im gleichen Zeitraum der aktuelle Schlusskurs *höher* ist als der Eröffnungskurs.

Abbildung 11.3 ist ein Beispiel für einen Candlestick-Chart.

ABBILDUNG 11.3 Candlestick-Diagramm.
(Mit freundlicher Genehmigung von StockCharts.com.)

Candlestick-Analyse. Anhand der Form der Kerze, der Länge ihrer Linien und des leeren oder gefüllten Körpers lässt sich feststellen, ob die Bullen oder die Bären den Kampf gewinnen.

Darüber hinaus hat ein Candlestick verschiedene Formen, die sich entsprechend der Aufwärts- und Abwärtsbewegung der Aktie strecken und bewegen. Die durch den Candlestick erzeugten Muster geben Hinweise auf die zukünftige Marktrichtung. Die Muster helfen Tradern auch, festzustellen, wie stark oder schwach der Kauf oder Verkauf ist.

Wenn zum Beispiel an einem bestimmten Tag der Bullenmarkt vorherrscht, erscheint auf dem Chart ein großer grüner Körper. Bei einem Bärenmarkt dagegen wird ein langer roter Körper angezeigt. Anhand des Handelsvolumens lässt sich die Gültigkeit der Kursbewegung bestätigen. Sie haben sicher schon bemerkt, dass ein Candlestick-Chart eine Menge Informationen enthält.

Abbildung 11.4 zeigt die Hauptbestandteile eines Candlesticks.

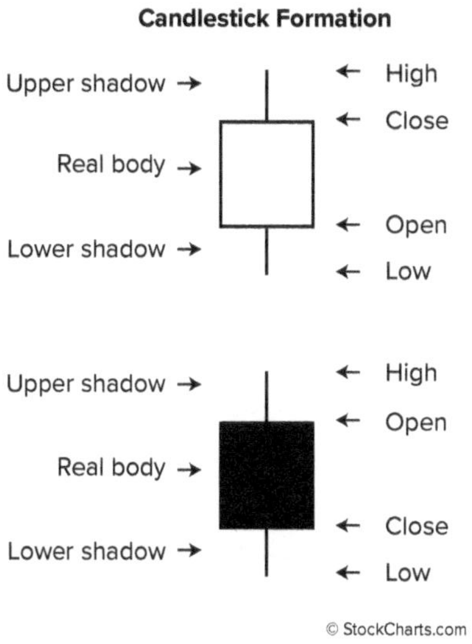

ABBILDUNG 11.4 Komponenten eines Candlesticks.
(Mit freundlicher Genehmigung von StockCharts.com.)

Der Doji

Manche Candlestick-Muster sind weitverbreitet und tauchen häufig in einem Chart auf. Ein Beispiel ist der *Doji*, der Unsicherheit widerspiegelt (siehe Abbildung 11.5). Der Doji ist gekennzeichnet durch kleine, dünne Linien (sogenannte Schatten, auch Raute genannt), die einen so geringen Unterschied zwischen dem Eröffnungs- und dem Schlusskurs anzeigen, dass sie fast gleich sind.

Das Kreuz im Doji spiegelt die Unsicherheit wider. Zwischen Käufern und Verkäufern herrscht Stillstand und das Doji-Muster zeigt dies in einem Chart an.

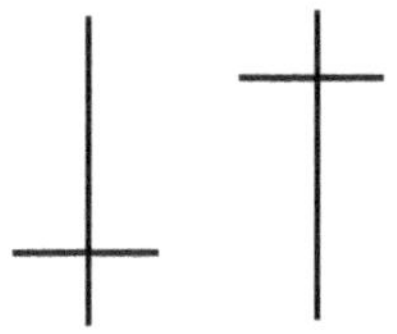

© StockCharts.com

ABBILDUNG 11.5 Der Doji.
(Mit freundlicher Genehmigung von StockCharts.com.)

Es gibt zahlreiche Bücher über Candlesticks, in denen gelehrt wird, wie man Muster erkennt und entsprechend vorgeht. Sollten Sie Aktien allein anhand eines Candlestick-Charts kaufen oder verkaufen? Nein. Sobald Sie ein Muster erkennen, überprüfen Sie die Informationen mit den klassischen technischen Indikatoren. Die Kombination von Candlesticks mit anderen technischen Indikatoren kann Ihnen einen Vorteil gegenüber anderen Tradern verschaffen.

Ich weiß, dass viele neue Trader von Candlesticks eingeschüchtert sind. Das Netz aus verschnörkelten Linien und Mustern, die sich in verschiedene Richtungen bewegen, kann verwirrend sein. Bleiben Sie geduldig, denn mit zunehmender Erfahrung ergeben die Muster und Formen allmählich einen Sinn.

Setzen wir unsere Diskussion mit einem der grundlegendsten Konzepte der Technischen Analyse fort: Unterstützung und Widerstand. Um die Technische Analyse zu verstehen und anzuwenden, müssen Sie die Unterstützung und den Widerstand in einem Chart erkennen können.

Unterstützung und Widerstand

Das Erkennen von *Unterstützung* und *Widerstand* in einem Chart ist für Trader wichtig, weil dadurch der richtige Zeitpunkt für einen Kauf oder Verkauf ermittelt werden kann, was die Wahrscheinlichkeit eines erfolgreichen Trades erhöht. Aus Erfahrung weiß ich, dass es auch bei einem Chart, der eine Unterstützung oder einen Widerstand anzeigt, nicht einfach ist, den besten Zeitpunkt für den Ein- oder Ausstieg einer Position zu finden. Mit etwas Übung wird es jedoch einfacher.

Unterstützung: Wenn Käufer den Kampf gewinnen

Wenn eine Aktie fällt, steigen bei bestimmten Kursen genügend Käufer ein, um die Aktien zu kaufen, wodurch der Kurs „unterstützt" wird und ein weiterer Rückgang (manchmal nur vorübergehend) verhindert wird. Manche Trader bezeichnen das als *Untergrenze.*

Die *Unterstützung* ist das Kursniveau, an dem der Aktienkurs beim letzten Trade auf diesem Niveau Unterstützung fand. Die Nachfrage nach der Aktie ist stark genug, um die Verkäufer daran zu hindern, den Aktienkurs nach unten zu drücken. Ist dies der Fall, haben die Käufer vorübergehend die Kontrolle.

Die Unterstützung liegt oft bei ganzen Dollarbeträgen, da die Menschen dazu neigen, Aufträge in ganzen Zahlen einzugeben. Untersuchen Sie die Charts, um Unterstützungsniveaus zu finden und zu sehen, wie der Aktienkurs bisher reagiert hat.

Der 3-Monats-Chart in Abbildung 11.6 veranschaulicht, wie die Aktie dreimal die Unterstützung bei 60 Dollar pro Aktie berührt oder fast berührt hat.

ABBILDUNG 11.6 Unterstützung.
(Mit freundlicher Genehmigung von StockCharts.com.)

Fällt eine Aktie *unter* einen bestimmten Preispunkt (oft an gleitenden Durchschnitten) und sinkt weiter, sprechen Fachleute von einem „Durchbrechen der Unterstützung“. Wenn die Unterstützung scheitert, ist das für die Bullen ein schlechtes Zeichen. Es gab nicht genügend Käufer, um die Aktie auf diesem Kursniveau zu halten (zu unterstützen).

Wenn die Unterstützung durchbrochen wird, ist das ein deutliches Verkaufssignal. Bleibt der Aktienkurs unter dem Unterstützungsniveau und erholt sich nicht, ist das Verkaufssignal intakt. Kurzfristige Trader überprüfen ständig die Charts, um zu erkennen, ob eine Aktie die Unterstützung durchbricht oder ob diese „hält“.

Fachleuten zufolge ist es egal, wie gut die Fundamentaldaten sind oder wie sehr Sie eine bestimmte Aktie lieben: Wenn sie bei steigendem

Volumen die Unterstützung durchbricht, sollten Sie einen Verkauf in Betracht ziehen.

Widerstand: Wenn Verkäufer den Kampf gewinnen

Widerstand ist das Gegenteil von Unterstützung. Wenn ein Aktienkurs steigt, greifen bei bestimmten Kursen die Verkäufer ein und verhindern, dass der Kurs weiter ansteigt. Widerstand ist das Kursniveau, an dem ein Aktienkurs nicht mehr steigt und die Verkäufer vorübergehend die Kontrolle haben. Manche Trader bezeichnen ihn als *Obergrenze.*

Abbildung 11.7 ist ein Beispiel für einen Widerstand bei 75,50 Dollar pro Aktie.

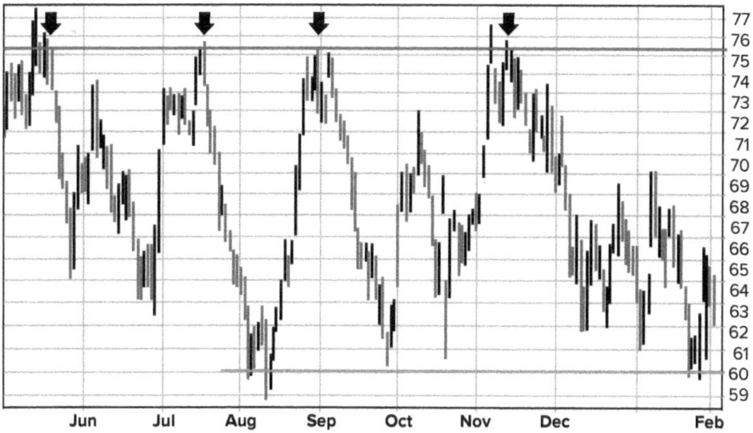

ABBILDUNG 11.7 Widerstand.
(Mit freundlicher Genehmigung von StockCharts.com.)

Wenn die Aktie abgestoßen wird oder sich nur schwer nach oben bewegt, verkaufen viele Trader ihre Aktien in der Annahme, dass der Kurs stagnieren und fallen wird. Zumindest ist die Nachfrage vorläufig nicht groß genug, um die Verkäufer zu überwältigen, sodass der Kurs nicht weiter steigt.

Durchbrechen des Widerstands

Schafft es eine Aktie, über den Widerstand zu steigen, sagen Fachleute, dass sie „den Widerstand durchbrochen" hat. Es ist üblich, dass Aktien den Widerstand durchbrechen und viel höher steigen. Es verdeutlicht, dass die Aktie stark ist und bei einem Anstieg gekauft werden kann. (Fachleute warten gewöhnlich, bis eine Aktie den Widerstand durchbrochen hat, bevor sie traden.)

Verwendung von Unterstützung und Widerstand im realen Leben

Rückblickend sieht es einfach aus, anhand eines Aktiencharts zu erkennen, wann man kauft oder verkauft. Nach Börsenschluss sind Unterstützungs- und Widerstandsniveaus oft offensichtlich. Während eines laufenden Handelstages ist es leider schwierig, allein auf der Grundlage von Unterstützung und Widerstand zu kaufen und zu verkaufen. Das größte Problem: Es gibt zahlreiche „Fälschungen", auch bekannt als falsche Ausbrüche.

Eine steigende Aktie kann zum Beispiel den Widerstand schnell durchbrechen und unaufhaltsam erscheinen. Es scheint ein guter Kaufzeitpunkt zu sein, also kaufen Sie sie. Kurz nach dem Kauf schlägt die Aktie unerwartet um und der Kurs fällt. Das kommt häufig vor. Es ist kaum vorhersehbar, wann eine steigende Aktie die Kraft und Stärke hat, während der gesamten Handelszeit nach oben zu tendieren, oder wann sie die Richtung wechselt.

Ebenso kann eine fallende Aktie, die die Unterstützung durchbricht, bis zum Ende des Handelstages nach unten tendieren, nur um dann, kurz nachdem Ihre Position verkauft wurde, die Richtung (nach oben) zu ändern.

Dieses Phänomen hat bekanntlich schon viele erfahrene Trader getäuscht. Während Sie mehr über die Technische Analyse lernen, darunter die Nutzung von Unterstützungs- und Widerstandsniveaus zur Gewinnerzielung, sollten Sie sich die Konzepte nicht übereilt auf einmal aneignen. Es braucht Zeit, um zu verstehen, wie man die Charts zur Gewinnerzielung einsetzt, aber zum Wohle Ihres Handelskontos ist es die Mühe wert.

Ein Tipp: Kurzfristige Ausreißer wie die oben genannten sind zwar üblich, aber eine Strategie bietet die Lösung. Diese hilft Ihnen zu entscheiden, ob Sie das Risiko durch den Verkauf von Verlustpositionen verringern oder Gewinnpositionen aufstocken sollten.

Trends verstehen

Einer der Hauptzwecke der Charttechnik ist das Erkennen von Trends in ihren frühen Stadien. Zur Erinnerung: Ein Trend ist die Richtung, in die sich eine Aktie (oder ein anderes Wertpapier) innerhalb eines unbestimmten Zeitraums (voraussichtlich) bewegt. Aktienkurse bewegen sich selten geradlinig, weshalb es so wichtig ist, die Trendrichtung zu erkennen.

Welche Art von Chart Sie auch immer verwenden, es ist wichtig zu verstehen, dass sich jede Aktie oder jeder ETF in eine von drei Richtungen bewegt: aufwärts, abwärts oder seitwärts. Egal, ob Sie ein Trader oder ein Anleger sind, sollte das Erkennen von kurz- oder langfristigen Trends eines Ihrer Ziele sein. In einem Bullenmarkt geht der langfristige Trend nach oben. In einem Bärenmarkt tendiert der langfristige Trend eher nach unten.

Es gibt ein altes Trader-Sprichwort: „Der Trend ist dein Freund (bis er endet)." Es geht darum, einen Trend so lange mitzumachen, bis ihm die Luft ausgeht. Ein kurzfristiger Trend ist leicht zu erkennen, aber leider ist es schwer zu bestimmen, wann er seine Richtung ändern wird.

Trader wenden zahlreiche Methoden an, um herauszufinden, wann ein Trend endet. Wenn Sie in der Lage wären, dauerhaft den Zeitpunkt eines Trendwechsels zu bestimmen, würden Sie ein Vermögen verdienen. Viele Fachleute verbringen ihre Tage damit, größere oder kleinere Trendwechsel zu erkennen oder zu bestimmen, ob sich der aktuelle Trend in dieselbe Richtung fortsetzt – oder endet.

Wenn Sie in Bezug auf eine Aktie oder den Gesamtmarkt bullish sind, sollten Sie an Aufwärtstrends teilnehmen und Abwärtstrends vermeiden. Wenn Sie einer Aktie oder dem Gesamtmarkt gegenüber bearish sind, sollten Sie sich an Abwärtstrends beteiligen und Trendumkehrungen (nach oben) vermeiden.

Den Trend des Gesamtmarktes (oder einer Aktie) einschätzen zu können, ist der Schlüssel zu Ihrem Erfolg als Trader. Die Marktrichtung richtig zu erkennen, hilft Ihnen einzuschätzen, ob Sie traden sollten oder nicht.

> ***Hinweis:*** Es gibt kurzfristige und langfristige Trends. Trader versuchen, von kurzfristigen Trends zu profitieren, während Anleger die täglichen Marktschwankungen ignorieren und sich an langfristigen Trends orientieren. Sollten Sie Aktien langfristig (also über Jahre hinweg) halten wollen, ist das Erkennen von und Reagieren auf kurzfristige Trendänderungen nicht so wichtig.

Schauen wir uns die folgenden Begriffe genauer an: *Aufwärtstrend, Abwärtstrend* und *Seitwärtstrend.*

Aufwärtstrend

Wenn sich eine Aktie nach oben bewegt, ist sie in einem Aufwärtstrend. Kurzfristige Trader kaufen mithilfe der Technischen Analyse Aktien, die sich in einem Aufwärtstrend befinden (diese Strategie wird als *Trendfolge* bezeichnet). Einem Aufwärtstrend zu folgen, gilt als eine der einfachsten und profitabelsten Strategien, die es je gab. Statt die Richtung des Marktes erraten zu wollen, folgen Sie einfach der Richtung des Marktes oder einer Aktie.

In einem Bullenmarkt und sogar einem Bärenmarkt gibt es immer bestimmte Aktien, die in einem Aufwärtstrend sind, der einen Tag, eine Woche, einen Monat oder sogar Jahre andauern kann. Der schwierige Teil für Trader ist, die Dauer des Aufwärtstrends zu bestimmen. Deshalb nutzen sie technische Hilfsmittel, um abzuschätzen, wann der Trend zu Ende zu gehen scheint oder bereits beendet ist. (Wir werden diese Tools im nächsten Kapitel besprechen.)

Manchmal steigen Aktien so schnell, dass sie über das aktuelle Kursniveau „ausbrechen" und dramatisch ansteigen (was für jeden, der diese Aktie hält, profitabel ist). Andererseits enden manche Aufwärtstrends abrupt und wechseln die Richtung. Diese Wendungen sind äußerst schwer vorherzusagen, weshalb Trader ihre Positionen nicht auf unbestimmte Zeit halten. Sie traden gemäß dem, was die technischen Indikatoren und Oszillatoren anzeigen.

Wenn Ihre Aktie im Aufwärtstrend ist, halten Sie sie so lange wie möglich oder bis Ihre Indikatoren Hinweise auf einen Verkauf geben. Es braucht Geduld, während eines Trends zu halten, vor allem wegen der Täuschungen, die Ihnen das Ende des Trends suggerieren können.

Abbildung 11.8 zeigt einen Tageschart des börsengehandelten Fonds QQQ, der den Nasdaq 100 Index abbildet. Wie in diesem Chart zu sehen ist, stieg QQQ nach einem holprigen Start fast den ganzen Tag über an. An diesem Tag ist er in einem starken Aufwärtstrend.

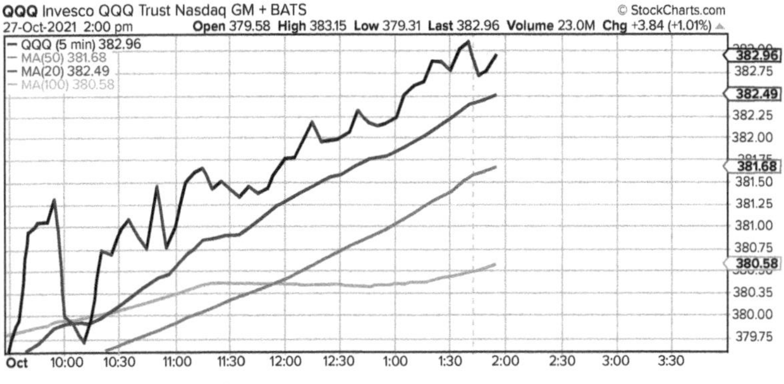

ABBILDUNG 11.8 Starker Aufwärtstrend.

(Mit freundlicher Genehmigung von StockCharts.com.)

Abwärtstrend

Eine Aktie oder ein ETF, die sich in einem Abwärtstrend befinden, tendieren dazu, immer tiefer zu fallen. Manchmal sinken Aktien so schnell und massiv, dass man von einem *Börsensturz* sprechen kann. Wenn Sie eine Aktie oder einen Index halten, der im Abwärtstrend ist, verlieren Sie sehr wahrscheinlich Geld (abhängig von der Strategie, die Sie verwenden).

Abwärtstrends sind für bullishe Anleger und Trader frustrierend, aber das müssen sie nicht sein. Es gibt Wege, von einem Abwärtstrend zu profitieren (einige davon werden Sie in Kapitel 18 kennenlernen). Eine Alternative wäre, geduldig zu warten, bis sich ein neuer Aufwärtstrend abzeichnet.

Wenn Sie ein Trader sind, der den Beginn eines Abwärtstrends erkennen kann, sollten Sie Ihre Bestände reduzieren, besonders wenn der Rückgang mit großem Volumen einhergeht (was normalerweise bedeutet, dass viele Institutionen verkaufen).

Wenn eine Aktie im Abwärtstrend ist, aber nicht weiter fällt oder zurückgeht, steigen wahrscheinlich „Buy-the-Dippers" ein, um ein Schnäppchen zu machen. Allerdings ist das nicht unbedingt ein Zeichen für das Ende des Abwärtstrends.

Abwärtstrends können zwar nach einigen Stunden oder Tagen nachlassen, aber ein lang anhaltender Abwärtstrend macht bullishen Anlegern Angst und Bange. Ein anhaltender Abwärtstrend kann in den gefürchteten Bärenmarkt übergehen (also ein Börsenrückgang von 20 Prozent oder mehr gegenüber dem letzten Höchststand).

Das Gute daran ist, dass kurzfristige Abwärtstrends zwar üblich sind, aber selten über Jahre hinweg anhalten (wobei monatelange Abwärtstrends regelmäßig vorkommen).

In Abbildung 11.9 sehen Sie, wie der S&P 500 (SPX) den größten Teil des Tages seitwärts tendierte und dann nach 14:00 Uhr fiel. Der Abwärtstrend setzte sich bis zum Börsenschluss fort.

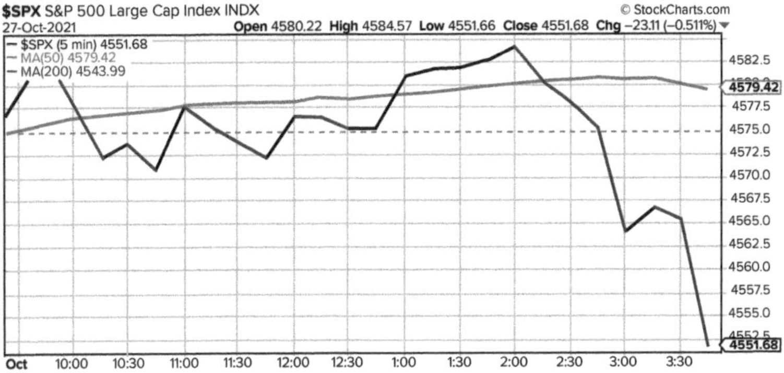

ABBILDUNG 11.9 Abwärtstrend.

(Mit freundlicher Genehmigung von StockCharts.com.)

Seitwärtstrend

Ein Seitwärtstrend ist eigentlich gar kein Trend, weil die Kursveränderungen so gering sind. Im Prinzip entfernt sich die Aktie bei einem Seitwärtstrend nicht weit von ihrem Ausgangspunkt. Ein Seitwärtsmuster erscheint entweder als relativ flache Linie auf einem Aktienchart oder als eine volatilere Linie, die in einer bestimmten „Preisspanne" verharrt.

Bewegt sich eine Aktie seitwärts, sagen Fachleute, dass die Aktie *konsolidiert*, bevor sie aus dem *Konsolidierungs*muster ausbricht – entweder nach oben oder nach unten. Ein Konsolidierungsmuster erscheint auf dem Chart als eine sehr komprimierte Linie, die kaum schwankt. Wenn das Seitwärtsmuster endet, könnte eine heftige oder eine minimale Bewegung stattfinden. Sein Ende ist unvorhersehbar.

Es ist nicht überraschend, eine Aktie oder einen Index über kurze oder lange Zeiträume in einem Seitwärtsmuster schlängeln und danach plötzlich in die eine oder andere Richtung ausbrechen zu sehen. Da solche Ausbrüche nicht vorhersehbar sind, ist es oft am besten, nicht zu traden, wenn im Chart ein Seitwärtsmuster auftaucht. Für Trader ist das Seitwärtsmuster eine Herausforderung. Sollten Sie als Trader mit einem Seitwärtsmuster konfrontiert werden, rate ich Ihnen, an der Seitenlinie zu bleiben, bis der Markt oder die Aktie eine klare Richtung eingeschlagen hat.

Abbildung 11.10 zeigt den Dow Jones Industrial Average in einem Seitwärtstrend.

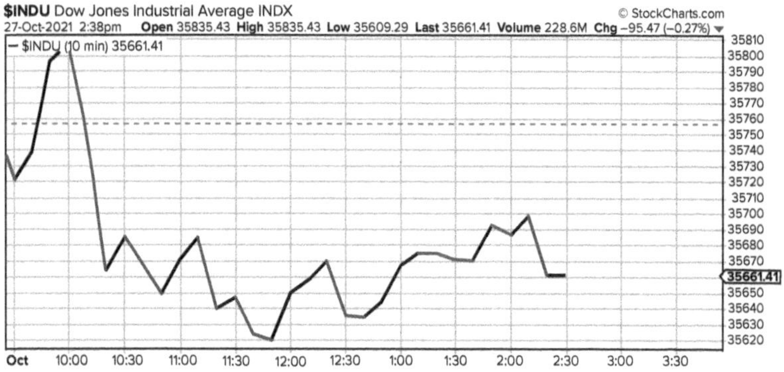

ABBILDUNG 11.10 Seitwärtstrend.
(Mit freundlicher Genehmigung von StockCharts.com.)

> *Hinweis:* Aktien bewegen sich oft im Tagesverlauf oder sogar länger seitwärts, doch manchmal entwickelt sich der Gesamtmarkt zu einem lang anhaltenden *Seitwärtsmarkt*. In einem Seitwärtsmarkt ist die Volatilität gering und weder die Bullen noch die Bären haben einen Vorteil (wobei kurzfristige Trader und einige Optionshändler Chancen haben können). Es erfordert viel Geduld, in einem Seitwärtsmarkt zu investieren, da Gewinne oft kaum zu erzielen sind.

Trendumkehrungen

Sie wissen bereits, wie wichtig das Erkennen von Markt- und Aktientrends ist. Sobald Sie mit dem Aktienmarkt besser vertraut sind, sollten Sie die Trends genau analysieren, um die künftige Kursentwicklung vorherzusehen.

Eine große Herausforderung bei der Technischen Analyse besteht darin, festzustellen, wann ein Aktientrend nachlässt und die Richtung wechselt. Umkehrungen sind zwar schwer vorherzusagen, aber Indikatoren geben oft Hinweise auf den Beginn und das Ende eines neuen Trends, in dem getradet werden kann. Im Wesentlichen geht es an der Börse genau darum. Trends bewegen sich nach oben, unten und seitwärts. Für Anleger sind kurzfristige Trends zwar für gewöhnlich unwichtig, aber Trader sollten sie genau beobachten, wenn sie auf dem Markt überleben und erfolgreich sein wollen.

Ein Tipp: Es ist unwichtig zu wissen, *warum* der Markttrend endete oder die Richtung wechselte. Wichtig ist, zu erkennen, *was* gerade passiert.

Abbildung 11.11 ist ein Beispiel für eine Trendumkehr. Am 21. Juni brach der Aktienkurs über seinen gleitenden 100-Tage-Durchschnitt aus. Am 1. Juli brach er über seinen gleitenden 50-Tage-Durchschnitt aus und behauptete die Unterstützung am 19. Juli. Von Mitte Juli bis Mitte August erholte er sich stark und erreichte am 16. August seinen Höhepunkt. Es bildete sich eine Doppeltop-Formation.

Nach einem zweiten Test des Hochs am 23. August wechselte der Aktienkurs abrupt die Richtung. Er durchbrach seine 50-, 100- und 200-Tage-Durchschnittskurse. Damit waren das Ende des Aufwärtstrends und der Beginn eines neuen Abwärtstrends eingeläutet (bis er am 12. Oktober erneut die Richtung wechselte und in der Folge den gleitenden 200-Tage-Durchschnitt angriff).

Auch wenn viele Trader versuchen, eine Trendumkehr vorherzusagen, ist es äußerst schwierig. Dennoch gibt es oft kleine Hinweise darauf, was passieren könnte. Beispielsweise kann eine Aktie, die vorher im Aufwärtstrend war, stocken und an Kraft verlieren und dann unter ihren *gleitenden Durchschnitt* fallen (siehe Abbildung 11.11). Wenn dies geschieht, ist die Umkehr bestätigt. (Sie werden im nächsten Kapitel mehr über gleitende Durchschnitte erfahren.)

Es gibt zwei Haupttypen von Umkehrungen. Die erste ist die *Intraday-Umkehrung.* Intraday-Umkehrungen sind Trendwechsel, die innerhalb desselben Handelstages auftreten. Kurzfristige Trader konzentrieren sich auf Intraday-Umkehrungen.

ABBILDUNG 11.11 Trendumkehr.
(Mit freundlicher Genehmigung von StockCharts.com.)

Der andere Typ ist die *langfristige Trendumkehr,* bei der die Aktienkurse nach Monaten oder Jahren ihre Richtung ändern. Langfristige Anleger konzentrieren sich auf diese.

> ***Hinweis:*** Um Trendwenden zu traden, brauchen Sie ein ausgezeichnetes Markttiming und ein gutes Risikomanagement. Bevor Sie eine Trendumkehr bestimmen, überprüfen Sie Ihre Analyse mit mehr als einem technischen Indikator.

Trendlinien zeichnen

Da Sie mit Aktiencharts nun vertraut sind, können Sie mit Ihrem Charting-Programm auch eine weitere coole Sache machen: Trendlinien zeichnen. Haben Sie schon einmal das Spiel „Punkte verbinden“

gespielt? Genauso funktioniert das Zeichnen von Trendlinien – anstelle von Punkten verbinden Sie eine Reihe von Höchst- und Tiefstständen in einem Chart, um einen Trend zu bestätigen.

Viele Fachleute zeichnen als Erstes Trendlinien ein. Damit bestimmen sie, wann sie in eine Aktienposition ein- oder aus einer Position aussteigen sollten oder in welche Richtung sich der Trend bewegt. Die Alternative ist der berüchtigte „Augentest", der keineswegs technisch ist, und bei dem man leicht Fehler machen kann.

> *Ein Tipp:* Wenden Sie sich an Ihre Brokerfirma, um sicherzustellen, dass ihr Charting-Programm Zeichentools unterstützt. Verbinden Sie dann mit den Tools niedrigere Höchststände mit höheren Höchstständen oder umgekehrt. Sie können entweder eine einzelne Trendlinie oder einen *Kanal* erstellen, bei dem sich ein Aktienkurs zwischen zwei parallelen Trendlinien bewegt (siehe nächster Hinweis).

> *Hinweis für Fortgeschrittene:* Wenn Sie zwei Trendlinien zeichnen, eine für die Oberseite und eine für die Unterseite, erstellen Sie einen *Kanal* (oder eine *Hüllkurve*). Diese Linien verlaufen parallel zu den Ober- und Untergrenzen der Höchst- und Tiefststände. Mit einem solchen Kanal können Sie Kursziele festlegen.

Erreicht eine Aktie oder ein Index *höhere Hochs* und *höhere Tiefs* (beim Aufwärtstrend), können Sie dies anhand von Trendlinien auf einem Chart erkennen. Umgekehrt können Sie auch sehen, ob ein Aktienkurs *niedrigere Tiefs* und *niedrigere Hochs* erreicht (beim Abwärtstrend). Ein gestiegenes Volumen kann das Momentum verstärken.

• • • • • •

Nachdem Sie nun die Grundlagen von Aktiencharts und -trends kennen, lernen Sie im nächsten Kapitel, wie Sie mit *Indikatoren* und

Oszillatoren bestimmen, wann Sie in eine Position einsteigen oder aus ihr aussteigen sollten, und wie Sie überkaufte oder überverkaufte Märkte erkennen.

Sie werden feststellen, dass Indikatoren und Oszillatoren leichter zu lesen und zu interpretieren sind, da sie auf mathematischen Grundlagen beruhen und daher präziser sind.

Kapitel 12

INDIKATOREN UND OSZILLATOREN

Im letzten Kapitel haben Sie die wichtigsten Merkmale der Technischen Analyse kennengelernt. Hier stelle ich Ihnen einige der nützlichsten Hilfsmittel vor, die Fachleute verwenden. Diese Indikatoren und Oszillatoren sind auch für langfristige Anleger hilfreich. Besonders für kurzfristige Trader sind sie von unschätzbarem Wert.

Zu den technischen Indikatoren, die Sie in diesem Kapitel erlernen werden, gehören *gleitende Durchschnitte*, der *Relative-Stärke-Index* (RSI), *Bollinger-Bänder*, *Volumen* und der *VIX*.

Eine Einführung in Indikatoren und Oszillatoren

Anhand von *Indikatoren* und *Oszillatoren* können Technische Analysten feststellen, wann sie in eine Position ein- oder aus ihr aussteigen sollten oder ob der Markt oder eine Aktie überkauft oder überverkauft ist. *Überkauft* ist ein technischer Begriff, der ein Wertpapier beschreibt, das unter ständigem Kaufdruck steht und bei dem eine Kurskorrektur ansteht. *Überverkauft* ist ein technischer Begriff, der ein Wertpapier beschreibt, das einem anhaltenden Verkaufsdruck ausgesetzt war und bei dem eine Kurserholung ansteht.

Auch Trader nutzen bei ihren Kauf- und Verkaufsentscheidungen Oszillatoren. So wie ein Zimmermann einen Hammer braucht, um ein Haus zu bauen, und ein Golfer die besten Schläger, brauchen Trader und Anleger Indikatoren.

Nach diesem Kapitel dürften Sie verstanden haben, wie Sie diese Hilfsmittel anwenden können, um Einblicke in die Richtung des Marktes oder der Aktie zu erhalten.

Außerdem helfen Ihnen Indikatoren, Ihre Emotionen im Zaum zu halten. Richtig eingesetzt, dienen Indikatoren oft als Frühwarnsystem, das Sie auf potenziell gefährliche (oder profitable) Marktbedingungen aufmerksam macht. Mit Indikatoren lässt sich auch feststellen, wann ein Markt oder eine einzelne Aktie die Richtung ändern könnte. Ferner beobachten Trader mit Indikatoren den Markttrend (Aufwärts-, Abwärts- oder Seitwärtstrend).

Aus all diesen Gründen lohnt es sich, sich mit Indikatoren zu befassen. Niemand läutet bei einem Höchst- oder Tiefststand des Marktes oder der Aktie die Glocke, daher sind Sie auf Hilfsmittel wie Indikatoren und Oszillatoren angewiesen, um die Tendenz der Marktrichtung zu erkennen.

Die Verwendung von Indikatoren zur Vorhersage der Marktrichtung erhöht die Erfolgsaussichten eines Trades. Bedenken Sie jedoch, dass technische Indikatoren und Oszillatoren lediglich Hilfsmittel sind – der Einsatz von ihnen garantiert keine Gewinne. Sie sind nicht der Heilige Gral.

Es gibt zwar Hunderte von technischen Indikatoren und Oszillatoren, aber Sie müssen nur eine Handvoll im Auge behalten. Mit zu vielen Hilfsmitteln sind Trader oft überfordert, vor allem wenn die Signale widersprüchlich sind. Dieses Phänomen wird als *Analyselähmung* bezeichnet. Trader erhalten so viele Signale, dass sie am Ende gar nichts mehr tun.

Die Erfahrung und das Experimentieren haben mich gelehrt, dass es sinnvoller ist, Indikatoren und Oszillatoren als Anhaltspunkte und nicht als oberstes Gebot zu verwenden. Betrachten Sie sie als ein Teil des Puzzles, das wir den Aktienmarkt nennen.

Ich beschränke mich hier auf die drei wichtigsten Indikatoren und Oszillatoren. Für weitere Informationen über andere Indikatoren gibt es viele Bücher zu diesem Thema, darunter mein Buch *All About Market Indicators* (McGraw Hill). Mein Buch ist einzigartig, weil es Interviews mit mehreren Personen enthält, die die Indikatoren entwickelt haben.

Beginnen wir mit meinem persönlichen Favoriten, dem einen Indikator, den fast alle Fachleute in ihrem Chart haben.

Gleitende Durchschnitte: Ein einfacher, aber mächtiger Indikator

Der gleitende Durchschnitt ist der einfachste und meiner Meinung nach der wertvollste technische Indikator, der je geschaffen wurde. Auf einem Chart angezeigt, liefert er eine visuelle Darstellung und umsetzbare Signale. Der gleitende Durchschnitt hilft Ihnen somit bei Ihren Kauf- oder Verkaufsentscheidungen, und er hilft zu erkennen, wann ein Trend beginnt oder endet.

Die meisten Trader vergleichen den Aktien- oder Indexkurs mit seinen gleitenden Durchschnitten, bevor sie sich für einen Trade entscheiden. So können Sie am einfachsten und schnellsten feststellen, ob Sie mit oder gegen den Trend traden. Richard Donchian, der während seiner Zeit bei Investmentfirmen verschiedene gleitende Durchschnitte entwickelt hat, setzte sie in seinem „Trendfolge“-System ein.

Gleitende Durchschnitte zeigen den durchschnittlichen Aktienkurs innerhalb von bestimmten Handelstagen, zum Beispiel der letzten 20, 50, 100 oder 200 Tage. Legt man den gleitenden Durchschnitt über einen einzelnen Aktien-, Index- oder ETF-Kurschart, sieht man sofort die Richtung, in die sich die Aktie oder der Index bewegt.

Der Durchschnitt „bewegt“ sich, da der älteste Datenpunkt täglich entfernt und durch den aktuellen ersetzt wird. Im Prinzip wird der gleitende Durchschnitt aus dem durchschnittlichen Schlusskurs der letzten 50 (oder einer anderen Zahl) Tage berechnet. Sobald der 51. Tag eintritt, wird der erste Tag gestrichen.

Da sich die Daten ständig ändern, spricht man von einem „gleitenden Durchschnitt“. Durch die tägliche Wiederholung dieses Prozesses entsteht im Chart eine gleichmäßige Linie. Trendverfolger orientieren sich eher an gleitenden Durchschnitten, da sie die Trendrichtung und mögliche Umschwünge schnell erkennen können.

Um die gleitenden Durchschnitte zu verwenden, wählen Sie den *einfachen gleitenden Durchschnitt* (SMA) in irgendeinem Aktienchart aus. Sobald der Chart angezeigt wird, erscheinen standardmäßig meist die 50- und 200-Tage-Durchschnittswerte. Fügen Sie bei Bedarf weitere gleitende Durchschnitte hinzu (wie den gleitenden 100-Tage-Durchschnitt). Kurzfristige Trader wählen oft noch kürzere Zeiträume wie den gleitenden 14- oder 20-Tage-Durchschnitt. Viele Trader nutzen gleitende Durchschnitte mit mehreren Zeitrahmen.

> *Hinweis:* Statt des einfachen gleitenden Durchschnitts können Sie auch den *exponentiellen gleitenden Durchschnitt* wählen. Der exponentiell gleitende Durchschnitt gewichtet die jüngeren Schlusskurse stärker und liefert so eine genauere Anzeige der Kurse. Es ist Ihre persönliche Wahl, welche Art von gleitendem Durchschnitt Sie verwenden. Sie können beide ausprobieren, um den passenden Durchschnitt für Ihren Trading-Stil zu finden, aber verwenden Sie zunächst den einfachen gleitenden Durchschnitt.

Wenn Sie noch nie gleitende Durchschnitte verwendet haben, werden Sie staunen. Selbst Anleger, die kaum technische Indikatoren verwenden, achten sehr auf gleitende Durchschnitte. Sehen Sie die gleitenden Durchschnitte als Ihren neuen besten Freund an, der Sie auf der richtigen Seite eines Trends hält. Wie es sich für einen guten Freund gehört, hält er Sie aus Schwierigkeiten heraus.

Abbildung 12.1 ist ein Tageschart des S&P 500 (SPX) mit den gleitenden 20-, 50- und 100-Tage-Durchschnitten. Sie zeigt, dass der SPX unter seine gleitenden Durchschnitte fällt und dann darübersteigt.

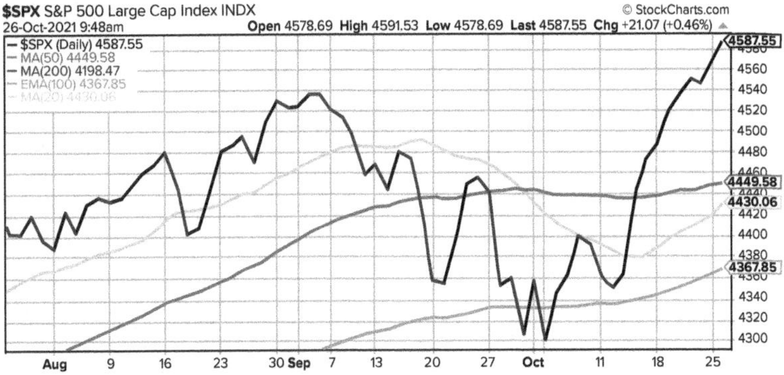

ABBILDUNG 12.1 Gleitende Durchschnitte.
(Mit freundlicher Genehmigung von StockCharts.com.)

Trading-Signale des gleitenden Durchschnitts

Hier die wichtigsten Signale, auf die Sie bei der Verwendung gleitender Durchschnitte achten sollten:

1. **Kaufen.** Steigt der Index oder die Aktie *über* die gleitenden 50-, 100- oder 200-Tage-Durchschnitte und *bleibt darüber*, ist dies häufig ein Kaufsignal. Setzen Sie andere Indikatoren ein, um das Kaufsignal zu bestätigen.
2. **Verkaufen.** Fällt der Index oder die Aktie *unter* die gleitenden 50-, 100- oder 200-Tage-Durchschnitte und *bleibt darunter*, ist dies oft ein Verkaufssignal. Setzen Sie auch hier andere Indikatoren ein, um das Signal zu bestätigen.

> ***Hinweis:*** Je kürzer das Zeitintervall (wie etwa 14- und 20-tägige gleitende Durchschnitte), desto mehr Signale werden erzeugt.

> ***Ein Tipp:*** Viele Trader ermitteln mit den gleitenden Durchschnitten *Unterstützungs-* und *Widerstands*niveaus, die im letzten Kapitel behandelt wurden.

Kurzfristige Trader suchen oft mit gleitenden 14- und 20-Tage-Durchschnitten auf einem Tageschart nach Signalen. Ein Swingtrader nutzt vermutlich den gleitenden 50-Tage-Durchschnitt. Langfristige Anleger orientieren sich bei Kauf- und Verkaufssignalen am gleitenden 200-Tage-Durchschnitt. Für aussagekräftigere langfristige Signale erwägen Sie den Einsatz von gleitenden Durchschnitten im wöchentlichen (und nicht im täglichen) Zeitraum.

Ein einfaches Trading-System, das sich für langfristige Anleger bewährt hat, ist es, die Indizes zu kaufen, wenn sie über ihren gleitenden 200-Tage-Durchschnitt steigen, und zu verkaufen, wenn sie darunterfallen. Diese einfache Strategie hat zwar in der Vergangenheit konstante Gewinne gebracht, garantiert aber nicht, dass sie auch in Zukunft funktionieren wird. Dennoch hat sie sich über viele Jahrzehnte hinweg als wirksame Strategie erwiesen.

Sie sollten Ihre Handelsentscheidungen nicht nur auf gleitende Durchschnitte (oder irgendeinen anderen technischen Indikator) stützen, dennoch ist dieser Indikator einer der effektivsten, die je entwickelt wurden. Wenn ich einen Indikator wählen müsste, der mir bei Handelsentscheidungen hilft, würde ich mich für gleitende Durchschnitte entscheiden.

> ***Hinweis:*** Ein weiterer starker Indikator, der die gleitenden Durchschnitte auf ein noch höheres Niveau hebt, ist der MACD (Moving Average Convergence Divergence). Es ist ein komplexer, aber äußerst nützlicher Indikator, den ich in meinem Nachfolgebuch „Wie man an Aktienmärkten Geld verdient" behandle.

Gleitende Durchschnitte sind nicht perfekt

Die größte Kritik an gleitenden Durchschnitten ist die langsame Reaktion auf die Marktlage, wodurch ihre Signale oft zu spät kommen. Daher werden gleitende Durchschnitte auch „rückständige" Indikatoren genannt. Andererseits sind gleitende Durchschnitte nicht dazu gedacht, Höchst- oder Tiefststände zu erfassen, sondern um Trends zu erkennen. Allein aus diesem Grund ist es äußerst lohnenswert, gleitende Durchschnitte in einem Diagramm zu verwenden.

Der Relative-Stärke-Index

Zusammen mit der Stochastik ist der Relative-Stärke-Index (RSI) bei Tradern sehr beliebt, da sich mit ihm feststellen lässt, ob ein Wertpapier überkauft oder überverkauft ist. Der RSI wird in der Regel am oberen Rand jedes Charts angezeigt. Wenn er nicht sichtbar ist, wählen Sie den RSI aus dem Dropdown-Menü des Charts.

J. Welles Wilder, ein Flugzeugmechaniker und Ingenieur, entwickelte den RSI im Jahr 1976, nachdem er gelernt hatte, wie man mit Rohstoffen handelt. Der RSI ist ein einfacher, aber effektiver technischer *Oszillator*, der zwischen 0 und 100 „oszilliert", also sich auf und ab bewegt. Genauer gesagt ist er ein einliniger Momentum-Oszillator, der sich bei einer Standardeinstellung von 14 Tagen zwischen 0 und 100 bewegt.

Auch wenn er auf komplizierten mathematischen Formeln beruht, ist der RSI extrem einfach zu verwenden und zu deuten. Sie können den RSI auf jedem Zeitrahmen verwenden, die meisten nutzen ihn jedoch für einen täglichen oder wöchentlichen Zeitraum.

Der RSI lässt sich am besten zur Warnung vor möglichen Umkehrungen einsetzen. Wenn eine Aktie *überkauft* ist, kann der Kurs zwar weiter steigen, aber die Wahrscheinlichkeit einer Umkehrung steigt erheblich. Bedenken Sie, dass eine Aktie über lange Zeiträume überkauft bleiben kann, bevor sie sich umkehrt. Dennoch warnt der RSI davor, dass sich die Aktie in der Gefahrenzone befindet.

Im Gegensatz dazu kann eine Aktie, die *überverkauft* ist, zwar weiter fallen, aber die Wahrscheinlichkeit einer Umkehrung ist gestiegen. Auch hier kann eine Aktie über lange Zeiträume überverkauft bleiben, bevor sie sich umkehrt.

RSI-Signale

Hier die zwei wichtigsten Signale, die beim RSI zu beachten sind:

1. **Überkauft.** Wenn die RSI-Linie den Wert von 70 übersteigt und darüber bleibt, ist das ein Signal für einen überkauften Markt.
2. **Überverkauft.** Wenn die RSI-Linie unter 30 fällt und darunterbleibt, ist das ein Zeichen für einen überverkauften Markt.

Falls Sie eine Aktie besitzen, die in der Gefahrenzone liegt (über 70 für überkauft oder unter 30 für überverkauft), ist es zwar möglich, dass sie ihre Richtung ändert, der RSI kann Ihnen den genauen Zeitpunkt aber nicht nennen. Ich habe zum Beispiel erlebt, dass der RSI bei bestimmten Aktien die 90er-Marke erreicht hat und der Aktienkurs trotzdem weiter gestiegen ist. Obwohl die Aktie völlig überkauft war, wurde sie sogar noch überkaufter.

Fällt der RSI dagegen unter 30, ist das ein leuchtend rotes Warnzeichen, dass die entsprechende Aktie oder der Index überverkauft ist. Wie gesagt, muss es nicht sofort zu einer Umkehr kommen, aber es weist darauf hin, dass übermäßig viel verkauft wurde. Das zugrunde liegende Wertpapier ist fällig für eine Erholungsrally.

Vorsicht ist jedoch geboten, wenn Sie den RSI zum Timing des Marktes verwenden. Verwenden Sie den RSI vielmehr als ein Signal, das Ihnen anzeigt, wenn ein Wertpapier übermäßig nach oben oder nach unten tendiert. Erfahrene Fachleute werden ihn für Timing-Zwecke verwenden, aber am nützlichsten ist er als Frühwarnsystem. Betrachten Sie die Begriffe *überkauft* und *überverkauft* eher als flexible Richtlinien und nicht als strikte Regel. Ein Fehler, den Anfänger manchmal machen, ist es, eine Aktie zu verkaufen, sobald der RSI 70 erreicht. Dann sehen sie schockiert zu, wie die entsprechende Aktie weiter steigt und noch überkaufter wird.

Weder ist es unbedingt ein Verkaufssignal, wenn der RSI 70 erreicht, noch ein Kaufsignal, wenn der RSI 30 erreicht. Überkauft und überverkauft sind wie „heiße und kalte Werte auf einem Thermometer“, wie es der Trader Alexander Elder ausdrückte.

> ***Hinweis:*** Sie können den RSI auf einem Tages- oder einem Wochenchart betrachten. Ich habe festgestellt, dass der RSI auf Wochenbasis ein gleichmäßigeres, weniger volatiles Signal liefert, besonders in Verbindung mit Indizes wie dem S&P 500, Nasdaq oder Dow oder mit ETFs wie SPY und QQQ.

Abbildung 12.2 zeigt den RSI im oberen Bereich des SPX-Tagescharts.

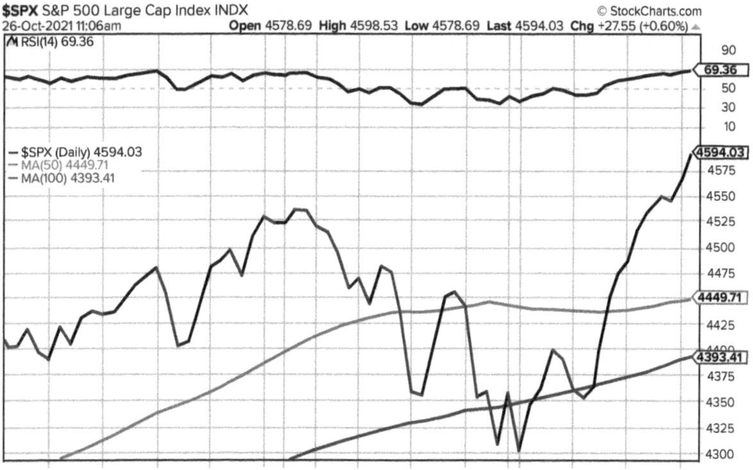

ABBILDUNG 12.2 RSI.
(Mit freundlicher Genehmigung von StockCharts.com.)

Hinweis: Wie Sie in Abbildung 12.2 sehen können, zeigt der RSI an, dass der SPX (S&P 500 Index) bei 69,36 extrem überkauft ist. Kein Wunder, dass der SPX kurz nach der Aufnahme dieses Screenshots einbrach.

Wie Sie den RSI zum Traden verwenden

Als Anfänger fragen Sie sich vielleicht, wie Sie vorgehen sollten, wenn sich der RSI über 70 (überkauft) oder unter 30 (überverkauft) bewegt. Wie bereits erwähnt, lässt sich mit dem RSI nicht genau bestimmen, wann Sie kaufen oder verkaufen sollten. Es gibt andere Indikatoren wie die Stochastik, die bei dieser Entscheidung helfen. (Die Stochastik, die in meinem Begleitbuch erläutert wird, ist ein hoch entwickelter Momentum-Oszillator, der für erfahrene Trader nützlich ist.)

Wie gesagt, nur weil der RSI sagt (also signalisiert), dass Ihre Aktie überkauft oder überverkauft ist, heißt das nicht, dass Sie sofort verkaufen sollten. Er besagt lediglich, dass sich die Aktie in einer Gefahrenzone befindet und das Risiko einer Umkehr besteht. Sie könnte sich bald oder erst in Wochen umkehren. Der Punkt ist, dass Sie wahrscheinlich mit dem Feuer spielen, wenn Sie diese Aktie zu lange halten.

Für Anleger ist diese Information eher unbedeutend, da sie die Aktie vermutlich halten werden, egal wie sie sich entwickelt. Trader wollen jedoch wissen, wann eine Aktie überkauft oder überverkauft ist. Obwohl es in Ordnung ist, die Position zu halten, sollten Sie bedenken, dass dieser Oszillator auf eine bevorstehende Umkehr hinweist (auch wenn niemand weiß, wann).

RSI-Beschränkungen

Sie sollten wissen, dass weder der RSI noch irgendein anderer Indikator oder Oszillator fehlerfrei ist. Wenn es so wäre, würde jeder Handel perfekt funktionieren. Oszillatoren wie den RSI zu verwenden, ist oft mehr Kunst als Wissenschaft. Die Indikatoren sind auf komplexe mathematische Gleichungen gestützt, also eine Wissenschaft, aber sie für Handelsentscheidungen zu nutzen ist eine Kunst.

Auch wenn die RSI-Signale einfach zu deuten sind, sind sie nicht perfekt. Zum einen erzeugt der RSI viele Signale, von denen einige falsch sind. Daher sollten Sie nicht auf jedes Signal reflexartig reagieren. Es empfiehlt sich, den RSI auf einem Wochenchart (und nicht auf einem Tageschart) zu verwenden, da es weniger Signale und damit weniger mögliche Fehlsignale gibt.

Wenn der RSI anzeigt, dass bestimmte Aktien überkauft oder überverkauft sind, handeln viele Trader nicht sofort, sondern beobachten die Aktie eine Zeit lang, bevor sie kaufen oder verkaufen.

> *Hinweis:* Mir ist aufgefallen, dass, wenn der RSI einen überkauften oder überverkauften Marktindex wie den SPX anzeigt (über 70 oder unter 30) und eine Zeit lang in diesem Bereich bleibt, die Chancen für eine Trendwende hoch sind.

Volumen: Ein unterschätzter, aber wichtiger Indikator

Das Volumen ist die Anzahl der Aktien, die in einem bestimmten Zeitraum gehandelt werden. Es ist der Treibstoff, der die Aktienkurse nach oben oder unten bewegt. Fachleute haben das Volumen meist am unteren Rand ihrer Charts stehen und beobachten es genau. Anhand der Volumenbalken können sie feststellen, ob das Volumen stark oder schwach ist. Das Volumen zeigt auch an, ob sich eine Aktie aufgrund eines echten Kauf- oder Verkaufsinteresses bewegt.

Heutzutage werden an den Börsen der Welt Milliarden von Aktien gehandelt. Der Großteil dieses Tagesvolumens wird von institutionellen Tradern oder Hochfrequenz-Tradern (Algorithmus oder Algo) generiert.

Ein höheres oder niedrigeres Volumen hat Tradern schon immer Hinweise geliefert. Wie in Kapitel 11 erläutert, ist es ein positives Zeichen, wenn der Markt (eine Aktie oder ein ETF) bei hohem Volumen steigt. Es bestätigt den Aufwärtstrend. Fällt der Markt (eine

Aktie oder ein ETF) hingegen bei hohem Volumen, ist das ein negatives Zeichen. Es bestätigt den Abwärtstrend.

> *Fazit:* Anhand des Volumens können Trader feststellen, ob ein Aufwärts- oder Abwärtstrend stark ist und sich möglicherweise in dieselbe Richtung fortsetzt. Je höher das Volumen, desto stärker der Trend (theoretisch).

Bollinger-Bänder

Bollinger-Bänder bestehen aus zwei Komponenten. Erstens gibt es ein *oberes* und ein *unteres Band*, die in Blau oder Schwarz dargestellt werden. Ferner gibt es zwischen den beiden Bändern eine gepunktete Linie in der Mitte. Das ist der standardmäßige einfache gleitende 20-Tage-Durchschnitt.

Hier liegt der Schlüssel: Der Aktienkurs tendiert dazu, zwischen dem oberen und dem unteren Band hin und her zu springen. Der Kurs dreht und wendet sich unabhängig von den Bollinger-Bändern. Viele Trader wissen nicht, dass die 20-Tage-Linie des gleitenden Durchschnitts ein wichtiger Bestandteil der Bollinger-Bänder ist. Es ist ein „gleitender" Durchschnitt, weil er sich laufend an die ständig wechselnden Aktienkurse anpasst, die in die Formel eingefügt werden.

Diese beiden Bänder sind mit Absicht (und Genialität) so angelegt, dass sie zwei *Standardabweichungen* über dem gleitenden 20-Tage-Durchschnitt liegen. Damit eine Aktie (oder der Markt) die oberen oder unteren Bänder durchbricht, muss sie sehr stark schwanken. Die *Standardabweichung* wird in der Statistik verwendet, um das Risiko zu messen.

Zwei Standardabweichungen liegen weit außerhalb der Norm. Wenn also eine Aktie eines der beiden Bänder berührt oder durchbricht, ist dies ein Warnzeichen. Eine Aktie verbleibt gewöhnlich nicht allzu lange in diesem Zustand, bevor sie ihre Richtung ändert, es sei denn, die Dynamik ist überwältigend stark.

Grundsätzlich gilt: Steigt der Aktienkurs über den gleitenden 20-Tage-Durchschnitt, ist das ein bullishes Zeichen. Liegt er darunter, ist das ein bearishes Zeichen. Sie werden sehen, dass die Bollinger-Bänder weit mehr als nur ein einfaches Kreuzungssignal darstellen.

> ***Hinweis:*** Da Bollinger-Bänder über dem Aktienchart angezeigt werden, können die vier Linien für manche Trader verwirrend sein. Nach ein paar Übungseinheiten wird es jedoch meist klarer.

Hier sind zwei der grundlegendsten Bollinger-Bänder-Signale:

- **Überkauft.** Durchbricht der Kurs einer Aktie (oder eines Marktes) das obere Band, befindet sich das Wertpapier im überkauften Bereich.
- **Überverkauft.** Durchbricht der Markt- (oder Aktien-)Preis das untere Band, befindet sich das Wertpapier im überverkauften Bereich.

Abbildung 12.3 zeigt die oberen und unteren Bollinger-Bänder in einem Chart.

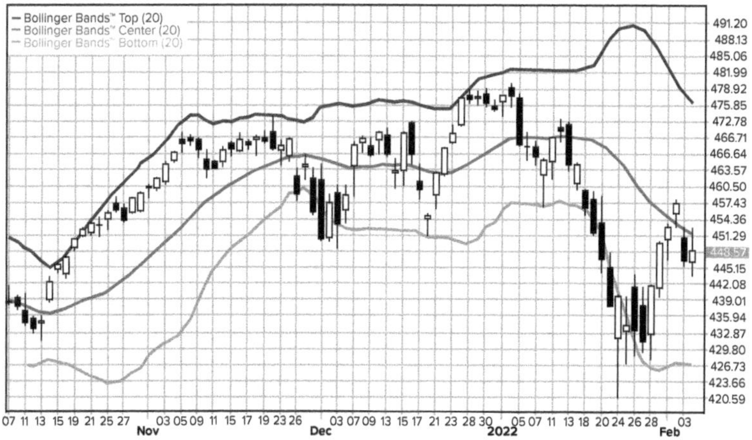

ABBILDUNG 12.3 Bollinger-Bänder.
(Mit freundlicher Genehmigung von BollingerBands.us.)

> *Zur Erinnerung:* Eine überkaufte oder überverkaufte Aktie bedeutet nicht, dass eine Trendwende unmittelbar bevorsteht. Wie Sie inzwischen wissen, können Aktien über lange Zeiträume überkauft oder überverkauft bleiben.

• • • • • •

Ich hoffe, es hat Ihnen gefallen, etwas über einige der wichtigsten Indikatoren und Oszillatoren der Technischen Analyse zu lesen. Bevor wir fortfahren, möchte ich noch auf einige der Probleme hinweisen, die nicht nur Indikatoren, sondern die Technische Analyse generell betreffen.

Die Probleme mit der Technischen Analyse

Kritiker der Technischen Analyse behaupten, dass das Lesen von Aktiencharts mit der Wahrsagerei aus Teeblättern vergleichbar ist. Sie behaupten, es sei nicht möglich, die Zukunft auf der Grundlage von Ereignissen in der Vergangenheit vorherzusagen. Kritiker behaupten, dass die Technische Analyse nicht beweisbar sei (aber diejenigen, die ihren Lebensunterhalt mit der Technischen Analyse verdienen, belächeln diese Kritik nur).

Das bedeutet jedoch nicht, dass die Technische Analyse perfekt ist. Das größte Problem ist, dass die Signale nicht immer leicht zu deuten sind, und schlimmer noch, man erhält oft falsche oder unvollständige Informationen. Im Nachhinein scheint alles klar zu sein, aber mitten im Trade ist es überhaupt nicht klar, und es kommt häufig zu Fehlern.

Die Technische Analyse ist zwar nicht fehlerfrei, doch sollten Anleger und Trader diese Methode grundsätzlich verstehen und wissen, wie man Aktiencharts liest und – noch wichtiger – wie man Indikatoren und Oszillatoren deutet.

Wenn Sie die Technische Analyse anwenden wollen, halten Sie sie einfach. Sie brauchen nur eine Handvoll Indikatoren und Oszillatoren.

Sie wollen keinesfalls so viele widersprüchliche Signale erhalten, dass Sie Angst haben, den falschen Trade zu machen.

• • • • • •

Damit schließen wir das Thema Indikatoren und Oszillatoren ab. Ich hoffe, dass ich Ihnen genug Informationen geliefert habe, um Ihre Neugierde auf weitere Einblicke in die Technische Analyse zu wecken.

Wenn Sie dieses Thema fasziniert und Sie mehr darüber erfahren möchten, empfehle ich Ihnen mein Folgebuch „Wie man an Aktienmärkten Geld verdient“, das sich mit der Verwendung dieser technischen Hilfsmittel (und anderer Methoden) befasst, um Gewinne zu erzielen.

DER VIX

Es gibt bestimmte Indikatoren, die uns auf psychologische Anzeichen hinweisen, dass Menschen zu ängstlich oder zu gierig werden könnten. Zu wissen, wo die Masse (an der Wall Street „Herde“ genannt) ihr Geld anlegt, hilft Ihnen bei der Investitionsentscheidung Ihres Geldes.

Wenn Sie herausfinden, wo die Massen investieren, ist es manchmal klug, das Gegenteil zu tun! Die Stimmungsanalyse, die ich „umgekehrte Psychologie“ nenne, misst die Stimmung am Markt. Der beliebteste Stimmungsindikator ist der VIX (der Chicago Board Options Exchange Volatility Index).

Der VIX prognostiziert die Volatilität des S&P 500 Index in den nächsten 30 Tagen anhand der impliziten Volatilität einer Gruppe von Kauf- und Verkaufsoptionen, die aus dem Geld sind. (*Hinweis:* Optionen sind einfache Verträge, die es ermöglichen, Aktien eines bestimmten Wertes zu einem bestimmten Preis für eine begrenzte Zeit zu kaufen [Call] oder zu verkaufen [Put]). Der VIX gibt nützliche Hinweise darauf, wie Optionshändler die Marktvolatilität in den nächsten 30 Tagen einschätzen. Er wird häufig als

Kontraindikator verwendet. Wenn sich zum Beispiel der Aktienmarkt nach unten bewegt, sind die Optionshändler bearish, und die Nachfrage nach Verkaufsoptionen übersteigt das Angebot, was die Optionspreise nach oben treibt. Wenn der Aktienmarkt sinkt und die Nachfrage nach Verkaufsoptionen steigt, schnellt der VIX in der Regel in die Höhe.

Steigt der Aktienmarkt hingegen, sind die Anleger selbstzufriedener und kaufen weniger Put-Optionen, und die implizite Volatilität sinkt und somit auch der VIX.

Es erscheint vermutlich kontraintuitiv, dass sich der Markt nach einem Rückgang des VIX nach unten bewegt, wenn die Optionskäufer übermäßig bullish und selbstzufrieden sind. Doch genau so funktionieren Kontraindikatoren. Sind Optionskäufer beispielsweise übermäßig bearish und ängstlich, wie es ein steigender VIX anzeigt, dürfte der Markt nach oben tendieren.

Wenn der VIX einen Wert von 40 übersteigt, kommt es in der Regel zu Panikkäufen von Put-Optionen aus Schutz- und Spekulationsgründen.

In Zeiten extremer Volatilität kann der VIX sogar noch höher steigen (über 50), aber die Angst und die Panik halten meist nicht lange an. Für alle, die nicht so denken wie die Masse, ist dies eine Kaufgelegenheit.

Obwohl der VIX nicht dazu gedacht war, Tradern die Angst auf dem Markt zu zeigen, wurde er hauptsächlich zu diesem Zweck verwendet. Tatsächlich trägt der VIX auch den Spitznamen „Angstindex".

> *Ein Tipp:* Verwenden Sie den VIX nicht, um den Markt zu timen. Verschaffen Sie sich mit ihm vielmehr einen Überblick über die Marktstimmung.

Wenn der VIX im Keller ist

Befindet sich der VIX hingegen im „Keller" (unter 20), ist der Markt in der Regel ruhig und die Angst der Optionshändler ist gering. Der VIX kann über lange Zeiträume hinweg niedrig bleiben, bevor er schließlich ansteigt.

Wenn der VIX unter 12 fällt, weist er darauf hin, dass die Selbstzufriedenheit ein extrem hohes Niveau erreicht hat. Wenn das der Fall ist, dürfte der

Markt am oder nahe dem Höchststand sein. (Es gibt ein Sprichwort: „When the VIX is low, it's time to go. When the VIX is high, it's time to buy." Also: Wenn der VIX niedrig ist, ist es Zeit zu gehen. Wenn der VIX hoch ist, ist es Zeit zu kaufen.)

Der VIX ist kein perfekter Indikator. Zwar lassen sich damit emotionale Extrempunkte gut erkennen, doch sind die Erfolgsaussichten für das Erkennen von Marktspitzen sehr schlecht. Der VIX kann über Monate oder Jahre hinweg niedrig bleiben, ohne ein Kauf- oder Verkaufssignal auszulösen. Er erkennt zwar selbstgefällige oder panikgetriebene Märkte, aber eine bevorstehende Trendwende konnte er bisher nicht vorhersagen.

• • • • • •

Im nächsten Kapitel steigen wir etwas tiefer in die Materie ein und lernen verschiedene Chartmuster kennen. Manche Trader lieben es, nach Mustern zu traden, während andere lieber Indikatoren und Oszillatoren verwenden (weil sie so präzise sind). Viele Trader nutzen beide Methoden.

Jeder, der Muster in einem Chart gut erkennen kann, wird diese Einführung in die wichtigsten Muster gern lesen.

Kapitel 13

GRUNDLEGENDE CHARTMUSTER

Für Trader, die eine visuelle Marktanalyse bevorzugen, ist dieses Kapitel interessant. Viele Fachleute traden anhand von Chartmustern, während andere Indikatoren und Oszillatoren bevorzugen. Die meisten Trader verwenden eher beide Methoden.

Chartmuster sind ein beliebtes Merkmal der Technischen Analyse. Fachleute suchen ständig nach Mustern, die Hinweise auf künftige Kurstrends liefern. Die Theorie besagt, dass bestimmte Muster immer wieder auftreten, weil Anleger nach dem gleichen Muster traden.

Anhand von Chartmustern können Fachleute unter anderem beurteilen, wie die Masse tradet. Einige Muster treten sogar so häufig auf, dass Experten ihnen Namen geben. Obwohl kein Aktienkursmuster idiotensicher ist (viele Muster werden gebildet, entwickeln sich aber nicht oder es gibt falsche Signale), sind Chartmuster oft gut genug, um als wertvolles Werkzeug zu dienen.

Ein geübter Fachmann erkennt nicht nur die Muster, er tradet auch anhand der Informationen, die sie liefern. Treten bestimmte Muster auf, können sie Tradern helfen, katastrophale Folgen zu vermeiden und profitable Gelegenheiten zu erkennen.

Die Fähigkeit, Chartmuster zu erkennen, erfordert Fachwissen und Erfahrung. Mit etwas Übung sind Sie vielleicht in der Lage, einige grundlegende Muster zu erkennen. Traden Sie jedoch nicht, nur weil Sie ein bestimmtes Muster in einem Chart sehen.

Ich biete Ihnen hier eine Einführung in die Chartmuster. Für weitere Informationen stehen Ihnen mehrere Bücher zu diesem Thema zur Verfügung. Im Anhang finden Sie eine Auswahl dieser Bücher.

Die häufigsten Chartmuster

Die folgenden Muster sind einfach zu deuten und treten recht häufig in Aktiencharts auf. Sie senden frühe Warnsignale, dass etwas Wichtiges passieren könnte, wobei es leider keine Garantie dafür gibt, dass diese Muster zu profitablen Geschäften führen.

Doppelboden-Umkehrung (Bullish: Sieht aus wie ein W)

Der *Doppelboden* ist ein leicht erkennbares Chartmuster, das wiederholt in einem Aktienchart auftaucht. Noch hilfreicher ist das deutlich erkennbare Muster, wenn Sie sich den Gesamtmarkt wie den Dow oder den S&P 500 (SPX) ansehen.

Die Doppelbodenformation in Abbildung 13.1 sieht aus wie ein W. Die Aktie (oder der Index) fällt auf ihre Unterstützungsniveaus, schlägt für eine gewisse Zeit nach oben um und kehrt dann zur Unterstützung zurück, ohne sie zu durchbrechen. An diesem Punkt wird die Aktie von einem potenziell bearishen Muster zu einem bullishen.

Die Doppelbodenformation kann sich schnell entwickeln, oder es kann mehrere Wochen oder Monate dauern, bis sie vollständig ausgebildet ist. Wenn der Aktienkurs vom zweiten Boden abprallt, wird das Muster durch das erhöhte Volumen bestätigt.

Abbildung 13.1 zeigt die Doppelboden-Umkehrung in einem Chart. Wie bei jedem anderen Chartmuster muss auch dieses Muster nicht unbedingt ein handlungsrelevantes Signal darstellen. Wie immer gilt: Bestätigen Sie es mittels anderer technischer Indikatoren oder Oszillatoren, bevor Sie tatsächlich traden.

ABBILDUNG 13.1 Doppelboden-Umkehrung.
(Mit freundlicher Genehmigung von StockCharts.com.)

Doppeltop-Umkehrung (Bearish: Sieht aus wie ein M)

Das *Doppeltop* ist ein weiteres häufiges bearishes Muster. Wie Sie vermutlich schon erraten haben, ist es das Gegenteil des Doppelbodens. Es hat zwei Spitzen nahe demselben Preisniveau und ähnelt einem M. Wenn der Aktienkurs nach einem Aufwärtstrend den Widerstand nach zwei Versuchen nicht durchbrechen konnte, ist der Aufwärtstrend womöglich erschöpft.

Kann die Aktie das Hoch des zweiten Teils nicht durchbrechen und kehrt sich um, ist das Doppeltop-Muster vollendet. Suchen Sie bei fallenden Aktienkursen nach erhöhtem Volumen, um das bearishe Muster zu bestätigen.

Abbildung 13.2 zeigt die Doubletop-Umkehrung.

Sobald das Doppeltop-Muster erkannt ist, können Trader, die Mustern folgen, bei der Aktie oder dem Index bearish werden. Wie Sie sehen, nahm das Volumen zu, als der Aktienkurs die Unterstützung durchbrach.

> *Hinweis:* Es wäre falsch, nur aufgrund eines Doppeltop-Musters auf einem Aktienchart eine bearishe Position einzunehmen. Doppeltops sind leicht zu erkennen, aber nur wenige führen tatsächlich zu einem profitablen Trade.

ABBILDUNG 13.2 Doppeltop-Umkehrung.
(Mit freundlicher Genehmigung von StockCharts.com.)

Das Kopf-Schulter-Umkehrmuster

Eines der zuverlässigsten Muster ist das Kopf-Schulter-Umkehrmuster. Es weist auf einen Kaufstopp an der Spitze des Aufwärtstrends hin und auf einen bevorstehenden Richtungswechsel. Wenn Sie sich den Chart in Abbildung 13.3 ansehen, werden Sie sehen, dass das Muster wirklich aussieht wie ein Kopf mit Schultern.

Die Aktie bewegt sich nach oben, zieht sich aber zurück, um die linke Schulter zu bilden. Dann steigt sie an, um den Kopf zu bilden, eine Bewegung, die bullish erscheint. Dann fällt sie auf ihr Unterstützungsniveau oder ihre Nackenlinie zurück, die sich aus den beiden Unterstützungsniveaus zusammensetzt.

Die Aktie steigt wieder an, um die rechte Schulter zu bilden, durchbricht jedoch nicht den Widerstand. Behalten Sie die Nackenlinie im Auge, denn wenn die Aktie die Nackenlinie durchbricht, sind die Chancen auf einen Gewinn auf der Short-Seite (oder durch den Ausstieg aus einer bestehenden Long-Position) hoch.

Die durchbrochene Nackenlinie bestätigt, dass der Aufwärtstrend der Aktie nicht nur beendet ist, sondern sich umgekehrt hat. Wenn sich das Muster durchsetzt, nimmt zudem das Volumen ab, bis es nahezu verschwunden ist. Sobald die Aktie jedoch unter die Nackenlinie fällt, kann das Volumen mit dem Einbruch der Aktie zunehmen (was von Experten erwartet wird).

Abbildung 13.3 zeigt ein Kopf-Schulter-Umkehrmuster.

ABBILDUNG 13.3 Kopf-Schulter-Umkehrung.
(Mit freundlicher Genehmigung von StockCharts.com.)

Fortgeschrittene Chartmuster

Der folgende Abschnitt richtet sich an Trader, die von Mustern fasziniert sind und mehr dazu lernen möchten. Müssen Sie wirklich wissen, wie man diese Muster in einem Chart erkennt, um erfolgreich zu sein? Nein! Viele hochprofitable Trader achten gar nicht auf Muster. Es ist letztlich eine persönliche Entscheidung. Diejenigen, die sich für fortgeschrittene Chartmuster interessieren, sollten jedoch weiterlesen.

Kurslücken

Das nächste Chartmuster – sogenannte Gaps – taucht häufig in Charts auf. Dieses Muster unterscheidet sich von den anderen und wird oft zu einem umsetzbaren Trade. Seien Sie jedoch vorsichtig, wenn *Gaps (Lücken)* auftauchen, denn es ist einfach, Geld zu verlieren und getäuscht zu werden, wenn der Aktienkurs wild in verschiedene Richtungen schwankt.

Gaps sind ein gängiges Muster, das als leere oder offene Stellen in einem Chart auftaucht. Das heißt, dass in dieser Preisspanne kein Trade stattgefunden hat, da der Aktienkurs diese „Lücke" im Chart übersprungen hat. Stellen Sie sich ein Gap als einen leeren Bereich vor, ähnlich wie ein Weitspringer, der rennt, springt und landet. Der Bereich, über den er gesprungen ist, ist ein Gap.

Nach einem Gap tritt in der Regel ein außergewöhnliches Volumen auf, entweder durch intensive Käufe (*Gap Up*) oder Verkäufe (*Gap Down*). Ein Beispiel: Über Nacht wird bekannt, dass ein neues Medikament eines Pharmaunternehmens, ZYX, von der FDA (US Food and Drug Administration) als neuer Grippeimpfstoff zugelassen wurde.

Wenn diese Nachricht mitten in der Nacht bekannt gegeben wird, überwältigen die Käufer die Verkäufer. Der letzte Schlusskurs von ZYX lag bei 66 Dollar pro Aktie. Jetzt springt ZYX in die Höhe. Vorbörslich wird ZYX für 71 Dollar je Aktie gehandelt.

Wenn der Markt um 9:30 Uhr EST öffnet, springt der Aktienkurs von ZYX von seinem letzten Schlusskurs von 66 Dollar auf erstaunliche 74 Dollar pro Aktie. Auf dem Chart sieht man eine Lücke zwischen 66 und 74 Dollar, in der noch keine Aktien gehandelt wurden. Das Ungleichgewicht zwischen Käufern und Verkäufern (also Angebot und Nachfrage) wird auf einem Aktienchart als Lücke dargestellt. Gaps sind auf einem Tageschart deutlich sichtbar. Sie sind wichtig, da sie auf eine starke Kauf- oder Verkaufsnachfrage hinweisen, die die Käufer oder Verkäufer überwältigt hat. Gaps können jederzeit auftreten, auch vorbörslich oder nachbörslich, am häufigsten aber nach einer Eilmeldung.

Fachleute haben vier Arten von Gaps identifiziert: *Breakaway*, *Runaway* (oder *Fortsetzung*), *Erschöpfung* und *Common*. Inwiefern ist das hilfreich? Angenommen, eine Ihrer Aktien springt nach Börseneröffnung bei starkem Volumen höher (Breakaway Gap). Dann geht ihr scheinbar die Luft aus und sie kommt zum Stillstand (Erschöpfungs-Gap).

Anhand der verschiedenen Gaps können Sie Kauf- oder Verkaufsentscheidungen treffen. Sie könnten zum Beispiel eine Aktie gewinnbringend verkaufen, wenn ein Breakaway Gap auftritt, oder Sie verkaufen bei einem Erschöpfungs-Gap.

Ein Tipp: Es ist hilfreich zu wissen, dass eine Aktie, die eine Lücke nach oben bildet, aber nicht weiter steigt, zurückkehren kann, um die Lücke zu schließen (und auf den Kurs vor der Lücke zurückfällt).

Die Lücke, die am häufigsten in einem Chart auftaucht, ist das sogenannte *Common Gap*. Solch eine ereignislose Kurslücke tritt auf, wenn zwischen dem Schluss- und dem Eröffnungskurs eine Lücke besteht, die jedoch unbedeutend gering ist (nur ein paar Cent). Common Gaps bieten in der Regel nicht viele Möglichkeiten zum Trading.

Ein *Breakaway Gap* hingegen ist auffällig und stellt eine potenziell profitable Trading-Gelegenheit dar. (Diese Gelegenheit umfasst Käufe im Aufwärtstrend oder Leerverkäufe beim Abwärtstrend.) Dieser Gap-Typ tritt auf, wenn eine Aktie bei einem weit überdurchschnittlichen Volumen ansteigt. Manche Trader versuchen, Breakaway Gaps gleich bei der Eröffnung zu kaufen (für Anfänger nicht ratsam, da Aktien kurz nach dem Gap oft die Richtung wechseln).

Wenn Sie sich für den Kauf eines Breakaway Gaps entscheiden (bedeutet nicht, ihm hinterherzujagen) und die Aktie weiter steigt, kann es sein, dass der starke Aufwärtstrend nicht nur einen Tag, sondern Wochen oder länger anhält. Niemand kann vorhersagen, wie lange dieser Trade andauern wird, daher ist es riskant, die Position zu halten, insbesondere direkt nach der Eröffnung. Breakaway Gaps tauchen oft zu Beginn eines Trends auf.

Ein *Runaway Gap* (oder *Fortsetzungs-Gap*) ähnelt einem Breakaway Gap, nur dass es in der Mitte eines Trends auftritt, während das Breakaway Gap einen neuen Trend einleitet. Sorgen Sie sich nicht, wenn Sie die verschiedenen Gaps nur schwer unterscheiden können. Sie lernen erst mit der Zeit, mit ihnen erfolgreich zu traden.

Schließlich gibt es noch das *Erschöpfungs-Gap*, das bei einer steigenden Aktie bei geringer als üblichem Volumen auftritt, dann aber bei sinkender Nachfrage und fallendem Aktienkurs schwächelt. Bei geringem Volumen oder wenig Enthusiasmus fällt der Aktienkurs.

Erschöpfungs-Gaps enden in der Regel mit einer Umkehrung, die zu einer rasanten Flucht aus der Aktie und einem Ansturm von Verkaufsaufträgen führt. Sobald die erschöpften Aktien zurückgehen und die einst bullishen Käufer zu bearishen Verkäufern werden, kann das Volumen steigen.

Trading-Tipp: Fast alle Gaps treten bei Markteröffnung auf (außer es gibt mitten am Tag eine Eilmeldung und die Aktie stellt den Handel ein). Machen Sie nicht den Fehler, sich in den ersten fünf Minuten in einen Trade zu stürzen, was in Trading-Kreisen als „Amateurstunde" bezeichnet wird.

Gap Up

Sobald eine Aktie nach der Eröffnung ausbricht und nach oben springt, geben Sie die Aktie auf. Meistens ist es zu spät, dem Kurs hinterherzujagen, und zu riskant, gegen ihn zu wetten. Der einzig sinnvolle Trade wäre, die Position bei einem Anstieg zu verkaufen, wenn Sie sie besitzen. Ansonsten lässt man am besten die Finger von Ausbrüchen, da diese sehr gefährlich sind. Einer meiner Trader-Freunde sagte einmal: „Spring nicht in den Moshpit."

Abbildung 13.4 zeigt eine Aktie, die bei der Eröffnung am 28. Oktober nach oben sprang.

ABBILDUNG 13.4 Gap Up.
(Mit freundlicher Genehmigung von StockCharts.com.)

Das Trading von Gaps ist nicht einfach

Das Problem mit Gaps ist, dass sich der Aktienkurs so schnell bewegt, dass nur die geschicktesten Trader davon profitieren können. Manchmal steigt eine Aktie, die eine Lücke aufweist, den ganzen Vormittag weiter an. Ein anderes Mal wechselt sie innerhalb von Minuten die Richtung. Viele Anfänger standen schon auf der falschen Seite eines Gaps und verloren viel Geld.

Angenommen, eine Aktie springt bei Börseneröffnung *nach unten* (vielleicht gab es negative Nachrichten über das Unternehmen). Viele Trader werden den Dip kaufen wollen, während die Aktie eine Kurslücke nach unten aufweist. An der Wall Street gibt es ein altes Sprichwort: „Greife nie in ein fallendes Messer", und genau das würden Sie mit einem Kauf bei einer Kurslücke nach unten (oder einem *Leerverkauf* bei einer Kurslücke nach oben) tun.

Folgendes ist das Problem: Niemand kann vorhersagen, ob die Aktie weiter fallen oder die Richtung ändern wird. In diesem Fall ist der Kauf einer Aktie, die eine Lücke nach unten aufweist (nicht nur einen Rückgang, sondern eine Lücke), im Grunde ein Glücksspiel und kein Trading. Anfänger sollten den Einstieg in diesen unberechenbaren Trade vermeiden.

Dreiecke, Wimpel und Flaggen

Wenn Sie dachten, Gaps seien verwirrend, warten Sie, bis Sie über *Dreiecke, Wimpel* und *Flaggen* gelesen haben. Zu Ihrem Glück werde ich dieses Thema kurz halten, denn diese Muster sind vor allem für sehr erfahrene Trader nützlich.

Diejenigen, die an fortgeschrittenen Chartmustern interessiert sind, können eine Reihe von Büchern zurate ziehen (einige der besten finden Sie im Anhang). Versierte Trader nutzen ihre Trading-Software, um nach diesen Mustern zu suchen.

DREIECKE

Ein *Dreieck* ist Teil des bereits erwähnten Fortsetzungsmusters. Es handelt sich lediglich um eine Aktie, die sich weiter in dieselbe Richtung bewegt, vielleicht mit Pausen (Konsolidierung), aber der Trend bleibt intakt. Das Dreieck kann bullish oder bearish sein.

Es gibt drei Arten von Dreiecken: *aufsteigende, absteigende* und *symmetrische* (*Wimpel* und *Flaggen*).

- **Aufsteigendes Dreieck.** Das bullish *aufsteigende Dreiecksmuster* ist auf einem Chart zu erkennen, wenn zwei Linien zusammenlaufen und ein Dreieck bilden. Der Aktienkurs tendiert nach oben und steigt sogar über den Widerstand. Dieses Muster ist für viele Trader sehr attraktiv, da die Chancen für einen Ausbruch, bei dem der Aktienkurs in die Höhe schnellt, steigen.

  Abbildung 13.5 ist ein Beispiel für ein aufsteigendes Dreieck.
- **Absteigendes Dreieck.** Das bearish *absteigende Dreieck* ist das Spiegelbild des aufsteigenden Dreiecks. Der Aktienkurs fällt unter die Unterstützung und erreicht neue Tiefststände. Wenn die beiden Linien verschmelzen, bilden sie das Dreieck. Leerverkäufer freuen sich über ein absteigendes Dreieck, da die Chancen für einen Einbruch steigen.
- **Symmetrische Dreiecke.** *Wimpel* und *Flaggen* sind Teil der Dreiecksfamilie. Viele Experten glauben, dass Wimpel und Flaggen die zuverlässigsten Signale liefern. Es sind Fortsetzungsmuster, bei denen sich eine Aktie seitwärts bewegt, bevor sie ihren Trend nach oben oder unten fortsetzt.

ABBILDUNG 13.5 Bullish aufsteigendes Dreieck.
(Mit freundlicher Genehmigung von StockCharts.com.)

Wimpel Dieses Fortsetzungsmuster ähnelt einem kleinen Dreieck, aber seine Trendlinien bilden zusammen einen *Wimpel.* Prüfen Sie, ob das Volumen zunimmt, während das Muster entsteht, um den Trend zu bestätigen.

Abbildung 13.6 zeigt einen Wimpel in einem Aktienchart.

ABBILDUNG 13.6 Wimpel.
(Mit freundlicher Genehmigung von StockCharts.com.)

Flaggen Eine *Flagge* ist ein kurzfristiges Fortsetzungsmuster, das eine kurze Pause zeigt, bevor es wieder ansteigt. Prüfen Sie, ob das Volumen zunimmt, während das Muster entsteht, um den Trend zu bestätigen. Die Flagge sieht zwar einem Wimpel ähnlich, aber ihre Trendlinien sind parallel. Tatsächlich sieht das Muster auf einem Chart wie eine Flagge aus (und hat sogar einen eigenen Fahnenmast).

> *Hinweis:* Eine bearishe Flagge erscheint als umgekehrte Flagge in einem Aktienchart.

• • • • • •

Damit schließen wir die Technische Analyse ab. Nun ist es an der Zeit, einen Blick auf eine andere Methode zur Analyse von Aktien zu werfen: *die fundamentale Analyse.* Diese Methode verwenden langfristige Anleger, um geeignete Investitionen in Aktien von Unternehmen zu finden, die ein starkes Gewinn- und Umsatzwachstum aufweisen, wenig oder gar nicht verschuldet sind und oft mit „Kopf und Schultern" über der Konkurrenz stehen.

TEIL
5

EINFÜHRUNG IN DIE FUNDAMENTALANALYSE

Nachdem Sie nun die Grundlagen der Technischen Analyse gelernt haben, ist es Zeit, eine weitere beliebte Methode zur Aktienanalyse kennenzulernen: die *Fundamentalanalyse*. Wenn Sie in ein Unternehmen anhand seiner Erträge, Verschuldung oder Unternehmensführung investieren möchten, sind Sie hier genau richtig.

Im Mittelpunkt der Fundamentalanalyse steht nicht der Aktienkurs oder der Trend, sondern die Struktur des Unternehmens. Anfänger fragen oft: „Wie finde ich gute Aktien, die ich kaufen kann?“ Mithilfe der Fundamentalanalyse erhalten sie wertvolle Hinweise. Übrigens: In Kapitel 16 finden Sie ein unverzichtbares Interview mit dem legendären Fondsmanager Peter Lynch. Er setzte die Fundamentalanalyse ein, um hochwertige Aktien zu Schnäppchenpreisen zu finden. Er war bekannt dafür, Geschäfte zu besuchen, um Ideen für Aktien zu bekommen und zu beobachten, welche Geschäfte die meisten Kunden hatten. Er war der erste, der den Spruch prägte: „Investiere in das, was du kennst.“ Aus all diesen Gründen und mehr ist es Ihre Zeit wert, die Grundlagen der Fundamentalanalyse zu erlernen. Bereiten Sie sich auf ein Erlebnis vor, das langsamer und analytischer ist.

Kapitel 14

ES IST WIRKLICH FUNDAMENTAL

Die Fundamentalanalyse untersucht die zugrunde liegenden Daten eines Unternehmens. Mit anderen Worten: Sie erfahren alles über den Zustand des Unternehmens, das die Aktien ausgibt. Sie können beispielsweise die Einnahmen des Unternehmens betrachten, die Bilanz untersuchen oder den Schuldenstand des Unternehmens prüfen. Ein Unternehmen mit starken Fundamentaldaten hat nicht nur hervorragende Erträge, es lässt auch erwarten, dass das Unternehmen in den kommenden Jahren weiter wachsen und Gewinne erzielen wird.

Die Fundamentalanalyse zur Bewertung von Unternehmen ist die erste Wahl für langfristige Anleger. Anders als die Technische Analyse, die von kurzfristig ausgerichteten Tradern genutzt wird, erfordert die Fundamentalanalyse eine umfangreiche Recherche.

Leider nehmen sich viele Anleger nicht die Zeit, Unternehmen vor dem Kauf gründlich zu prüfen. Viele kaufen nur, weil sie einen Tipp bekommen oder im Internet über ein Unternehmen gelesen haben.

In Wahrheit fällt es vielen Menschen schwer, die Fundamentalanalyse anzuwenden und zu verstehen. Meist wird es umso schwieriger, je mehr Daten man sammelt. Das sollte Sie jedoch nicht von der Suche abhalten. Viele hervorragende Aktien sind von Anlegern entdeckt worden, die ihre „Sorgfaltspflicht" erfüllten, was diese Methode so wertvoll macht.

Was bringt die Fundamentalanalyse?

Wenn Sie eine Aktie kaufen, kaufen Sie nicht nur ein Stück Papier, sondern einen Teil eines Unternehmens. Deshalb sollten Sie das Unternehmen untersuchen und entscheiden, ob sich eine langfristige Investition im Vergleich zu anderen Unternehmen lohnt.

Mit der Fundamentalanalyse hoffen Sie, Unternehmen zu finden, die langfristig die besten Chancen auf gleichbleibende und steigende Gewinne bieten. Langfristige Anleger achten gewöhnlich auf die langjährige, nicht auf die heutige, wöchentliche oder monatliche Entwicklung einer Aktie.

Anleger nutzen die Fundamentalanalyse auch, um nach Aktien zu einem angemessenen Preis zu suchen, den Fundamentalanalysten als *fairen Wert* bezeichnen. Es ist mühsam, Unternehmen zu finden, deren Erträge künftig ebenso wachsen werden wie ihr Aktienkurs.

Wenn Sie alle Aspekte eines Unternehmens genau studieren und Ihre Analyse richtig ist, sollten Sie im Laufe der Zeit mit einem höheren Aktienkurs belohnt werden (auch wenn es dafür keine Garantie gibt). Glücklicherweise lassen sich viele Fakten (beispielsweise die Aktiva und Passiva des Unternehmens, die Erträge und die Höhe der Schulden) aus der Bilanz ablesen. Für diejenigen, die mit dem Einmaleins der Buchhaltung nicht vertraut sind: Eine *Bilanz* ist ein kurzer Finanzbericht des Unternehmens.

Auf kurze Sicht können die Kurse erstklassiger Unternehmen sinken. Sofern Ihre Analyse richtig ist und die langfristigen Aussichten des Unternehmens gut sind, müssen Sie sich über temporäre Rückschläge nicht sorgen.

Wenn Sie gern recherchieren und längerfristig denken, könnte die Fundamentalanalyse genau das Richtige für Sie sein. Die meiste Zeit widmen Sie der Suche und Identifizierung von starken, unterbewerteten Unternehmen und weniger dem Handel.

Wo Sie fundamentale Informationen finden

Wenn Sie diesen Weg gehen möchten, machen Sie es richtig. Sehen Sie sich als einen Aktiendetektiv, der die Wahrheit über die Finanzen eines Unternehmens aufdecken will. Ihr Ziel ist es, die Daten zu analysieren, um unterbewertete Unternehmen zu finden, die Ihre Investition wert sind, oder solche, die Sie meiden sollten.

Fundamentale Daten über Unternehmen finden Sie auf der Website Ihrer Brokerfirma. Sie sind auch auf Finanzseiten wie Bloomberg, Briefing, MarketWatch, Yahoo Finance und Google Finance verfügbar, um nur einige zu nennen.

Um mehr zu erfahren, lesen Sie die vierteljährlichen und jährlichen 10-Q-Berichte auf der Website der SEC (Securities and Exchange Commission). Die SEC fordert die Unternehmen auf, diese Angaben über ihre Datenbank EDGAR (Electronic Data Gathering, Analysis, and Retrieval) zu übermitteln. Der 10-Q-Bericht ist eine detaillierte Auskunft über die finanzielle Situation des Unternehmens. (Um diese Informationen zu finden, gehen Sie auf sec.gov und suchen Sie nach „EDGAR".)

Sieben Wege, die Fundamentaldaten eines Unternehmens zu analysieren

Schauen wir uns nun einige der Methoden der Fundamentalanalyse genauer an. Wie ich bereits sagte: Sehen Sie sich als einen Aktiendetektiv, der die Wahrheit über ein Unternehmen herauszufinden versucht.

Recherchieren Sie sorgfältig, um unschöne Überraschungen zu vermeiden.

1. Finden Sie starke und zukunftsträchtige Branchen

Finden Sie zunächst heraus, zu welcher Branche das Unternehmen gehört. Im Idealfall ist es ein einfaches und verständliches Unternehmen mit guten langfristigen Wachstumsaussichten. Der Aktienkauf von Unternehmen, die zu den Branchenführern gehören, sollte eines Ihrer Ziele sein. Vergleichen Sie das Unternehmen mit seinen Konkurrenten und halten Sie Ausschau nach aufstrebenden Newcomern.

Suchen Sie nach Unternehmen in profitablen Branchen wie Technologie, Onlinehandel, Immobilien und alkoholfreie Getränke, um nur einige zu nennen. Suchen Sie dann die Daten der stärksten Unternehmen in diesen Sektoren und analysieren Sie sie. Sie sollten erst dann Geld in eine Aktie investieren, wenn Sie das Konzept des Unternehmens verstehen.

Berücksichtigen Sie auch die Wirtschaftslage. Mitten in einer Rezession, wenn Arbeitsplätze rar sind und Menschen kämpfen, um schuldenfrei zu bleiben, erwägen Sie rezessionssichere Branchen wie Lebensmittel, Einzelhandel und Pharmazie. Schließlich müssen die Menschen essen, einkaufen und brauchen Medikamente, egal wie es der Wirtschaft geht.

Sobald die Krise überwunden ist und es viele Arbeitsplätze gibt, dürften Unternehmen, die wachsen und expandieren, wie die Technologiebranche, den Markt nach oben treiben. Ihre Zukunftsaussichten dürften hervorragend sein, da Verbraucher die neuesten Gadgets kaufen wollen.

Da es immer *Querdenker* gibt (die das Gegenteil von allen anderen tun), kaufen einige langfristige Anleger lieber Aktien aus Branchen, die aktuell unbeliebt sind, deren Wert jedoch in Zukunft hervorragend sein könnte. Das sind Unternehmen, deren Aktien vorübergehend unter Druck geraten sind. In vergangenen Rezessionen fielen einige großartige Unternehmen zusammen mit dem Rest des Marktes. Sie waren auch oft die ersten, die sich nach dem Ende der Rezession wieder erholten.

Zugegeben, es ist nicht einfach, Aktien zu kaufen, wenn alle verkaufen. Ein langfristiger Anleger sucht jedoch nach Schnäppchen, und so kann der Kauf von Aktien starker Unternehmen, die zeitweise Probleme haben, attraktiv sein. Suchen Sie mit fundamentaler (und Technischer) Analyse wie immer nach den „Rohdiamanten" unter den Unternehmen.

Fazit: Es ist einfacher und rentabler, Aktien aus robusten Branchen mit einer glänzenden Zukunft zu kaufen.

2. Finden Sie in jeder Branche das führende Unternehmen

Denken Sie an die Geschäfte, die viel Werbung machen und als Marke bekannt sind. Das sind die *Marktführer*. Diese Unternehmen sind sehr wahrscheinlich im S&P 500 Index und eventuell unter den 30 Unternehmen des Dow Jones Industrial Average (DJIA) vertreten.

Der Kunde ist König. Kaufen die Menschen die Produkte des Unternehmens, steigen die Erträge, was zu einem steigenden Aktienkurs führen dürfte. Um Marktführer zu finden, suchen Sie nach Unternehmen, die steigende Umsätze und Gewinne und geringe oder gar keine Schulden haben. Die Zukunftsaussichten solcher Unternehmen sind hervorragend.

Sobald Sie eine Branche mit den besten Erfolgschancen identifiziert haben, wählen Sie Unternehmen aus, die stärker und rentabler sind als ihre Konkurrenten. In der Vergangenheit haben der Personal Computer, das iPhone und iPad von Apple sowie das Internet für einen enormen Aufschwung im Technologiesektor gesorgt.

Alphabet und Amazon (und ähnliche Unternehmen) profitierten von der Umstellung auf den Onlineverkauf und ihre Aktien stiegen jahrelang in die Höhe. Unternehmen, die den Onlineverkauf langsam annahmen, wie Sears, JCPenney, Kmart und Tausende andere, erlitten einen Rückgang ihrer Aktienkurse, weshalb viele von ihnen bankrottgingen.

Ironischerweise hätte Sears, eines der ersten US-Unternehmen, das seinen Kunden ermöglichte, Produkte per Post zu bestellen, ein Internetstar werden können, wenn es dem Management gelungen wäre, die Onlinepräsenz des Unternehmens auszubauen. Leider gelang es der Unternehmensleitung nicht, aus der zunehmenden Beliebtheit des Onlineshoppings Kapital zu schlagen. Es überrascht nicht, dass Sears schließlich Konkurs nach dem US-Insolvenzrecht beantragte.

Schauen Sie sich als Aktiendetektiv sowohl die gesamte Branche als auch die einzelnen Unternehmen innerhalb dieser Branche an. Selbst wenn es der Branche gut geht, können Sie mit dem falschen Unternehmen Geld verlieren. Wenn Sie anhand der fundamentalen und Technischen Analyse die richtige Wahl treffen, ist es fast sicher, dass Sie mit der Zeit Geld verdienen (unter Vorbehalt, denn in Sachen Aktienmarkt ist nichts sicher).

Hinweis: Neben der Suche nach fundamentalen Daten im Internet sollten Sie sich auch den angesehenen *Value Line Investment Survey* ansehen, einen beliebten Newsletter, der von vielen Value-Investoren, darunter die Top-Investoren Warren Buffett und Peter Lynch, aufmerksam verfolgt wird.

Diese Zeitschrift ist in jeder öffentlichen Bibliothek kostenlos erhältlich oder kann kostenpflichtig online abonniert werden. Der *Value Line Investment Survey* enthält jede Menge fundamentaler Daten zu den einzelnen Unternehmen sowie eine hervorragende Analyse über die Zukunft einzelner Unternehmen.

3. Analysieren Sie die Bilanz

Wie bereits erwähnt, ist eine Bilanz ein Bericht über die finanzielle Lage eines Unternehmens, der auch Posten enthält, die nur ein Buchhalter lieben kann. Die Bilanz zu verstehen, ist schon schwierig, aber die Zahlen zu interpretieren, ist noch schwieriger. Die Bilanz verrät, wie gut das Unternehmen ab dem ersten Jahr seiner Gründung abgeschnitten hat.

Vergessen Sie nicht: Bevor Sie Tausende von Dollar oder mehr in ein Unternehmen investieren, sollten Sie einige Fakten über das Unternehmen kennen, wie etwa die Erträge, die Kosten für den Betrieb und die Schulden. Prüfen Sie die letzte Jahresbilanz, um sich ein Bild von der bisherigen Entwicklung des Unternehmens und seiner möglichen Zukunft zu machen. Vergleichen Sie diese Zahlen mit den Bilanzen der Konkurrenz.

Der Sinn der Fundamentalanalyse: Finden Sie das beste oder eines der besseren Unternehmen einer Branche. Wenn Sie die Wahrheit über die Finanzen eines Unternehmens aufdecken, können Sie Prognosen über seine Zukunftsaussichten erstellen.

Die Bilanz befindet sich auf den hinteren Seiten des Jahresberichts. In der Bilanz finden Sie unter anderem folgende Posten:

- Aktiva (der Besitz des Unternehmens, zum Beispiel Bargeld, Eigentum, Ausrüstung, Immobilien und Forderungen)
- Verbindlichkeiten (die Schulden des Unternehmens, zum Beispiel angemeldete und nicht ausgezahlte Dividenden und Schuldposten)
- Eigenkapital oder Reinvermögen (Vermögenswerte minus Verbindlichkeiten)

Solange das Unternehmen seine Schulden oder Verbindlichkeiten nicht verbirgt, gibt die Bilanz einen Einblick in seine finanzielle Lage. Das Lesen einer Bilanz erfordert Erfahrung und Geschick, denn manche

Unternehmen (die Sie nicht kaufen wollen) verbergen Ausgaben und Schulden, übertreiben aber mit den Gewinnen.

Hier ein weiser Rat von Warren Buffett: Er investiert nie in ein Unternehmen, wenn er nicht nachvollziehen kann, wie es sein Geld verdient. Wenn Ihnen nach dem Lesen der Bilanz nicht klar ist, wie ein Unternehmen Geld verdient, sollten Sie Ihr Geld woanders investieren. Wenn Sie als Anleger Risiken scheuen, halten Sie sich an bekannte Unternehmen, die Dividenden zahlen und an den großen Börsen notiert sind.

4. Die Gewinn-und-Verlust-Rechnung verstehen

Während die Bilanz Aufschluss über das Unternehmen ab dem ersten Jahr gibt, bezieht sich die Gewinn-und-Verlust-Rechnung auf das laufende Jahr. Die erste Zeile der Gewinn-und-Verlust-Rechnung listet die Umsätze oder Einnahmen des Unternehmens auf (auch als *Top Line* bezeichnet). Prüfen Sie, ob die Erträge oder Einnahmen von Jahr zu Jahr steigen.

Die nächste Zeile der Gewinn-und-Verlust-Rechnung enthält die betrieblichen Aufwendungen. Das sind die laufenden Betriebskosten, darunter Gehälter, Werbung, Mitarbeiterschulungen, die Anschaffung neuer Geräte, Miete und Versorgungsleistungen. In der Regel gibt es auch eine Zeile für Forschung und Entwicklung (F&E) oder die Kosten für die Entwicklung und Investitionen in neue Produkte.

Die folgenden drei Abschnitte stellen die Einnahmen des Unternehmens dar. Haben Sie sich schon einmal gefragt, woher der Begriff *Bottom Line* kommt? Er bezieht sich auf das *Nettoergebnis* eines Unternehmens (das Endergebnis, das sich zufällig in der untersten Zeile befindet). Das Einkommen ist die verbleibende Summe.

Wie viel Geld hat das Unternehmen nach Begleichung aller Ausgaben verdient? Das ist der Reingewinn.

5. Achten Sie auf Unternehmensinsider

Der Erfolg oder Misserfolg eines Unternehmens lässt sich daran ablesen, ob *Unternehmensinsider* Aktien des eigenen Unternehmens kaufen oder verkaufen. Unternehmensinsider sind leitende Angestellte, Geschäftsführer oder Aktionäre eines Unternehmens, die mehr als zehn Prozent „der Stammaktien oder sonstige Wertpapiere des Unternehmens besitzen" (SEC-Regel, Abschnitt 16). Insider haben Zugang zu geschützten Informationen, daher wurde diese Regel geschaffen.

Die Handelsaktivitäten von Insidern können in der EDGAR-Datenbank auf sec.gov, der Website der SEC, eingesehen werden. Sie enthält viele faszinierende Finanzdokumente über die Aktivitäten von Insidern.

Die Strategien mancher Anleger beruhen darauf, die Handlungen von Insidern zu imitieren. Die Insider dürften schließlich mehr über die Zukunftsaussichten des Unternehmens wissen als andere.

Dennoch lassen sich Insider-Transaktionen nicht problemlos erfassen. Manchmal kaufen oder verkaufen Insider aus persönlichen Gründen, die mit dem Unternehmen nichts zu tun haben. Durch die Art und Weise, wie diese Transaktionen gemeldet werden, erfahren Sie eventuell zu spät, was die Insider tun, da es manchmal bis zu drei Monate dauert, bis die Insiderberichte vorliegen.

> ***Fazit:*** Insiderinformationen können zwar nützlich sein, aber wegen der verzögerten Berichterstattung sollten die meisten Anleger nicht allein aufgrund von Insideraktivitäten traden.

6. Lesen Sie den Jahresbericht

Viele Menschen finden es langweilig, den Jahresbericht zu lesen. Diese Berichte, die von jeder Aktiengesellschaft vorgelegt werden, haben manchmal 80 Seiten oder mehr. Sie enthalten wichtige Finanzdokumente wie die Bilanz und die Gewinn-und-Verlust-Rechnung.

Sie enthalten auch Angaben zur Wachstumsstrategie des Unternehmens, zu Marketing- und Werbeplänen, zur Verkaufsstrategie und zu allen möglichen Situationen, die sich negativ auf das Unternehmen auswirken könnten. Normalerweise enthält der Jahresbericht auch ein Schreiben des Vorstandsvorsitzenden. Darin werden Maßnahmen zur Steigerung der Rentabilität, Geschäftsstrategien und Überlegungen zu der bisherigen Leistung des Unternehmens dargelegt.

Es ist üblich, dass Unternehmen die positiven Aspekte ihres Geschäfts hervorheben und die negativen herunterspielen (und wer kann es ihnen verdenken?).

Ein paar der spannendsten Einblicke finden Sie in den Fußnoten, die Auskunft über wahrgenommene Risiken, laufende Rechtsfälle und andere Probleme geben können. Je kleiner die Schriftgröße, desto negativer sind die Informationen. Die Jahresberichte sind weiterhin im Papierformat erhältlich und werden Ihnen auf Wunsch per Post zugesandt, wobei die meisten Jahresberichte online auf der Unternehmenswebsite erscheinen.

Wenn Sie hauptsächlich Aktien bekannter Unternehmen mit soliden Bilanzen, beliebten Produkten oder Dienstleistungen und hervorragendem Kundenservice kaufen, können Sie viele mögliche Probleme vermeiden. Hervorragende Unternehmen verstecken nämlich keine negativen Informationen im Kleingedruckten und sind fast immer offen zu ihren Aktionären.

7. Auf Shoppingtour gehen

Einige von Ihnen denken vielleicht, dass die Überschrift ein Tippfehler ist. Tatsächlich gehen Sie, ganz nach der Strategie des berühmten Investmentfonds-Anlegers Peter Lynch, in die Geschäfte und beobachten, welche die meisten Kunden haben. Diese Unternehmen sollten Sie sich genauer ansehen und erforschen (aber nicht unbedingt sofort kaufen).

Nehmen wir wieder Sears als Beispiel: Vielleicht ist Ihnen vor ein paar Jahren im Einkaufszentrum aufgefallen, dass der Apple Store überfüllt war, während Sears nur wenige Kunden hatte. Das war ein wichtiger Hinweis auf die Zukunftsaussichten beider Unternehmen.

Sie wissen, was dann geschah: Der Aktienkurs von Apple stieg weiter an, während der Kurs von Sears fiel. Auch wenn Sears einst eines der beliebtesten Unternehmen in den Vereinigten Staaten war, hat es sich nie dem 21. Jahrhundert angepasst, indem es seine Produkte ins Internet verlagert hat.

Es brauchte keine Bilanz oder ein Gespräch mit dem Management, um zu wissen, dass das Unternehmen in Schwierigkeiten steckte. Sie hätten nur einkaufen gehen müssen.

DIE SNAPSHOT-SEITE

Für einen schnellen Überblick über die Fundamentaldaten eines Unternehmens (und den Aktienkurs) rufen Sie die „Snapshot-Seite" in der Software Ihres Brokers auf. Oft ist es die erste Seite, die Sie nach dem Einloggen in Ihr Handelskonto sehen.

Jeder Broker verfügt über eine Snapshot-Seite, darunter Print- und Onlineseiten wie Yahoo Finance, MarketWatch, Bloomberg, *Barron's*, *Forbes*, Google Finance und das *Wall Street Journal* (eine vollständige Liste finden Sie im Anhang).

Abbildung 14.1 zeigt einen Snapshot von Apple, Inc.

Auf der abgebildeten Snapshot-Seite sind Daten wie die Aktienübersicht mit dem Geld- und Briefkurs, dem 52-Wochen-Hoch und -Tief sowie dem Volumen enthalten. Wenn Sie genau hinsehen, werden Sie fast alle in diesem Buch besprochenen Inhalte finden. Betrachten Sie die Snapshot-Seite als Ausgangspunkt für die Recherche über eine Aktie.

Für Anleger, die an Dividendenaktien interessiert sind, sind auch die *Dividendenrendite* und das *Ex-Dividenden-Datum* angegeben. Je nach Analystenbericht können Sie die Aussichten des Unternehmens für die Aktie sowie ein geschätztes Kursziel sehen.

Ebenso finden Sie die Marktkapitalisierung, das KGV, den Gewinn pro Aktie und das Handelsvolumen. Die Anzahl der leerverkauften Aktien (die sogenannte Short-Interest-Quote) ist auf der Seite oft mit angegeben.

ABBILDUNG 14.1 Snapshot-Seite.
(Quelle: Yahoo Finance.)

Vergessen Sie nicht, dass ein Snapshot eben genau das ist: ein kleiner Einblick für Trader in die wichtigsten Informationen. Er ersetzt nicht die Recherche über das Unternehmen. Wenn Sie jedoch eine schnelle Übersicht der wichtigsten Daten benötigen, ist die Snapshot-Seite die beste Anlaufstelle.

• • • • • •

Im nächsten Kapitel lernen Sie die fundamentalen Werkzeuge kennen, mit denen Aktienanalysten die finanzielle Gesundheit eines Unternehmens bewerten und feststellen, ob die Aktie gut bewertet ist. Zu den nützlichsten Hilfsmitteln gehören EPS, P/E, PEG und ROE, die alle im Folgenden erläutert werden.

Kapitel 15

AKTIEN MITHILFE FUNDAMENTALER WERKZEUGE FINDEN

In diesem Kapitel werden Sie mit den Hilfsmitteln vertraut gemacht, die Fundamentalanalysten zur Bewertung von Aktien einsetzen. Schließlich wollen Sie vor dem Kauf einer Aktie sicher sein, dass die Aktie zu einem fairen Wert verkauft wird.

Einige fundamentale Werkzeuge sind äußerst nützlich und relevant, während andere nicht mehr gefragt sind. Obwohl es Hunderte von fundamentalen Indikatoren und Kennziffern gibt, stelle ich Ihnen die nützlichsten vor.

Dazu gehören:

- EPS (Gewinn pro Aktie)
- P/E oder KGV (Kurs-Gewinn-Verhältnis)
- PEG oder KGWV (Kurs-Gewinn-Wachstums-Verhältnis)
- ROE (Eigenkapitalrendite)

Diese Informationen finden Sie auf der Aktienübersichts- oder Statistikseite auf der Website Ihres Brokers. Die Daten sind auch auf Online-Finanzseiten und in gedruckten Zeitungen zu finden.

Abbildung 15.1 zeigt eine Aktienstatistikseite.

Market Cap	**2368.6B**	Consensus	**Outperform**
P/E	**28.10**	Target Price	**168.51**
Revenue/Share	**20.40**	Long Term Growth Rate	**19.86**
Price/Book	**36.90**	Price to EPS	**25.62**
Price/Tangible Book	**36.80**	Sales (Quarterly)	**84,690.69**
EPS Growth	**7.30%**		
Return on Equity	**127.10%**		
Quick Ratio	**1.00**		

ABBILDUNG 15.1 Aktienstatistik.
(Quelle: Interactive Brokers, Client Portal platform, Juni 2021.)

Tipp für Trader: Trader fragen sich vielleicht, ob die oben genannten fundamentalen Hilfsmittel und Kennziffern nützlich sind. Ja, sie sind nützlich. Falls Sie bullish sind, ist es immer gut, Aktien mit guten Zukunftsaussichten und starken Bilanzen zu traden.

Aktien mit guten Fundamentaldaten sind nicht nur eine gute Investition, sondern bieten auch hervorragende Handelsmöglichkeiten. Nutzen Sie die Ihnen zur Verfügung stehenden Hilfsmittel, ob fundamental oder technisch, um gewinnbringende Aktien zu finden.

Lassen Sie uns auf vier der beliebtesten fundamentalen Werkzeuge, mit denen Anleger beurteilen, ob eine Aktie kaufenswert ist, näher eingehen. Beachten Sie, dass es neben diesen vier Instrumenten noch viele andere gibt.

Gewinn pro Aktie: Der Schlüssel zur guten Aktienwahl

Eine der nützlichsten fundamentalen Informationen ist der *Gewinn pro Aktie* (*EPS*). Ganz gleich, wie sehr Sie das Unternehmen oder das Managementteam lieben: Wenn das Unternehmen kein Geld verdient, oder nicht genug, um die Wall Street zufriedenzustellen, wird der Aktienkurs irgendwann fallen.

Es gibt natürlich auch Ausnahmen. Die Aktie muss nicht sofort fallen, wenn die Erträge schlecht sind (da die Wall Street die schlechten Ergebnisse vorerst verziehen haben könnte). Häufiger ist es so, dass neue Unternehmen jahrelang keinen Gewinn machen, die Aktie aber dennoch aufgrund der erwarteten künftigen Gewinne steigt. Als Anleger müssen Sie auf die Gewinne eines Unternehmens achten und entscheiden, ob es sich lohnt, die Aktien zu besitzen.

Ein gutes Beispiel dafür ist Amazon, dessen Aktienkurs ständig stieg, obwohl das Unternehmen keine Einnahmen hatte und in den ersten 14 Jahren sogar Geld verlor. Als die Gewinne von Amazon dann nach oben explodierten, wurden geduldige langfristige Anleger mit einem extrem hohen Aktienkurs belohnt.

Auch deshalb werden die aktuellen Gewinne eines Unternehmens mit denen aus dem vorherigen Quartal oder Vorjahr verglichen, um die Gewinnwachstumsrate zu ermitteln. Da manche Unternehmen saisonabhängig sind, eignen sich Quartalsvergleiche nicht so gut wie Jahresvergleiche.

> ***Fazit:*** Wenn die Gewinne eines Unternehmens jedes Jahr steigen und auch künftig ein Wachstum zu erwarten ist, sollten Sie den Kauf der Aktie in Erwägung ziehen.

Wo Sie den Gewinn pro Aktie finden

Den Gewinn pro Aktie finden Sie unterhalb des Nettogewinns am Ende der Gewinn-und-Verlust-Rechnung des Unternehmens. Sie können ihn berechnen, indem Sie den Gewinn nach Steuern durch die Anzahl der ausstehenden Aktien teilen. Neben der Suche auf Finanzseiten nach den aktuellen Zahlen (Ergebnisse und Schätzungen) können Sie die Gewinne auch durch Eingabe des Aktiensymbols und des Wortes *Gewinne* in eine Suchmaschine ermitteln. Geben Sie beispielsweise „Amazon Gewinne" ein, erscheint eine Liste der wichtigsten Websites mit den Gewinnen Amazons. Achten Sie auf das Datum, denn die Suche zeigt sowohl alte als auch aktuelle Informationen an.

Das Spiel mit den Gewinnschätzungen

Aktienanalysten sind Profis, die von ihren Firmen dafür bezahlt werden, Unternehmen zu untersuchen und ihre Kreditwürdigkeit zu bewerten. Abgesehen von Kauf- oder Verkaufsempfehlungen schätzen oder prognostizieren sie auch die *künftigen Gewinne* eines Unternehmens.

Häufig steigt eine Aktie in der *Erwartung*, dass die Unternehmensgewinne in Zukunft steigen werden. Wenn ein Unternehmen die Schätzungen der Analysten übertrifft, entwickelt sich der Aktienkurs in der Regel positiv. Verfehlt ein Unternehmen diese Schätzungen, und sei es auch nur um einen Cent, stürzt der Aktienkurs meist ab.

Manchmal übertrifft ein Unternehmen die veröffentlichten Gewinnschätzungen und der Aktienkurs steigt aber nicht. Manchmal gibt es eine „Flüsterzahl" oder eine inoffizielle Schätzung, die in der Regel nicht veröffentlicht wird. Wird diese Flüsterzahl nicht übertroffen, kann der Kurs einer Aktie abstürzen. Die CEOs stehen unter extremem Druck, die Gewinnschätzungen zu übertreffen. Manche CEOs lassen sich dadurch zu Maßnahmen hinreißen, die den Gewinn jetzt steigern, sich aber negativ auf künftige Gewinne auswirken. Wie ist das möglich? CEOs erhalten für gute Leistungen in jedem Quartal Bargeld- oder Aktien-Boni.

Da Unternehmen die Schätzungen nicht verfehlen wollen, was dem Aktienkurs schaden kann, versuchen sie, die Analysten zu den konservativsten (niedrigsten) Schätzungen zu bewegen. Dieses Spiel nenne ich „Besiege die Prognose". Wenn die Analystenschätzungen niedrig ausfallen und der Gewinn pro Aktie über den Schätzungen liegt, sorgt das für viel positive Publicity, und der Aktienkurs tendiert nach oben.

Wenn also erwartet wird, dass ein Unternehmen 0,10 Dollar pro Aktie verdient, und es verdient 0,15 Dollar pro Aktie (und übertrifft damit die Schätzungen um 50 Prozent), dann wird der Aktienkurs die Aktionäre sehr wahrscheinlich erfreuen.

Erfüllt ein Unternehmen hingegen die Gewinnerwartungen der Analysten für das Quartal nicht, könnte die Aktie schwer getroffen werden. Das Letzte, was man sich an der Wall Street wünscht, ist eine Überraschung, vor allem in Form einer schlechten Nachricht.

Einführung in die Aktienkennzahlen

Es gibt eine Reihe fundamentaler Kennziffern, mit denen Anleger bestimmen können, ob eine Aktie einen guten Wert hat. Im Folgenden sind einige der bekannten und beliebten Kennziffern aufgeführt, darunter das KGV, PEG und ROE.

Anders als viele andere fundamentale Kennzahlen, die nicht mehr zeitgemäß sind, wird das KGV immer noch von vielen Anlegern genutzt. Lassen Sie uns damit beginnen.

Der Großvater der Aktienkennzahlen: Das Kurs-Gewinn-Verhältnis

Viele Menschen bewerten anhand des Kurs-Gewinn-Verhältnisses, ob eine Aktie zu einem angemessenen Preis verkauft wird. Dividiert man den Aktienkurs durch den Jahresgewinn pro Aktie, erhält man ein KGV (auch bekannt als *KGV-Multiplikator*), mit dem sich feststellen lässt, ob eine Aktie fair bewertet ist.

Hier ist die Formel zur Berechnung des KGV:

KGV = aktueller Aktienkurs
÷ Gewinn pro Aktie

Manche halten das KGV für die effektivste Methode zur Bewertung einer Aktie. Dabei ist das KGV nur eines von vielen Hilfsmitteln, die einem Anleger helfen, sich für eine bestimmte Aktie zu entscheiden. Sehen wir uns einmal genauer an, wie man das KGV verwendet.

Verdiente eine Aktie mit einem Kurs von 20 Dollar pro Aktie im letzten Jahr 2 Dollar, liegt ihr *nachlaufendes* KGV bei 10 (20 Dollar geteilt durch 2 Dollar). Es ist ein nachlaufendes KGV, da es sich auf die Gewinne des Vorjahres bezieht. Wenn für eine 20-Dollar-Aktie im nächsten Jahr ein Gewinn von 4 Dollar erwartet wird, ergibt sich ein *Vorwärts*-KGV von 5 (20 Dollar geteilt durch 4 Dollar). Das Vorwärts-KGV stützt sich auf die Prognosen künftiger Ergebnisse.

Das Großartige am KGV ist, dass man damit das aktuelle KGV eines Unternehmens mit seinem historischen Wert vergleichen kann. Mit dem KGV lässt sich auch feststellen, ob eine Aktie im Vergleich zu anderen Aktien der Branche oder des Gesamtmarktes günstig oder teuer ist.

Hier ein paar Ratschläge: Kaufen Sie eine Aktie nicht anhand eines einzigen Indikators oder Wertes. Das KGV ist ein guter Ausgangspunkt für Ihre Recherche und sollte vor einer Investition in ein Unternehmen berücksichtigt werden. Allerdings sollten Sie hier nicht aufhören. Schauen Sie sich vor dem Kauf einer Aktie weitere fundamentale und technische Daten an.

Wie Anleger KGVs nutzen

Value-Anleger sind Schnäppchenjäger, die geduldig nach Aktien von erstklassigen Unternehmen zu einem vernünftigen Preis suchen. Wie oben erwähnt, ist das KGV eine ihrer bevorzugten Methoden, um unterbewertete Aktien zu finden.

Eine Aktie mit einem hohen KGV kann bedeuten, dass der Kurs einer Aktie im Vergleich zu den Gewinnen überbewertet (also teuer) ist. Umgekehrt kann eine Aktie mit einem niedrigen KGV bedeuten, dass der Kurs einer Aktie im Vergleich zu den Gewinnen unterbewertet (also günstig) ist.

Value-Anleger bevorzugen Aktien mit einem niedrigen KGV. Auch wenn das KGV eine hervorragende Kennziffer ist, die nützliche Information liefert, sollten Sie sich nicht zu sehr auf die tatsächliche Zahl konzentrieren. Nutzen Sie das KGV als Richtwert. *Wachstumsinvestoren* sind langfristige Käufer, die nach Unternehmen suchen, deren Umsätze oder Gewinne schnell wachsen und weiter wachsen werden. Sie lieben wachstumsstarke Unternehmen und zahlen gern für Aktien mit einem hohen KGV, weil sie erwarten, dass sich die Gewinne (und der Aktienkurs) der Unternehmen in Zukunft erheblich verbessern werden.

Wie bereits erwähnt, gibt es viele Missverständnisse über das KGV. Nur weil eine Aktie mit einem niedrigen KGV gehandelt wird, heißt das nicht, dass Sie die Aktie kaufen sollten. Und nur weil das KGV hoch ist, heißt das nicht, dass man die Aktie meiden sollte (wobei die Risiken zugenommen haben).

Auch wenn das KGV nicht perfekt ist, liefert es doch genügend Informationen und ist daher nützlich. Betrachten Sie es als Teil eines größeren Puzzles.

Kurs-Gewinn-Wachstums-Verhältnis: Berechnung des zukünftigen Gewinnwachstums

Das KGV berücksichtigt nicht das künftige Gewinnpotenzial, wohl aber das Kurs-Gewinn-Wachstums-Verhältnis (KGWV). Um das KGWV zu berechnen, dividieren Sie das KGV durch die erwartete Gewinnwachstumsrate des Unternehmens.

Nehmen wir an, eine Aktie, die Sie analysieren, hat ein KGV von 20 und eine jährliche Gewinnwachstumsrate (EPS) von 10 Prozent. Teilen Sie das KGV (20) durch die Wachstumsrate (10) und Sie erhalten ein KGWV von 2 (das Ergebnis von 20 KGV geteilt durch 10 EPS).

Viele sind der Meinung, dass das KGWV bei der Bewertung einer Aktie nützlicher ist als das KGV, weil es das zukünftige Wachstum einbezieht. Deshalb ist es sinnvoll, Aktien innerhalb der *gleichen* Branche mit dem KGWV zu vergleichen.

Was sagt das KGWV über den Wert einer Aktie aus? Verwenden Sie folgende Leitlinien: Eine Aktie, deren KGWV weniger als 0,50 beträgt, ist attraktiv, da sie unterbewertet ist. Eine Aktie, deren KGWV zwischen 0,50 und 1 liegt, gilt als fair bewertet. Eine Aktie mit einem KGWV von mehr als 1 ist für Anleger ungeeignet, besonders wenn es über 2 liegt – ein Indiz dafür, dass die Aktie überbewertet ist.

KGWV-Warnung: Verwenden Sie das KGWV mit Vorsicht und verlassen Sie sich auch hier nicht nur auf einen Indikator. In einem starken Bullenmarkt zum Beispiel werden Hunderte von Aktien mit hohen KGWVs getradet und doch steigen die Aktien noch weiter an. Die strikte Orientierung am KGV oder KGWV kann die Anzahl der Aktien, die Sie kaufen können (oder wollen), stark einschränken.

Wie schon beim KGV erwähnt, ist das KGWV nur ein Teil des Börsenkuchens. Wie auch beim Vorwärts-KGV ist ein Problem des KGWV, dass es auf Gewinnschätzungen beruht, die in der Vergangenheit unzuverlässig waren.

Hinweis: Mit der folgenden Frage in Ihrer Suchmaschine können Sie das KGWV schnell herausfinden: „Wie hoch ist das KGWV von (Name der Aktie)?" Auf ähnliche Weise können Sie nach allen in diesem Buch enthaltenen fundamentalen oder technischen Daten suchen.

Eigenkapitalrendite: Die finanzielle Gesundheit eines Unternehmens bewerten

Die Eigenkapitalrendite ist eine Finanzkennzahl, die misst, wie effizient ein Unternehmen geführt wird. Für einige Fondsmanager ist die Eigenkapitalrendite eine der wichtigsten Messgrößen für die finanzielle Gesamtleistung eines Unternehmens.

Die Eigenkapitalrendite wird berechnet, indem der Nettogewinn durch das Eigenkapital (also den Nettowert des Unternehmens) geteilt wird. Je höher die Eigenkapitalrendite ist, desto effektiver setzt das Unternehmen seine Ressourcen ein und desto produktiver ist das Managementteam. Ziel ist es, nach Unternehmen mit steigender Eigenkapitalrendite und wachsenden Gewinnen zu suchen. Viele Analysten bewerten eine Eigenkapitalrendite von 15 Prozent oder mehr als gut.

Diese Kennzahl ist nicht so eindeutig wie andere, da die Effizienz des Managements anhand subjektiver Variablen berechnet wird. Deshalb schauen sich viele Anleger neben der Eigenkapitalrendite auch die Verschuldung eines Unternehmens genau an.

Wenn ein Unternehmen beispielsweise zu stark gehebelt ist, könnte es seine Eigenkapitalrendite künstlich erhöhen. Bewerten Sie ein Unternehmen anhand der Eigenkapitalrendite, aber achten Sie darauf, dass das Unternehmen wenig oder keine Schulden hat.

Hinweis: Neben den oben genannten Hilfsmitteln gibt es noch weitere fundamentale Aktienkennzahlen, die ein Anleger verwenden kann, darunter die *Kapitalrendite, das Verhältnis von Schulden zu Eigenkapital,* das *Kurs-Buchwert-Verhältnis* (KBV), die *Gesamtkapitalrendite* und *der Cashflow pro Aktie.* (Diese Methoden würden den Rahmen dieses Buches sprengen, sind aber auf Investopedia oder anderen Websites abrufbar.)

Fazit: Diese fundamentalen Werkzeuge helfen Anlegern zu entscheiden, ob ein Unternehmen gegenüber seinem Aktienkurs einen guten Wert besitzt.

Das Problem mit der Fundamentalanalyse

Ich wünschte, ich könnte verkünden, dass Sie für die Auswahl erfolgreicher Aktien nur die Fundamentaldaten kennen müssen. Leider ist die Analyse des Marktes wie das Lösen eines riesigen Puzzles mit Hunderten von fehlenden Teilen.

Das größte Problem ist, dass der Aktienkurs trotz hervorragender Fundamentaldaten des Unternehmens noch immer fallen kann. Auf kurze Sicht kann der Markt aus verschiedenen Gründen holprig sein, was nicht immer mit den Fundamentaldaten verbunden ist. Angebot und Nachfrage, Angst und Hoffnung sowie Preis und Volumen beeinflussen die einzelnen Aktienkurse sowohl kurz- als auch langfristig.

Das nächste Problem bei der Fundamentalanalyse ist, dass sie sich auf die Angaben des Unternehmens stützt. Wenn ein Unternehmen die Zahlen fälscht (was unethisch und illegal ist) oder auf andere Weise nicht ganz ehrlich ist, liegen die zukünftigen Gewinnprognosen weit daneben.

Viele CEOs beschönigen die Zahlen (schließlich sind sie die Cheerleader ihres Unternehmens und verdienen Boni auf der Grundlage des Aktienkurses). Wenn ein Unternehmen also zu optimistische Gewinnprognosen (also Richtlinien) veröffentlicht, dann fällt die Analyse der Fundamentaldaten falsch aus. Um etwaige Bilanzierungsfehler aufzudecken, bedarf es unter Umständen der Fähigkeiten und Kenntnisse eines erfahrenen Buchhalters.

Zugegeben, diese Probleme betreffen in der Regel kleine, unbekannte Unternehmen, die ihre Rentabilität besonders eifrig beweisen wollen. Bekannte Unternehmen, die in den großen Indizes gelistet sind, veröffentlichen seltener irreführende Informationen. Immerhin sind sie in den großen Indizes vertreten, weil sie gründlich geprüft wurden und man ihnen vertraut.

Die Fundamentalanalyse hat außerdem den Nachteil, dass psychologische Gründe, welche die Aktienkurse in die Höhe treiben, nicht berücksichtigt werden. Obwohl die Fundamentaldaten zeigen, dass viele Aktien während des 2009 begonnenen Bullenmarkt-Jahrzehnts extrem überbewertet und überkauft waren, hielt dies viele Aktienkurse nicht davon ab, noch höher zu steigen und absurd überkaufte Werte zu erreichen.

In diesem Bullenmarkt (der bis 2022 andauerte) erwiesen sich viele fundamentale Kennzahlen als nahezu wertlos, da bullishe Emotionen dominierten. Gelegentlich stieg das KGV des S&P 500 auf über 40 (ein extrem hohes KGV für einen Index) und dennoch stieg der Index noch weiter an. Das Ergebnis: Obwohl der S&P überbewertet war, schien das nur wenige zu interessieren.

Für die meisten Anleger ist die gründliche Analyse von Unternehmen eine äußerst zeitaufwendige und schwierige Aufgabe. Die meisten Privatanleger, insbesondere Anfänger, haben weder die Geduld noch das Wissen, ein Unternehmen genau zu bewerten.

Professionelle Vermögensverwalter beauftragen Teams von Analysten mit der grundlegenden Untersuchung einzelner Unternehmen, bevor sie ihren Kunden Investitionen empfehlen. Privatanleger hingegen müssen sich auf die Recherchen der Wall Street oder die Hinweise der Technischen Analyse und der Charts verlassen.

VERWENDEN SIE WIRTSCHAFTSINDIKATOREN

Neben der Untersuchung einzelner Unternehmen nutzen viele professionelle Anleger Wirtschaftsindikatoren, um Prognosen für die Gesamtwirtschaft zu erstellen. Laut vielen Profis geben Wirtschaftsindikatoren Aufschluss über die Entwicklung der Wirtschaft. Diese Indikatoren lassen erkennen, ob das Land in eine Rezession gerät oder ob es ein guter Zeitpunkt ist, Aktien und Anleihen zu kaufen oder Bargeld zu halten.

Sobald bestimmte Wirtschaftsberichte veröffentlicht werden, reagieren Aktien, Anleihen und Währungen sofort. Beobachten Sie, was passiert, wenn ein Wirtschaftsbericht wie der Arbeitslosenbericht um 8:30 Uhr EST veröffentlicht wird. Der *Terminmarkt* reagiert sofort auf den Bericht, was sich wiederum auf die Börseneröffnung auswirkt.

Es gibt zwar Hunderte von Wirtschaftsindikatoren, aber nur eine Handvoll davon ist nützlich. Dem Ökonomen und Bestsellerautor Bernard Baumohl zufolge sind die drei wichtigsten Wirtschaftsindikatoren:

1. „Institute for Supply Management"-Indizes (ISM) für das verarbeitende und das nicht-verarbeitende Gewerbe
2. Beschäftigung im privaten Sektor
3. Persönliche Ausgaben

Der monatliche ISM-Bericht spiegelt die Auftragseingänge im verarbeitenden Gewerbe wider, die Auskunft über den Umfang der Neuproduktion geben. Der ISM gibt einen vorzeitigen Einblick in die Wirtschaft.

Die monatlichen Beschäftigungszahlen des Bureau of Labor Statistics sind so bedeutend, dass sie die Märkte bewegen. Der Bericht liefert einige der aktuellen Daten über die Wirtschaftstätigkeit und verrät uns, ob die Unternehmen zuversichtlich genug sind, um Vollzeit- oder Teilzeitkräfte einzustellen.

Zu guter Letzt kommt die äußerst wichtige Rolle der persönlichen Ausgaben hinzu, eine Statistik, die monatlich vom US-Handelsministerium erhoben wird. Wenn Verbraucher nicht aktiv einkaufen, droht die Wirtschaft zu schwächeln. Immerhin machen diese Ausgaben 70 Prozent der gesamten Wirtschaftstätigkeit aus.

Fühlen sich die Menschen finanziell sicher genug, um große Anschaffungen wie Autos, Haushaltsgeräte und hochmoderne Fernsehgeräte zu tätigen? Wenn ja, wird dies die Wirtschaftstätigkeit ankurbeln und den Aktienmarkt womöglich beflügeln.

Nehmen hingegen die Zweifel an der künftigen Arbeitsplatzsicherheit zu, werden die Menschen ihre Kauflust möglicherweise zügeln und mehr Geld sparen. Das hemmt das Wirtschaftswachstum und drückt die Unternehmensgewinne.

Am Tag der Veröffentlichung dieser Wirtschaftsberichte (fast immer vor Börseneröffnung) kann der Markt recht volatil sein, da er auf die Ergebnisse reagiert.

> ***Hinweis:*** Wenn Sie mehr über Wirtschaftsindikatoren erfahren möchten, lesen Sie Bernard Baumohls Buch „The Secrets of Economic Indicators" (FT Press).

Weitere Regierungsberichte

Es gibt weitere Regierungsberichte, die genau beobachtet werden. Das Bruttoinlandsprodukt (BIP) zum Beispiel ist ein vierteljährlicher Bericht, der den Gesamtwert der in unserer Wirtschaft produzierten Waren und Dienstleistungen misst. Viele Anleger nutzen das BIP als umfassendes Barometer zur Bewertung der Wirtschaftsleistung.

Je größer die Veränderung des BIP (ausgedrückt in Prozent), desto schneller wächst die Wirtschaft. Wächst das BIP beispielsweise jährlich um mehr als drei Prozent, ist die Wirtschaft auf dem richtigen Weg. Ein Wachstum unter drei Prozent weist auf eine schwache Wirtschaftstätigkeit hin, die einen Stellenabbau zur Folge haben könnte. Fällt das BIP-Wachstum negativ aus, befindet sich die Wirtschaft vermutlich in einer Rezession (zwei oder mehr aufeinanderfolgende Quartale mit negativem BIP).

Die Regierung kann anhand verschiedener Methoden die Preise von Waren und Dienstleistungen messen und feststellen, ob die Preise steigen oder fallen. Der Verbraucherpreisindex (VPI) beispielsweise misst Preisänderungen bei Wohnraum und Kleidung. Manche Leute nennen ihn auch die *Inflationszahl* oder den *Lebenshaltungskostenindex*. Steigt der VPI, dann steigt auch die Inflation.

Der Erzeugerpreisindex misst, ob die Inflation steigt oder sinkt, indem er Veränderungen der Rohstoffpreise verfolgt. Rohstoffe sind Rohmaterialien wie Kaffee, Stahl, Mais, Öl, Benzin, Holz, Kunststoff, Kohle und Mineralien.

Anhand des Erzeugerpreisindex lässt sich feststellen, ob die Rohstoffpreise steigen, sodass Verbraucher im Supermarkt, in Einzelhandelsgeschäften

> und an der Tankstelle letztlich mehr bezahlen müssen. Steigende Preise bedeuten, dass die Inflation steigt, was sich sowohl auf den Aktienmarkt als auch auf die Geldbeutel der Verbraucher negativ auswirkt.

• • • • • •

Nachdem Sie nun gelernt haben, worauf Sie achten sollten, bevor Sie Aktien eines Unternehmens kaufen, wartet im nächsten Kapitel eine weitere Überraschung auf Sie: Einer der erfolgreichsten Investoren der Welt, Peter Lynch, war bereit, mit mir darüber zu sprechen, wie er die Fundamentalanalyse und andere Anhaltspunkte nutzt, um erfolgreiche Aktien zu finden.

Kapitel 16

LEKTIONEN VON PETER LYNCH

Ich hatte die Gelegenheit, mit Peter Lynch zu sprechen, der für viele der größte Investmentfonds-Manager der Geschichte ist. Lynch leitete den Multimilliarden-Dollar-Fidelity-Magellan-Fonds, der über 13 Jahre lang sensationelle 29,2 Prozent jährliche Durchschnittsrendite erzielte (und dabei 99 Prozent aller damaligen Aktienfonds schlug). Das ist die historisch beste Bilanz eines Investmentfonds-Managers und erklärt, warum Lynch in den 1990er-Jahren unter den Anlegern Legendenstatus erlangte.

Lynch ist Autor von drei Bestsellern, darunter „Der Börse einen Schritt voraus“, in denen er empfiehlt, kurzfristige Schwankungen des Marktes zu ignorieren und sich auf die Suche nach erfolgreichen Unternehmen mit langfristigen Wachstumsaussichten zu konzentrieren.

Lynch ist berühmt für den Spruch „Investiere in das, was du kennst“, der besagt, dass man in Unternehmen investieren sollte, mit denen man vertraut ist. Wie bereits erwähnt, empfiehlt er den Anlegern auch, ins Kaufhaus oder in einzelne Geschäfte zu gehen und zu beobachten, was die Leute kaufen und welche Geschäfte den größten Andrang zu verzeichnen haben. Er sagte, dies sei ein ausgezeichneter Ansatz für Anleger, um Anlageideen zu erhalten.

Wenn Lynch eine Aktie kauft, investiert er in das Unternehmen. Wenn also die Gewinne eines Unternehmens steigen, wird auch der Aktienkurs steigen. Laut Lynch gibt es eine 100-prozentige Korrelation.

„Wenn Unternehmensgewinne in den nächsten zehn Jahren steigen, wird auch der Aktienmarkt nach oben gehen. Und wenn sie in den nächsten zehn Jahren zurückgehen, wird der Aktienmarkt fallen", sagt Lynch. Es sind die Gewinne, die den Aktienmarkt antreiben.

Wie man profitable Unternehmen findet

Der Schlüssel zu einem erfolgreichen Investor, so Lynch, liegt darin, Unternehmen zu finden, die etwas richtig machen, profitabel und der Konkurrenz deutlich überlegen sind. „Ich habe jeden Tag sehr hart gearbeitet, um etwas wirklich Gutes zu finden. Wenn man sich genug Aktien und Unternehmen anschaut, wird man irgendwann fündig. Wer die meisten Steine umdreht, gewinnt das Spiel."

Lynch konnte Unternehmen mit ausgezeichneten Produkten erkennen, bevor sie bekannt wurden. So investierte er beispielsweise schon früh in McDonald's, Dunkin' Donuts, Panera Bread Company und Stop & Shop. Die Aktien aller vier Unternehmen liefen in seiner Zeit als Fondsmanager extrem gut, sodass die Anleger belohnt wurden.

Lynch ist bekannt für seine Besuche an den Unternehmensstandorten. So besuchte er zum Beispiel ein Autohaus, sprach mit den Verkäufern und überprüfte das Inventar. Für Lynch war der Aktienkurs nicht so wichtig wie die Geschichte und die Analyse der Fundamentaldaten des Unternehmens.

Einer der Schlüssel zum Erfolg, so Lynch, ist das frühzeitige, aber nicht zu frühe Erkennen profitabler Gelegenheiten. „In Anlehnung an

Baseball, das ich sehr liebe, sollten Sie im zweiten Inning investieren, aber nicht bei der Aufstellung des Teams", sagt er.

Ein Beispiel: „Zehn Jahre nach dem Börsengang war Walmart lediglich in 18 Prozent der Vereinigten Staaten vertreten. Einige Anleger dachten, sie hätten es verpasst, aber selbst mit der 25 Jahre alten Walmart-Aktie hätten sie das 50-Fache ihres Geldes verdienen können."

Er empfiehlt, mit dem Kauf einer Aktie nicht bis zum achten oder neunten Inning des Spiels zu warten, in dem das Unternehmen kaum noch Wachstumspotenzial hat.

Was „Investiere in das, was du kennst" wirklich bedeutet

Lynch wollte klarstellen, dass in das zu investieren, was man kennt, nicht bedeutet, ins Einkaufszentrum zu gehen, ein Unternehmen zu entdecken und dann sofort seinen Broker anzurufen, um Aktien zu kaufen. „Das ist keine Recherche", sagt er. „Es ist gut, in etwas zu investieren, das Sie kennen, aber die Recherche müssen Sie immer noch selbst machen."

Laut Lynch ist es zwar gut, wenn man beobachtet, wo die Leute einkaufen, aber „wenn Sie nicht bereit sind, selbst zu recherchieren, sollten Sie die Aktie nicht kaufen. Sie wären mit einem Investmentfonds besser bedient." Er sagt, dass viele Leute beim Kauf eines Flugtickets mehr recherchieren als bei ihren Investitionen.

Er rät, vor dem Aktienkauf fünf oder sechs Gründe zu nennen, warum man das Unternehmen besitzen möchte. Anschließend beobachten Sie Ihre Aktien, um zu sehen, welche von ihnen erfolgreich sind. „Man investiert keine 10.000 Dollar in eine Aktie, weil man im Bus oder auf einer Party davon gehört hat, aber nichts darüber weiß. Möglicherweise geht es dem Unternehmen gut, aber vielleicht ist es hoch verschuldet." Er rät auch, sich anhand der Bilanz eines Unternehmens einen Überblick zu verschaffen.

Lynch zufolge gibt es auf dem Markt immer Gelegenheiten, wenn man sich die Zeit nimmt, danach zu suchen. „Denken Sie daran, wie gut es Home Depot ergangen ist, und dann kam Lowe's und hat sich gut entwickelt. Auch sie konnten florieren. Sie hatten hervorragende Geschäfte und eroberten einen großen Marktanteil in dieser Branche."

Lynch ergänzt, dass Sie bei Aktien mit niedrigem Preis oder niedrigem KGV vorsichtig sein sollten. „Günstig mag ein Grund sein, sich eine Aktie anzuschauen, aber günstig ist kein ausreichender Grund, sie zu kaufen."

Er sagte scherzhaft, er habe einmal darüber nachgedacht, seinen Mitarbeitern Autoaufkleber mit der Aufschrift „Billig stinkt!" zu geben.

Lynch betont, dass er nicht gegen den Kauf von Aktien mit niedrigem Preis oder KGV ist. Im Gegenteil, diese Aktien sollten als Ausgangspunkt für zusätzliche Recherchen dienen. Allerdings sei es keine Erfolgsformel, wenn der einzige Grund für den Kauf einer Aktie ihr niedriger Preis oder ihr niedriges KGV ist.

Er kaufte auch Unternehmen, die von „schrecklich" zu „halbschrecklich" wurden. Eine seiner besten Entscheidungen war zum Beispiel Chrysler. Damals ging Chryslers Verlust von sechs Dollar pro Aktie auf zwei Dollar pro Aktie zurück, aber das schien niemanden zu interessieren. Nachdem er die starke Bilanz des Unternehmens, darunter eine Milliarde Dollar in bar, bemerkt hatte, machte Lynch Chrysler zu seiner größten Position. Es erwies sich als seine größte Erfolgsgeschichte.

Wie Lynch gute Wachstumsaktien findet

Lynch gibt zu, dass es nicht immer einfach ist, gute Wachstumsaktien zu finden. „Ich würde gern meinen gesamten Fonds mit hochwertigen Wachstumsunternehmen im zweiten oder dritten Inning mit guten Bilanzen und positivem Cashflow füllen. Als ich nicht genug davon finden konnte, habe ich Lebensmittelunternehmen wie Campbell Soup, Heinz, General Mills und Quaker Oats gekauft."

Er fand auch Unternehmen wie TJX Companies, zu dem Marshall's und TJ Maxx gehören, gut. Bank- und Versorger-Aktien sowie Unternehmen, die als „Special Situations" bezeichnet werden, waren ebenfalls Teil seines Portfolios.

Lynch betonte, dass er keines der hier erwähnten Unternehmen empfiehlt, da sich die Lage geändert haben könnte, während Sie dies lesen.

Eine weitere Idee von Lynch war, den Anleihemarkt nach Hinweisen zu untersuchen. Er empfiehlt, anhand eines Anleihekurses zu prüfen, wie der Anleihemarkt das Unternehmen bewertet. „Wenn Anleihen nur für 30 oder 40 Cent pro Dollar verkauft werden, geht der Anleihemarkt davon aus, dass das Unternehmen bankrottgehen könnte." In diesem Fall sei es ratsam, sich anderweitig umzusehen.

Andererseits fährt er fort: „Wenn eine Aktie schlecht abschneidet, der Anleihemarkt aber glaubt, dass sich das Unternehmen gut entwickelt, ist das ein gutes Signal."

Wie viele Anleger folgt auch Lynch dem Kryptomarkt. „Es gibt nur eine endliche Anzahl von Bitcoin. Es wird nur 21 Millionen geben. Ich recherchiere über die börsennotierten Unternehmen, die Bitcoin schürfen, und zwar jene, die Ausdauer und geringere Kosten haben. Allerdings stehe ich mit meinen Recherchen noch ganz am Anfang, da Krypto eine sehr spekulative Branche ist."

Obwohl die Kryptowährungsbranche ein enormes Potenzial hat, gibt er zu, dass er nicht sicher ist, ob sie sich jemals durchsetzen wird – einer der Gründe, warum er seine Sorgfaltspflicht erfüllt.

Spekulation und Bärenmärkte

Lynch hält nichts von denjenigen, die auf dem Markt zocken und spekulieren. „Eine Aktie ist kein Lotterielos", sagte er mir.

Er macht auch keine Aktienprognosen. „Ich würde gern wissen, was in der Zukunft passieren wird", sagt er. „Ich versuche schon seit 40 Jahren, das *Wall Street Journal* für das nächste Jahr zu bekommen. Ich zahle sogar einen Dollar mehr dafür. Ich habe keine Ahnung, was auf dem Markt in den nächsten ein oder zwei Jahren passieren wird."

Er ergänzt, dass der Versuch, den Markt in ein oder zwei Jahren einzuschätzen, sinnlos ist: „Das, was der Aktienmarkt in einem kurzen Zeitraum tut, ist völlig zufällig."

Lynch nimmt Marktkorrekturen gelassen hin, auch Bärenmärkte, in denen der Markt um 20 oder 25 Prozent oder mehr sinkt. Er erklärt: „Wenn Sie die Unternehmen, die Sie besitzen, und ihre Konkurrenten kennen, sind Sie gut aufgestellt. Sie geraten nicht in Panik, wenn der Markt schwächer wird und die Aktie sinkt. Wenn Sie nicht wissen, was ein Unternehmen macht, und der Aktienkurs um die Hälfte sinkt, was sollten Sie dann tun? Wenn Sie nicht recherchiert haben, können Sie genauso gut eine Hellseher-Hotline anrufen und sich beraten lassen."

Laut Lynch sollten Sie, wenn Sie Ihre Aktien in Panik verkaufen wollen, weil der Markt um 10 oder 20 Prozent fällt, „gar nicht erst an der Börse sein. Einer der besten Sprüche lautet: ‚Durch die Sorge um Korrekturen ging mehr Geld verloren als durch die Korrektur selbst.'"

Er sagt, dass „das wichtigste Organ im Körper nicht das Gehirn ist, sondern der Magen. Wenn Sie sich von Ihrem Bauchgefühl leiten lassen, werden Sie bei einem fallenden Markt verunsichert sein und wahrscheinlich verkaufen."

Der Schlüssel liegt darin, die negativen Hintergrundgeräusche zu ignorieren, sagt er: „Fällt der Markt um zehn Prozent oder mehr, sind die Talkshows negativ, die Nachrichtensendungen negativ, und es herrscht viel Pessimismus. Spätestens um 7:15 Uhr ist man schon schlecht gelaunt."

Was sollte ein Anleger tun, wenn der Markt einbricht? Seine Antwort: „Solange Sie das Geld in den nächsten 10, 20 oder 30 Jahren nicht für eine Hochzeit oder das Studium Ihrer Kinder brauchen, würde ich mich am Aktienmarkt wohlfühlen. Das macht einen guten Anleger aus." Manchmal, so Lynch, ist der beste Zeitpunkt, eine Aktie zu kaufen oder aufzustocken, wenn der Markt und die Wirtschaft schlecht aussehen. „Deshalb ist der Magen Ihr wichtigstes Organ."

Bringen Sie Ihren Kindern das Investieren bei

Lynch ist der Meinung, dass man die grundlegende Funktionsweise des Aktienmarktes kennen und dieses Wissen auch an seine Kinder weitergeben sollte. Er vergleicht die Vermittlung von Anlagekenntnissen an Kinder mit dem Erlernen des Skifahrens. „Bringen Sie Ihren Kindern bei, wie man anhält, sich dreht und abbremst und wie man fällt. Bringen Sie Ihren Kindern bei, Spaß zu haben, und zeigen Sie, wie man den Sport weniger gefährlich macht. Fangen Sie statt auf einer schwarzen Skipiste auf einem kleinen Hügel an. Sie sollen gute Skifahrer werden, die Spaß am Skifahren haben, und keine Olympioniken", rät er.

Lynch glaubt, dass Schulen alles tun sollten, um Teenagern etwas über den Aktienmarkt, die Wirtschaft, Zinssätze, Sparkonten, Anleihen und Investmentfonds beizubringen. Lynch sagt: „Es gibt kaum Fächer, in denen Teenager das notwendige Wissen über Investitionen lernen. Vor 20 oder 30 Jahren hatten die Menschen einen Rentenplan und mussten sich um ihre Rente keine Sorgen machen. Heute treffen Arbeitnehmer ihre eigenen Anlageentscheidungen, worauf die meisten Menschen nicht vorbereitet sind."

Wichtig ist auch, dass Teenager die Unternehmen, deren Produkte sie kaufen, gut kennenlernen, sagt Lynch. So kann man sie von Ausgebern zu Anlegern machen. Er empfiehlt: „Anstatt ins Kaufhaus zu gehen und eine Coach-Tasche zu kaufen oder zu Starbucks zu gehen, hätten sie mit dem Geld Aktien von Coach oder Starbucks kaufen können. Beide Unternehmen erzielten enorme Gewinne – wie ihre Aktienkurse zeigen."

Lynch schlägt vor, dass Teenager analysieren, warum sie eine Aktie kaufen wollen und ob es sich lohnt, sie zu halten. „Es wäre auch hilfreich, wenn sie lernen würden, wie man eine Bilanz liest", sagt er. „Man muss kein Wirtschaftsprüfer sein, um das zu lernen."

Die grundlegenden Konzepte, die Lynch in seinen Büchern vorstellte, sind heute genauso nützlich wie damals, als er mit dem Investieren begann. So sollte man Unternehmen recherchieren, bevor man Aktien kauft, das Unternehmen regelmäßig beobachten und sich vergewissern, ob der Kaufgrund für die Aktie berechtigt ist.

TEENAGER: MEHR INVESTIEREN, WENIGER AUSGEBEN

Wenn Sie Ihren Teenagern helfen wollen, finanziell unabhängig zu werden, erziehen Sie sie zu Investoren, nicht zu Ausgebern. Als Gastredner an Colleges und Highschools habe ich festgestellt, dass viele Teenager wenig über das Investieren wissen (wobei viele an Spekulationen mit Kryptowährungen und anderen alternativen Finanzprodukten interessiert sind).

Sie bekommen eine Eins dafür, dass sie wissen, wie man Geld ausgibt, und viele arbeiten hart für ihr Geld, aber nur wenige wissen, wie oder warum sie in Aktien, ETFs oder Indexfonds investieren sollten. Gewöhnlich kommen die meisten Teenager nicht auf die Idee, Vermögen aufzubauen, indem sie zuerst sich selbst bezahlen.

Manchmal ist die Wahrnehmung das größte Hindernis beim Geldverdienen. Viele Menschen denken, dass Investieren eine große Kunst ist oder etwas, das nur Profis beherrschen. Indem Sie Teenagern das Selbstvertrauen geben, ihr eigenes Geld zu verwalten und zu investieren, können sie lernen, finanziell unabhängig und frei zu sein und zu leben, wie sie wollen.

Möchten Sie, dass Ihre Teenager kluge Geldausgeber oder sachkundige Anleger sind? Im Grunde können sie beides sein. Bevor Ihre Teenager ihre erste Kreditkarte erhalten, zeigen Sie ihnen, wie sie durch Investitionen ihr Geld vermehren können.

Hier ein paar Schritte, mit denen Sie Ihren Teenagern helfen können, Vermögen aufzubauen:

- **Eröffnen Sie ein gemeinsames Handelskonto.** Entscheiden Sie sich zunächst für eine Brokerfirma. Wenn Ihr Teenager nicht weiß, was eine Brokerfirma ist, nutzen Sie diese Analogie: Eine Brokerfirma ist wie ein Kaufhaus, aber statt eines Ladens, der dich dazu ermutigt, Geld für Kleidung oder Elektronik auszugeben, kannst du im „Brokerladen" verschiedene Anlagen kaufen, die dir Geld einbringen können.
- **Eröffnen Sie ein UGMA-Konto (Uniform Gift to Minors Act).** Ein UGMA-Konto ist ein Vormundschaftskonto, in dem Vermögenswerte für Minderjährige bis zu deren Volljährigkeit verwahrt und geschützt werden. Das Konto kann bei den meisten Brokerfirmen ohne Mindestbetrag eröffnet werden. Fragen Sie einen Mitarbeiter danach, wie Sie ein UGMA-Konto in Ihrem Staat eröffnen können.
- **Denken Sie an mögliche steuerliche Folgen.** Sprechen Sie vor der Kontoeröffnung mit einem Steuerberater oder dem Vertreter der Brokerfirma. Sobald Ihr Kind volljährig ist, muss der Vormund (also Sie) das Vermögen an Ihr Kind aushändigen, was steuerliche Folgen für Ihr Kind haben kann.
- **Legen Sie mit einem Indexfonds los.** Die erste Investition Ihres Kindes sollte ein kostengünstiger Indexfonds sein, wie einer, der den S&P 500 abbildet. Ihre Brokerfirma hat eine Liste mit den beliebtesten Indexfonds oder ETFs. Erklären Sie, dass der S&P 500 Index eine Gruppe von 500 großen US-Unternehmen enthält. Wenn Ihr Kind also in den S&P 500 Index investiert, kauft es einen kleinen Teil jedes Unternehmens im Index.
- **Bezahlen Sie zuerst sich selbst.** Es geht darum, Teenagern eine andere Sichtweise im Umgang mit Geld zu vermitteln. Mit der Eröffnung eines Handelskontos können sie lernen, wie wichtig es ist, sich selbst regelmäßig am Ersten eines jeden Monats zu bezahlen (im Gegensatz zu einer Kreditkartenzahlung).

- **Legen Sie sich eine Routine zu.** Ziel der Kontoeröffnung ist es, Ihr Kind dazu zu bringen, jeden Monat einen bestimmten Geldbetrag in den Fonds zu investieren (Sie können auch einen automatischen Sparplan einrichten). Investieren Sie bei Bedarf einen Teil (nicht alles) des Taschengeldes in den Fonds.

  Hier ein Vorschlag: Ergänzen Sie das Geld, das Ihr Teenager investiert, um 50 Prozent. (Wenn Ihr Kind 100 Dollar investiert, legen Sie weitere 50 Dollar dazu, und so weiter). Nutzen Sie Anlässe (wie einen Geburtstag), um Geld in den Fonds einzuzahlen.

- **Behalten Sie das Geld im Auge.** Bringen Sie Ihrem Teenager bei, wie man den Handelskontoauszug liest (online oder in gedruckter Form) und wie man die Preise von Indexfonds verfolgt (die auf Dutzenden von Websites online veröffentlicht werden). Ihr Kind wird sehen, wie einfach es ist, jede Woche, jeden Monat oder jedes Jahr ohne großen Aufwand Geld zu verdienen (oder zu verlieren).
- **Lehren Sie Geduld.** Regelmäßige monatliche Allokationen können Ihrem Teenager helfen, ein disziplinierter und geduldiger Anleger zu werden – Eigenschaften, die er braucht, wenn er älter wird. Wenn Ihr Teenager sein Geld selbst verwalten kann, ist er nicht mehr darauf angewiesen, dass andere die Geldanlage übernehmen.
- **Erläutern Sie die Marktgegebenheiten.** Wenn der Indexfonds wächst, erlebt Ihr Teenager vielleicht den Nervenkitzel, in einem Bullenmarkt Geld zu verdienen, oder die Angst vor Verlusten in einer Korrektur oder einem Bärenmarkt. Die Chancen stehen gut, dass das Konto Ihres Kindes im Laufe seines Lebens beträchtlich wachsen wird (wobei es keine Garantien gibt). Die Kunst dabei ist, das Konto immer wieder aufzustocken und es eigenständig wachsen zu lassen. Erklären Sie, wie *Zinseszinsen* den Wert des Geldes steigern.

  Hinweis: Auch wenn es verlockend sein mag, gelegentlich Geld vom Konto abzuheben, ermutigen Sie Ihr Kind, es nicht anzurühren.

- **Bringen Sie Ihrem Kind den Unterschied zwischen Investieren und Spekulieren bei.** Manche Teenager sind so fasziniert von der Börse, dass sie in Versuchung geraten, mit dem neuesten Anlagetrend zu spekulieren (wie SPACs oder NFTs). Wenn sie darauf bestehen, dies zu tun, lassen Sie sie mit einem Demokonto online oder bei ihrer Brokerfirma üben. Es ist nichts falsch daran, gelegentlich zu spekulieren, aber verwechseln Sie das nicht mit einer langfristigen Anlagestrategie.

Wenn sie bereit sind, mit echtem Geld zu traden, raten Sie dringend dazu, mit kleinen Beträgen zu traden, da man mit spekulativen Geschäften leicht Geld verlieren kann. Auch wenn das Trading mehr Spaß zu machen scheint, schlagen Sie vor, den Großteil des Geldes in langfristige Anlagen wie Index- oder Investmentfonds zu investieren. Das ist eine andere Art von Spaß, den sie zusammen mit ihren Gewinnen im Alter schätzen werden.

• • • • • •

Im nächsten Teil lernen Sie alternative Strategien kennen, die zwar ein wenig über den Aktienmarkt hinausgehen, aber dennoch erlernt werden sollten. Dazu gehört eine Einführung in festverzinsliche Produkte, Anleihen, Immobilien und Kryptowährungen.

Sie lernen auch eine nützliche Strategie – Leerverkäufe – kennen, die nur von sehr erfahrenen Marktteilnehmern praktiziert werden sollte.

TEIL 6

ALTERNATIVE STRATEGIEN

Das Investieren in Aktien, ETFs und Indexfonds sollte im Mittelpunkt Ihrer Handels- und Anlagestrategien stehen, aber Sie sollten hier nicht aufhören. Ein Erfolgsgeheimnis des Aktienmarktes ist die Diversifizierung. Aus diesem Grund sollten Sie in verschiedene Finanzprodukte investieren.

In diesem Teil stelle ich Ihnen einige traditionelle Wertpapiere wie festverzinsliche Wertpapiere und REITs vor, aber auch einige ungewöhnliche Produkte wie die Spekulation mit Kryptowährungen (etwa Bitcoin). Außerdem stelle ich vor, wie man *Aktien leerverkauft*, eine ausgeklügelte Strategie, die bei fallenden Aktienkursen (oder fallendem Gesamtmarkt) funktioniert.

Auch wenn Sie nicht in eines dieser Produkte investieren, ist es gut, etwas darüber zu wissen, da Sie sie bei zukünftigen Marktveränderungen nützlich finden könnten. Für alle, die in alternative Anlagen investieren wollen, ist Teil 6 interessant.

Kapitel 17

FESTZINSANLAGEN, ANLEIHEN UND REITS KAUFEN

Bisher haben wir uns fast ausschließlich auf das Investieren oder Trading mit Einzelaktien, ETFs, Indexfonds und Investmentfonds konzentriert. Glücklicherweise gibt es neben Aktien noch eine Reihe anderer Anlagemöglichkeiten. Die Kenntnis alternativer Anlagen macht Sie zu einem sachkundigeren Anleger oder Trader.

Für risikoscheue Anleger bieten sich Produkte mit kleineren Renditen, aber geringerem Risiko an. Ganz oben auf der Liste stehen Festzinsanlagen, darunter Geldmarktfonds, Staatsanleihen und das gute alte Bargeld. Alle haben sowohl Vorteile als auch einige Nachteile.

Festzinsanlagen: Geringes Risiko bei geringen Renditen

Zu den risikoärmsten Anlagen gehören Einlagenzertifikate (CDs, *certificates of deposit*) und Bargeld (oft auf einem Sparkonto). Die Idee, Geld in Bargeld oder Bargeldäquivalenten anzulegen, mag wie ein schlechter Scherz erscheinen, wenn die jährliche Rendite nicht mehr als ein oder zwei Prozent beträgt. Das gilt vor allem dann, wenn Aktien schnell im

Wert steigen. Bei einer Marktkorrektur oder einem Bärenmarkt geht der Scherz jedoch nach hinten los. Genau dann werden Sie froh sein, Bargeld zu halten. Die mageren ein oder zwei Prozent Rendite werden im Vergleich zu den großen Verlusten der Aktionäre gut aussehen. Bei steigenden Zinssätzen können diese CDs fünf Prozent oder mehr abwerfen, was die Rendite für konservative Anleger akzeptabel macht.

Beliebt ist auch der Kauf von US-Staatsanleihen (*Treasuries*), die mehr Sicherheit bieten, weil sie durch das volle Vertrauen und die Kreditwürdigkeit der US-Regierung abgesichert sind.

Viele Anleger kaufen *Geldmarktfonds*, eine sehr liquide Festzinsanlage, die von einer Investmentfondsgesellschaft verwaltet wird. Ihr Broker hat eine Liste mit risikoarmen Geldmarktfonds, die Sie kaufen können. Der NIW (Nettoinventarwert) eines Geldmarktfonds ist auf einen Dollar festgelegt und ändert sich (fast) nie. Der Geldmarktfonds ist eine weitere bargeldähnliche Anlagemöglichkeit.

Geldmarktfonds zahlen kaum mehr als Banksparkonten (was bei niedrigen Zinssätzen winzige Zinsen bedeutet). Im Grunde ist ein Geldmarktfonds ein Investmentfonds, der in kurzfristige Wertpapiere wie CDs und Staatsanleihen investiert, die leicht in Bargeld umgewandelt werden können.

Obwohl Geldmarktfonds nicht versichert sind, fällt der NIW nur äußerst selten unter einen Dollar. Wenn das doch passiert, spricht man an der Wall Street von „breaking the buck" (das Brechen des Dollars). (1994 fiel der NIW eines Geldmarktfonds auf 0,94 Dollar und der Fonds wurde liquidiert.)

Auch während der Finanzkrise 2008 brach ein Geldmarktfonds, der stark in Lehman Brothers investiert war, den Dollar. Die Anleger verloren glücklicherweise kein Kapital, da sie für alle Verluste entschädigt wurden. Infolge des Debakels von 2008 führte die Regierung jedoch neue Vorschriften ein, um Geldmarktfonds noch sicherer zu machen.

Eine beliebte Alternative ist ein *Geldmarktkonto*. Es ist ein zinstragendes Konto, das bei einer Bank oder Kreditgenossenschaft eröffnet werden kann. Es bringt in der Regel höhere Zinssätze ein als ein herkömmliches Sparkonto. Geldmarktkonten sind versichert und gewähren neben anderen Vorteilen auch Kontrollrechte. Andererseits können Gebühren anfallen und ein Mindestguthaben erforderlich sein.

Erinnern Sie sich an die Wichtigkeit der Diversifizierung aus Kapitel 10? Wenn Sie überschüssiges Bargeld in einem Geldmarktkonto oder -fonds halten, sind Sie vor Korrekturen, Börsencrashs und Bärenmärkten geschützt. So haben Sie auch Bargeld, das Sie im Notfall oder bei unerwarteten Ausgaben verwenden können.

Es wäre nicht ratsam, 100 Prozent Ihres Vermögens in den Aktienmarkt zu investieren. Sollte sich jedoch eine Gelegenheit ergeben, können Sie mit einem Teil dieses zusätzlichen Geldes Aktien oder Investmentfonds kaufen.

Ein Tipp: Bei niedrigen Zinssätzen ist der Aktienmarkt in der Regel eine kluge Idee. Bei steigenden Zinssätzen ist es oft sinnvoll, in festverzinsliche Wertpapiere zu investieren.

Anleihen: Verleihen statt ausleihen

Anleihen sind zwar für die meisten Menschen nicht leicht zu verstehen, aber ich werde mein Bestes tun, um einen kurzen Überblick zu geben. Eine Anleihe ist eine festverzinsliche Anlage, die von einem Unternehmen oder der Regierung ausgegeben wird und ihrem Besitzer einen festen Zinssatz für einen bestimmten Zeitraum bietet. Mit der Ausgabe von Anleihen und neuen Aktien hilft die Wall Street den Unternehmen bei der Geldbeschaffung.

Um Anleihen zu verstehen, müssen Sie wie ein Kreditgeber denken, nicht wie ein Anleger. Beim Kauf von Anleihen leihen Sie dem Emittenten Geld gegen das Versprechen, dass das Geld in voller Höhe mit Zinsen zurückgezahlt wird.

In der „Anleihesprache" wird der jährlich gezahlte Zins (als Prozentsatz ausgedrückt) als *Kupon* (also der Zinssatz) bezeichnet. Es ist im Grunde der Betrag, den der Anleihegläubiger als Zinszahlung erhält. Es wurde zwar ein Rückzahlungsversprechen abgegeben, aber das ist keine Garantie dafür, dass die Zinsen oder das Kapital jemals gezahlt werden.

Das ist das Risiko beim Besitz von Anleihen. Am Ende der Laufzeit (*Fälligkeitsdatum* genannt) wird das Darlehen (also der für die Anleihe gezahlte Betrag) zurückgezahlt und Sie behalten die gesamten Zinsen.

Es gibt verschiedene Arten von Anleihen: *Staatsanleihen, Kommunalanleihen* und *Unternehmensanleihen.* Staatsanleihen gelten als die sicherste Anlageform, da sie die volle Unterstützung der US-Regierung haben. Diese Sicherheit schlägt sich in einem niedrigeren Zinssatz nieder. Kommunalanleihen werden von staatlichen und lokalen Regierungen ausgegeben und sind in der Regel steuerfrei. Unternehmensanleihen sind mit dem größten Risiko verbunden, bieten aber auch die höchsten Renditen.

Es gibt drei Kategorien von Staatsanleihen: *Schatzwechsel, Schatzanweisungen* und *Schatzanleihen.* Schatzwechsel haben die kürzesten Laufzeiten, also ein bis zwölf Monate. Schatzanweisungen haben eine Laufzeit von ein bis zehn Jahren und Anleihen eine Laufzeit von zehn oder mehr Jahren, oft sogar bis zu 30 Jahren. Generell gilt: Je länger die Laufzeit des Kredits, desto höher die *Rendite* (also die annualisierte Rendite Ihrer Investition). Sie entspricht nicht dem Kuponsatz.

Sollten Anleihen verwirrend klingen, so sind sie das auch! Um zu verstehen, wie Anleihen funktionieren, betrachten wir das folgende Beispiel: Sagen wir, Sie willigen ein, einem Unternehmen für die nächsten zehn Jahre 5.000 Dollar zu leihen. Im Gegenzug zahlt das Unternehmen zehn Prozent Zinsen pro Jahr. Das heißt, Sie erhalten für jedes der nächsten zehn Jahre 500 Dollar als Zinszahlungen.

Daher hat die Anleihe einen *Nennwert* von 5.000 Dollar (der Wert der Anleihe bei Fälligkeit). Diese Anleihe wird in zehn Jahren fällig (bei Fälligkeit erhalten Sie den Nennwert der Anleihe). Der aktuelle Marktwert jeder Anleihe wird durch die vorherrschenden Zinssätze und die Bewertung der jeweiligen Anleihe durch die Marktteilnehmer bestimmt. Sie werden also wie Aktien mit einer Geld-Brief-Spanne gehandelt.

Meist kaufen diejenigen, die das Risiko des Aktienmarktes vermeiden wollen, Anleihen. Leider sind auch Anleihen nicht perfekt. Der Kauf von Anleihen ist nämlich auch mit Risiken verbunden.

Es besteht zum Beispiel immer die Gefahr, dass ein Unternehmen in Konkurs geht. Das ist schon Dutzenden von Unternehmen passiert, die ihre Anleihegläubiger nur mit einem leeren Versprechen zurückließen. Zu den bekannten, einst erfolgreichen Unternehmen, die Konkurs angemeldet haben, zählen Enron, Lehman Brothers, WorldCom und Sears. Am bekanntesten ist wohl Enron wegen des von Unternehmensinsidern, darunter auch dem CEO, begangenen Betrugs.

Wie sich Zinssätze auf Anleihen auswirken

Es gibt Ratingagenturen, die das Risiko bewerten und Anleihen einstufen. Hoch bewertete AAA-Anleihen sind die sichersten. Anleihen mit niedrigem Rating sind am riskantesten. Je niedriger das Rating einer Anleihe, desto höher der Zinssatz (da die emittierenden Unternehmen höhere Zinssätze zahlen müssen, um Käufer zu finden).

Manche Anleihen sind so riskant, dass sie als *Ramschanleihen* bezeichnet werden. Für das zusätzliche Risiko erhalten Inhaber von Ramschanleihen eine extrem hohe Rendite. Anleihegläubiger sorgen sich immer um die Zinssätze; viele Anleihegläubiger leben von den Zinszahlungen aus ihren Anleihen. Fallen die Zinssätze, sind Anleihen eine begehrte Investition, da der Wert der Anleihe steigt. Steigen die Zinssätze, sinkt der Wert der Anleihen. Anleihen können attraktiv sein, wenn die Zinsen hoch sind, aber nicht, wenn die Zinsen weiter steigen.

Die umgekehrte Beziehung zwischen Anleihekursen und Zinssätzen verwirrt viele Anleger. Da Anleihen wie Aktien gehandelt werden, variiert der aktuelle Kurs mit der Veränderung der Zinssätze. Der Marktpreis der Anleihe (nicht mit dem Nennwert der Anleihe zu verwechseln) steigt oder fällt in die umgekehrte Richtung wie die Zinssätze (es ist also eine umgekehrte Beziehung). Angenommen, Sie kaufen eine Anleihe für 1.000 Dollar mit einem achtprozentigen Kupon (sie zahlt jährlich 80 Dollar pro 1.000 Dollar Nennwert). Wenn die Zinssätze unter acht Prozent liegen, ist die Anleihe mehr als 1.000 Dollar wert, weil Anleger mehr zahlen, um höhere Zinszahlungen zu erhalten.

Steigen die Zinssätze, ist die Anleihe weniger als 1.000 Dollar wert. Sie ist dann uninteressanter für die Käufer, die für eine Anleihe, die weniger als den aktuellen Zinssatz zahlt, den Nennwert nicht zahlen. Das würde den Wert Ihres Anleiheportfolios senken.

Anleihen haben den Vorteil, dass sie im Vergleich zu Aktien mit geringerem Risiko Zinsen zahlen und den Nennwert der Anleihe (das *Kapital*) zurückzahlen, der eventuell nicht mit dem gezahlten Preis übereinstimmt. Im Grunde leihen Sie Geld aus und hoffen, dass das Unternehmen (oder eine andere Einheit) es zurückzahlen kann. Es kann auch sein, dass der Emittent der Anleihe in Verzug gerät.

Anleihen sind vor allem bei Menschen beliebt, die ihr Kapital erhalten wollen und nicht auf höhere Renditen durch Investitionen in Aktien aus sind. Obwohl Anleihen nicht risikofrei sind, empfehlen die meisten Finanzberater ein diversifiziertes Portfolio mit Aktien und einem gesunden Anteil an Anleihen.

Die richtige Anleihe auszuwählen ist keine leichte Entscheidung. Deshalb kaufen viele Anleger *Anleihefonds*, bei denen die Fachleute der Fondsgesellschaft die Anlageentscheidungen für Sie treffen. Sie können auch Anleihe-ETFs kaufen, die eine sofortige Diversifizierung der Anleihen bieten.

VORSICHT: Bevor Sie Anleihen von einem Broker oder einer Bank kaufen, lesen Sie den Vertrag sorgfältig durch und machen Sie sich mit den Gebührenstrukturen vertraut. Ein Bekannter von mir hat bei einer bekannten Bank 300.000 Dollar in Anleihen investiert, und als er verkaufte, erhob die Bank eine Verkaufsgebühr von zehn Prozent, also 30.000 Dollar. Unterschreiben Sie nichts, ehe Sie nicht jede Zeile des Vertrags gelesen haben, und das gilt für jedes Finanzprodukt, einschließlich Anleihen, Versicherungsscheine, Hypotheken und Darlehen.

Preiswerte Anleihen können auch Teil Ihres breit diversifizierten Portfolios in Ihrem Konto sein. Das kann auch eine kleine Position in einem internationalen Rentenfonds zur „Absicherung" beinhalten.

Ein Grund, warum Menschen ausländische Anleihen kaufen, sind die *hohen Renditen*. Was sie jedoch beachten sollten, sind die *Erträge*. Renditen und Erträge sind nicht dasselbe. Wenn Sie diesen Weg gehen, sind Anleihe-ETFs oder Anleihefonds der einfachste und effizienteste Weg, um am Anleihemarkt (im In- oder Ausland) teilzunehmen, vor allem wegen der Diversifizierung.

Der Kauf von Immobilien

Für viele Menschen ist eine der sinnvollsten Investitionen, ein Haus zu kaufen. Obwohl es keine Garantien für die Zukunft gibt, sind Immobilienwerte im Laufe der Zeit gewöhnlich angestiegen. Natürlich hängt viel von Ihrem Standort, der Wirtschaft und den Zinssätzen ab.

Es fühlt sich gut an, etwas Greifbares zu besitzen und einen Ort zum Leben zu haben, der Ihnen gehört (solange Sie die monatlichen Hypothekenzahlungen leisten). Der größte Nachteil von Wohneigentum ist, dass es eine illiquide Investition ist (es ist also schwierig, es schnell zu verkaufen).

Zudem kann die Bank, wenn Sie mit Ihren Hypothekenzahlungen in Verzug geraten, versuchen, Ihr Haus zu beschlagnahmen (Zwangsvollstreckung). Den Banken ist es in der Regel lieber, wenn Sie Ihr Haus behalten und die Zahlungen leisten, da sie nicht in der Immobilienverwaltung tätig sind. Wenn Sie ein Haus besitzen, müssen Sie die Grundsteuer, die Hausratversicherung und die Zinsen für das Darlehen bezahlen. Hinzu kommen die Instandhaltungskosten für das Haus, wie der Kauf von Großgeräten und die Reparatur von undichten Leitungen.

Ein Eigenheim ist ein lohnendes finanzielles Ziel, aber nicht für jeden geeignet (manche Menschen finden zum Beispiel das Mieten einfacher und bequemer). Wie am Aktienmarkt gilt auch hier: Kaufen Sie keine Immobilien, bevor Sie sich nicht umfassend über das Haus, die Nachbarschaft und die Gemeinde informiert haben.

Viele Menschen kaufen Immobilien als Investition. Sie kaufen eine Wohnimmobilie, wie ein Einfamilienhaus, eine Eigentumswohnung oder ein Reihenhaus, und vermieten sie. Später kann die Immobilie immer noch mit Gewinn verkauft werden.

VORSICHT: Der Hauskauf und die Abzahlung der Hypothek können eine langfristig sinnvolle Investition sein. Vermeiden Sie jedoch den Fehler, eine HELOC (Home-Equity-Kreditlinie) aufzunehmen, bei der das Haus als Kreditsicherheit dient. Dieses riskante Produkt ist eigentlich eine Kreditkarte für Ihr Haus. Bei klassischen Kreditkarten verschlechtert ein Zahlungsverzug die Kreditwürdigkeit. Bei einer HELOC kann ein Zahlungsverzug eine Zwangsversteigerung zur Folge haben. Der Vorteil einer HELOC ist dagegen der geringere Papieraufwand, die niedrigeren Gebühren und die schnelle Genehmigung gegenüber einer Hypothek. Eine HELOC hat niedrigere Zinssätze als eine Kreditkarte, aber der variable Zinssatz kann bei steigenden Zinsen Probleme bereiten. Vor allem aber kann eine HELOC, wenn sie nicht richtig verwaltet wird, jede Menge Ärger verursachen.

Real Estate Investment Trust

Die Alternative zum Immobilienkauf ist die Investition in einen *Real Estate Investment Trust* (REIT), ein börsennotiertes Unternehmen, das Immobilien erwirbt und verwaltet, um Einnahmen zu erzielen. Wenn Sie Aktien eines REITs kaufen, wetten Sie auf den Erfolg (oder möglichen Misserfolg) des Immobilienportfolios des Unternehmens.

Sie können einen REIT-Anlagefonds kaufen, der ein professionelles Management bietet, oder einen REIT-ETF, der den Großteil des Fondsvermögens in REIT-Aktien und andere zugehörige Produkte investiert. REITs ermöglichen den Kauf und Verkauf von Immobilien, ohne die Bürde des Besitzes und der Instandhaltung von Grundstücken. REITs sind leichter zu kaufen als ein Haus oder eine Wohnung und sie sind liquide Anlagen (also leicht zu kaufen oder zu verkaufen).

Das Risiko beim Kauf eines REITs ist ganz einfach: Wenn das Unternehmen oder der Fondsmanager schlechte Immobilieninvestitionen tätigt, verliert der REIT an Wert. Auch wenn die Zinsen steigen, verlieren REITs an Wert, weil die Kreditkosten steigen. Allgemein schneiden REITs bei niedrigen Zinssätzen besser ab (genau wie Häuser).

Immobilieninvestoren sollten ihre Hausaufgaben machen, bevor sie in einen REIT investieren. Untersuchen Sie den Prospekt nach Hinweisen (zugegeben, er liest sich nicht leicht). Vermeiden Sie unbedingt den Kauf eines REITs, der in risikoreiche Bereiche oder Immobilien investiert.

• • • • • •

Im nächsten Kapitel lernen Sie eine weitere Methode zum Geldverdienen kennen: den Leerverkauf von Aktien. Mit dieser risikoreicheren Strategie profitieren Sie bei fallenden Aktienkursen. Obwohl diese Strategie nicht für jeden geeignet ist, lohnt es sich, *Leerverkäufe* zu verstehen, vor allem während Korrekturen, Crashs oder Bärenmärkten.

Kapitel 18

LEERVERKÄUFE

Wenn Sie glauben, dass eine einzelne Aktie oder ein Marktindex fallen wird, und Sie daran Geld verdienen wollen, haben Sie mehrere Möglichkeiten. Als langfristiger Anleger können Sie die Aktie weiter halten. Eine zweite Möglichkeit wäre, Ihre Bestände zu reduzieren und in Bargeld zu wechseln. Als Drittes könnten Sie von dem Ausverkauf profitieren und *Leerverkäufe* tätigen.

Leerverkäufe von Aktien sind keine empfehlenswerte Strategie für Anfänger. Dennoch lohnt es sich zu wissen, wie sie funktioniert und warum man sie anwenden sollte.

> *Hinweis:* Sie müssen bei Ihrem Broker ein Margin-Konto eröffnen, um einzelne Aktien oder ETFs leerverkaufen zu können.

Wie man Aktien leerverkauft

Das Leerverkaufen von Aktien ist am besten für erfahrene Trader geeignet. Der Grund dafür ist ganz einfach: Es ist riskant, etwas zu verkaufen, das einem nicht gehört. Dennoch erfahren Sie hier, wie Leerverkäufe funktionieren, welche Gründe für diese Strategie sprechen und wie Sie von fallenden Aktien oder Indizes profitieren können.

Wie Sie bereits wissen, sind Sie bei Investitionen in eine Aktie, von der Sie sich einen Kursanstieg erhoffen, „long" positioniert. Ihr Ziel ist es, zu einem Preis zu kaufen und schließlich zu einem höheren Preis zu verkaufen. Der Gewinn ergibt sich aus der Differenz zwischen dem Kaufkurs und dem Verkaufskurs. Bis jetzt hat dieses Buch vor allem langfristiges Investieren und Trading behandelt.

Wenn Sie dagegen eine Aktie *leerverkauft* haben (Sie haben sich die Aktien von Ihrem Broker geliehen und sie dann verkauft), profitieren Sie, wenn der Kurs der Aktie fällt. Das funktioniert folgendermaßen: Beim Leerverkauf einer Aktie werden die Anteile, die Sie nicht besitzen, verkauft. Das Ziel ist es, diese Aktien in der Zukunft zurückzukaufen, um die Position zu einem niedrigeren Preis zu decken. Anschließend werden die Anteile an Ihren Broker zurückgegeben. Ihr Gewinn oder Verlust entspricht der Differenz zwischen dem Verkaufs- und dem Kaufkurs. Wenn Sie noch nie Aktien leerverkauft haben, klingt das seltsam, bis Sie es ein paar Mal gemacht haben.

Stellen Sie sich vor, Sie machen Geld, wenn eine Aktie fällt. Manche Leute halten es für unethisch oder unpatriotisch, von fallenden Aktien zu profitieren. In Wahrheit sind Sie nur aus einem einzigen Grund auf dem Markt: um Geld zu verdienen.

Leerverkäufer sind für einen freien und unabhängigen Aktienmarkt wichtig. Die besten professionellen Leerverkäufer machen die „Zu gut, um wahr zu sein"-Behauptungen der Börsenbullen zunichte. Sie sind in der Lage, potenzielle Probleme in einem Unternehmen aufzuspüren, und allein schon deshalb spielen Leerverkäufer eine wichtige Rolle (auch wenn sich die bullishen Anleger wünschen, sie würden verschwinden).

Es spielt keine Rolle, ob Sie long oder short sind, solange Sie Gewinne erzielen (der Hauptgrund, warum Sie dieses Buch lesen). Allerdings birgt diese Strategie auch Risiken.

So könnte der Broker Sie beispielsweise zwingen, die Positionen einzudecken, wenn die Aktie zu einem viel höheren Preis gehandelt wird. Das ist der gefürchtete *Margin Call,* bei dem der Broker Sie anruft und auffordert, mehr Geld einzuzahlen, um die Mindestanforderungen für die Führung des Kontos zu erfüllen.

Fazit: Leerverkäufe sind eine ausgeklügelte Strategie, die Ihnen in wirtschaftlich schlechten Zeiten oder wenn eine Aktie in Schwierigkeiten gerät, Gewinne ermöglicht. Für die meisten Anleger ist diese Strategie nicht zu empfehlen, aber es lohnt sich, sie zu erlernen.

Hinweis: Sollten Sie diese Strategie anwenden wollen, rate ich Ihnen dringend, Dutzende von Trades zu üben, bevor Sie echtes Geld einsetzen. Diese Taktik anzuwenden, ohne die Risiken zu kennen, ist zu gefährlich. Sie werden sehen, dass die potenziellen Verluste theoretisch unbegrenzt sein können, weshalb diese Strategie gelegentlich eingesetzt werden kann, aber immer mit äußerster Vorsicht.

Ein kleines Beispiel: So wird's gemacht

Nehmen wir an, Sie beobachten YYYY und glauben, dass der Aktienkurs im nächsten Monat fallen wird. Vielleicht gibt es negative Schlagzeilen über das Unternehmen, oder Sie stellen fest, dass das Unternehmen hoch verschuldet ist. Sie beschließen, 100 Aktien von YYYY zum aktuellen Kurs von 20 Dollar pro Aktie leerzuverkaufen.

Zum Ausführen des Trades wählen Sie auf Ihrer Broker-Oberfläche „YYYY verkaufen" oder „Leerverkauf". Da Sie die Aktie nicht besitzen, wird die Software des Brokers Ihnen automatisch 100 Aktien von YYYY zu 20 Dollar pro Aktie „leihen".

In diesem Beispiel sind die 100 Aktien 2.000 Dollar wert (20 Dollar x 100). Jetzt kommt der spannende Teil: Wenn YYYY auf 18 Dollar pro Aktie fällt, haben Sie einen 2-Punkte-Gewinn von 200 Dollar erzielt.

Um den Gewinn von 200 Dollar zu sichern, kaufen Sie die 100 Aktien zurück (wählen Sie „Kaufen zum Schließen" auf der Broker-Oberfläche). Sobald Sie die Eingabetaste drücken, machen Sie einen Gewinn von 200 Dollar (abzüglich Margin-Zinsen und Gebühren für die geliehenen Mittel). Die geliehenen Anteile gehen an den Verleiher zurück und Sie können den nächsten Trade tätigen.

> ***Hinweis:*** Ihr Broker muss die Aktien tatsächlich auftreiben, damit Sie sie ausleihen können. Manchmal sind Aktien nicht verfügbar und diese Aktie darf dann nicht leerverkauft werden. Informieren Sie sich immer bei Ihrem Broker über die Verfügbarkeit von Aktien, bevor Sie den Trade tätigen.

Leerverkäufe klingen zwar unkompliziert, aber es kann eine Menge schiefgehen. Erstens können Sie beim Kauf einer Aktie allenfalls Ihre gesamte Investition verlieren.

Das klingt ganz schön übel, aber wie viel kann man bei Leerverkäufen verlieren? Die Antwort ist erschreckend: unendlich viel! Wenn eine Aktie leerverkauft wird, gibt es keine theoretische Grenze für den Kursanstieg.

Angenommen, es gibt eine Gewinnmitteilung für YYYY. Anstatt wie von Ihnen erwartet zu fallen, steigt YYYY an. Da Sie sich geirrt haben, verlieren Sie für jeden Punkt, um den YYYY steigt, 100 Dollar. Wenn YYYY also weiter steigt und steigt, häufen sich Ihre Verluste weiter an.

Gerade deshalb sind Leerverkäufe so riskant. Wenn Sie undiszipliniert sind und Verluste mit wenig oder gar keinem Risikomanagement (ohne Stop-Loss) zulassen, können Sie ein Vermögen verlieren. Die erfahrensten Leerverkäufer sind jedoch diszipliniert genug, um ihre Short-Positionen einzudecken (zu schließen), wenn sich der Aktienkurs gegen sie entwickelt.

> ***Hinweis:*** Wenn Sie leerverkaufen, ist es wichtig, dass Sie die potenziellen Verluste mit Stop-Loss auf höchstens zehn Prozent begrenzen. Es empfiehlt

sich auch, bei dieser Strategie eine kleine Position zu halten (ein Betrag, der für jede Person unterschiedlich ist).

Ein Tipp: Leerverkaufen Sie eine Aktie niemals vor der Veröffentlichung der Gewinne. Die Gewinne werden nach Börsenschluss bekannt gegeben, und wenn Sie auf der falschen Seite stehen (also die Gewinne positiv sind), werden Sie sehr schmerzhafte Verluste erleiden.

Trading-Tipp: Leerverkaufen Sie Aktien nicht nach dem, was Sie „denken", sondern aufgrund von technischen oder fundamentalen Signalen. Achten Sie beispielsweise bei der Technischen Analyse auf Aktien, die unter ihren 50-, 100- oder 200-tägigen gleitenden Durchschnitt gefallen sind. Wie Sie wissen, gibt es zahlreiche andere technische Indikatoren und Oszillatoren, die bei dieser Entscheidung helfen können.

Wenn Sie die Fundamentalanalyse nutzen, suchen Sie nach Aktien mit negativen Informationen wie entgangenen Gewinnen, schlechten Managemententscheidungen, schwachen Umsätzen oder Unregelmäßigkeiten in der Rechnungslegung. Jedes dieser Probleme wirkt sich auf den Aktienkurs aus, und zwar nicht gerade positiv.

Neben der Technischen oder fundamentalen Analyse finden Sie Short-Kandidaten auch, indem Sie nach Aktien suchen, die sich am oder in der Nähe des 52-Wochen-Tiefs befinden. Oft (aber nicht immer) bewegen sich Aktien an 52-Wochen-Tiefs weiter nach unten.

Hinweis: Wenn Sie einen unterhaltsamen Einblick in die Vorteile und Risiken von Leerverkäufen erhalten möchten, sehen Sie sich den hervorragenden Film „*The Big Short*" an, eine wahre Geschichte über eine Gruppe von Leerverkäufern, die gegen den US-Hypothekenmarkt wetteten.

Um die mit Leerverkäufen verbundenen Risiken (unbegrenzte Verluste) auszuschalten, gibt es eine alternative Methode, Geld zu verdienen, wenn die Indizes fallen. Diese Methode, der Kauf *inverser ETFs*, wird im Folgenden erläutert. Zwar ist der Kauf von inversen ETFs mit Risiken verbunden, aber zumindest sind Ihre potenziellen Verluste nicht unbegrenzt.

Leerverkauf von Aktien mit inversen ETFs

Wenn Sie der Gedanke, Aktien leerzuverkaufen, einschüchtert, gibt es einen einfacheren Weg: Kaufen Sie inverse ETFs. Wie Sie sicher noch aus Kapitel 6 wissen, ist ein ETF ein Korb von Aktien oder anderen Wertpapieren.

Ein inverser ETF hingegen ist ein Korb von Aktien, die leerverkauft wurden. Das heißt, wenn die einzelnen Aktien im ETF fallen, steigt der Kurs des ETF.

Hier der Grund, warum inverse ETFs nützlich sind: Angenommen, Sie glauben, dass der S&P 500 im nächsten Monat fallen wird. Sie sollten gute fundamentale oder technische Gründe haben, um zu diesem Schluss zu kommen, nicht nur eine Vermutung. Der Tipp eines Freundes oder ein beunruhigender Artikel, der vor einem bevorstehenden Absturz warnt, ist kein triftiger Grund für diesen Trade.

Anders als beim Leerverkauf einzelner Aktien überlassen Sie dem ETF das Leerverkaufen. Noch interessanter ist der Kauf von inversen ETFs, die Indizes wie den S&P 500, den Nasdaq und Hunderte anderer Indizes und Aktiensektoren leerverkaufen. Der Vorteil des Kaufs eines inversen ETFs ist seine Einfachheit.

Hier ein Beispiel dafür, wie es funktioniert: Sie kaufen eines Tages einen inversen ETF, der den S&P 500 abbildet. Wenn in diesem Beispiel der S&P 500 heute um ein Prozent *fällt,* wird der inverse ETF um etwa ein Prozent *steigen.* Umgekehrt, wenn der S&P 500 um ein Prozent *steigt,* wird der inverse ETF um ungefähr ein Prozent *fallen.* Der inverse ETF ist so konzipiert, dass er sich eins zu eins zum S&P 500 bewegt, allerdings umgekehrt.

Hinweis: Ein Beispiel für einen inversen ETF ist der ProShares Short S&P 500 (Symbol: SH).

Hinweis: Nicht jeder ist ein Fan von inversen ETFs, weil sie manchmal komplizierte Finanzinstrumente enthalten. Deshalb glauben manche Kritiker, dass inverse ETFs für Daytrader besser geeignet sind. Tatsächlich sind diese Produkte *nicht* darauf ausgelegt, über einen langen Zeitraum gehalten zu werden.

VORSICHT: Während inverse ETFs geeignete Investitionen sind, solange Sie ihre Grenzen kennen, sollten Sie den Kauf von *gehebelten* ETFs (invers oder long) vermeiden. Die einzigen, die diese spekulativen Produkte nutzen sollten, sind erfahrene Daytrader, die die Disziplin haben, eine gehebelte ETF-Position *nicht* über Nacht zu halten.

AUFSCHWÜNGE, EINBRÜCHE UND BLASEN: VON DER TULPENMANIE ZUM BÖRSENCRASH 1929

Eine ***Blase*** ist ein Phänomen, bei dem Anleger und Trader Aktien oder andere Werte so fieberhaft verfolgen, dass die Preise in irrationale Höhen steigen. In diesem Fall unterliegen die Käufer einem Massenwahn, der Markt sei unaufhaltsam und könne nur noch weiter steigen. Schon bald stürzen sich Spekulanten, die auf schnelle Gewinne hoffen, auf den Markt und lösen eine Manie aus.

Schließlich (und das kann Jahre dauern) kommen die Anleger zur Vernunft, die Käufer verschwinden und die Preise fallen. Das führt oft zum nächsten Phänomen: einer Verkaufspanik. In der Geschichte hat es eine Handvoll Blasen gegeben, die alle für die Anleger ziemlich schlecht endeten.

Eine der spektakulärsten Blasen der Geschichte ereignete sich in Holland im 17. Jahrhundert. Im Jahr 1635 waren die Menschen bereit, für eine einzige

Tulpenzwiebel fast jeden Betrag zu zahlen. Diese Zwiebeln wurden zu Statussymbolen der Reichen und Berühmten, einschließlich der niederländischen Könige.

Die begehrtesten Zwiebeln waren wunderschöne Mutationen, die die Niederländer „bizarres" nannten. Spekulanten kauften eine und verkauften sie sofort zu einem höheren Preis.

Als sich die Tulpenmanie ausbreitete, trieben die Tulpenhändler die Preise immer weiter in die Höhe. Um eine exotische Tulpenzwiebel zu kaufen, musste man beispielsweise mehrere Pferde, einige Schweine, mehrere Brote, eine Kutsche, einige Käselaibe und ein Haus eintauschen (nach heutigem Wechselkurs weit über 200.000 Dollar, also das Fünffache des Wertes der meisten Häuser zu dieser Zeit).

Ich weiß, dass es für viele Menschen schwer zu glauben ist, dass Menschen auf dem Höhepunkt der Manie ihre Häuser gegen eine Tulpenzwiebel eintauschten. Während Sie ungläubig den Kopf schütteln, sagen Sie mir doch bitte noch einmal, was das neueste NFT (Non-Fungible Token) kostet? (In Kapitel 19 erfahren Sie mehr über diese spekulativen Produkte, von denen einige Millionen von Dollar kosten.)

Das ganze Land ließ sich von der Tulpenzwiebelhysterie mitreißen. Wie bei den meisten Blasen wussten die meisten Menschen nicht, dass sie in einer steckten, bis es zu spät war. Damals glaubten die Menschen, dass Tulpen eine kluge Investition seien, die ewig halten würde. Viele Anleger waren mehr als bereit, ihre Wertgegenstände gegen eine Tulpenzwiebel einzutauschen.

Um ihre Erträge zu steigern, kauften und verkauften einige Spekulanten Optionen auf Tulpenzwiebeln. Die Preise der (Kauf-)Optionen stiegen, und die Spekulanten machten Gewinne und verkauften sie zu noch höheren Preisen. Einige Leute machten ein Vermögen, ohne die Tulpen jemals zu besitzen (einer der Vorteile des Optionshandels). Mehrere Tulpenhändler kauften Verkaufsoptionen (sogenannte „Time Bargains"), um sich gegen fallende Tulpenpreise abzusichern.

Und genau das geschah auch. 1638 fielen die überkauften Tulpenpreise nicht einfach nur – sie stürzten vielmehr plötzlich und dramatisch ab. Die

Menschen staunten und fragten sich, warum jemand so viel für eine exotische Blume bezahlen konnte. Es war wie beim Spiel „Reise nach Jerusalem“, wenn die Musik aufhört. Diejenigen, die nur wenige Monate zuvor die Tulpenzwiebeln nicht schnell genug kaufen konnten, konnten sie nun nicht mehr rechtzeitig verkaufen.

Familienvermögen wurden vernichtet, Panik machte sich breit und die niederländische Wirtschaft brach zusammen. Da Optionen bei diesem Zusammenbruch eine Rolle gespielt haben, sind viele Europäer immer noch misstrauisch gegenüber Spekulationen mit Calls und Puts.

Der Börsencrash von 1929

Auch die Vereinigten Staaten erlebten eine Reihe von Blasen. Zu Beginn der 1920er-Jahre galt die Börse generell als ein Markt für die Reichen, die nach Belieben Aktien kauften und verkauften. Die Aktienkurse waren unbeständig, stiegen aber fast während des gesamten Jahrzehnts stetig an (es war ein Bullenmarkt).

Bis 1927 war der Aufwärtstrend so stark, dass selbst Kleinanleger vom Markt angetan waren. Die Medien berichteten, dass viele Menschen mit dem Kauf von Aktien reich wurden. Zahlreiche Lieder wurden über den Bullenmarkt geschrieben, wie zum Beispiel „I'm in the Market for You“ (1929) von George Olsen. Kein Wunder, dass das Interesse an der Börse explodierte.

Als die Börse boomte, titelten die Zeitungen „Es ist ein Bullenmarkt!“ und „Jeder kann reich werden!“. Bald träumten Millionen von Menschen davon, mit Aktien ein Vermögen zu machen, auch jene, die noch nie investiert hatten. Manche glaubten, dass der Aktienmarkt ewig steigen würde (wie einst die Menschen, die in Tulpenzwiebeln investierten).

Diejenigen, die sich Aktien nicht leisten konnten, kauften auf Margin mit sehr günstigen Margin-Sätzen. Die Margin lag gewöhnlich bei 10 : 1, so konnte man mit 1.000 Dollar Bargeld (damals ein kleines Vermögen) Aktien im Wert von 10.000 Dollar kaufen. Die Differenz wurde von der Brokerfirma geliehen. (Zum Vergleich: Heute legen Broker in der Regel eine Margin von 2 : 1 fest.)

Alle schienen sich am Aktienmarkt zu beteiligen. Je mehr Menschen sich beteiligten, desto höher stiegen die Aktienkurse. Das Kabinett Coolidge verhielt sich *laissez faire*, ein französischer Begriff, der so viel bedeutet wie „die Dinge laufen lassen". Die US-Regierung wollte die Kraft des Kapitalismus ohne jegliche Intervention wirken lassen.

Als der Aktienmarkt kurz vor dem Höchststand volatiler wurde und es der Wirtschaft schlecht ging, wurde dem neuen Präsidenten Herbert Hoover klar, dass etwas unternommen werden musste. So beschloss sein Kabinett, die Margin-Anforderungen zu verschärfen, in der Hoffnung, keine Panik auszulösen. Doch die Anleger gerieten in Panik.

Am 20. September 1929 stürzte die Londoner Börse ab, als ein erfolgreicher britischer Investor, Clarence Hatry, wegen Betrugs und Fälschung inhaftiert wurde. Dies führte auf dem US-Markt zu extremer Volatilität. Manche Aktionäre verkauften in Panik ihre Aktien, während andere darin eine Kaufgelegenheit sahen.

Nach mehreren beängstigenden Auf- und Abwärtsbewegungen stürzte der US-Markt am 24. Oktober 1929, dem sogenannten „Schwarzen Donnerstag", zunächst ab und verlor an einem Tag elf Prozent seines Wertes. Noch vor Mittag verloren Anleger Milliarden von Dollar, am Ende des Tages waren es 14 Milliarden Dollar. Unmengen verärgerter und schockierter Anleger strömten in den Handelssaal der NYSE, um das Debakel zu beobachten. Gegen Mittag befand sich der Markt in einer „Todesspirale".

Anleger weltweit waren entsetzt über das Ausmaß des finanziellen Schadens. Die erhöhten Margin Calls drängten am 28. Oktober viele Anleger aus dem Markt, sodass noch mehr Aktien zum Verkauf standen.

Am 29. Oktober 1929 („Schwarzer Dienstag") waren alle Kursgewinne des Vorjahres dahin. In den folgenden drei Jahren kam es zwar zu gelegentlichen Erholungen, die einige Käufer zurückholten, doch der Dow Jones Industrial Average fiel von seinem Höchststand von 381 im Jahr 1929 um mehr als 89 Prozent auf einen historischen Tiefstand von 41 im Jahr 1932.

Eine Ursache für den Zusammenbruch des Marktes im Jahr 1929 waren die lockeren Margin-Anforderungen. Als der Aktienmarkt fiel, konnten diejenigen, die auf Margin mehr Aktien gekauft hatten, als sie sich leisten konnten, ihre Margin-Kredite nicht mehr zurückzahlen. Daraufhin waren die Anleger gezwungen, Aktien zu jedem beliebigen Preis zu verkaufen, um ihre Margin-Schulden zu begleichen.

Die Federal Reserve (Fed) reagierte auf den Crash mit einer Zinserhöhung, die viele Ökonomen für falsch hielten. Mit der Verdoppelung der Einkommensteuer und der Erhöhung der Zölle auf Importe trug auch der Kongress dazu bei, dass aus einer Rezession eine regelrechte Depression wurde. Zudem waren die Darlehensbedingungen der Banken kaum eingeschränkt. Nach dem Crash konnten viele Bankkunden das geliehene Geld nicht mehr zurückzahlen, sodass viele Banken schließen mussten. Viele glaubten, dass auch Betrug und Insider-Aktivitäten verantwortlich waren.

Ökonomen versuchten herauszufinden, was schiefgelaufen war. Es war offensichtlich, dass die Menschen die Anzeichen eines überbewerteten Marktes übersehen hatten. So waren beispielsweise die KGVs vieler Aktien extrem hoch und lagen weit über der historischen KGV-Norm von 15.

Der neue Präsident, Franklin Delano Roosevelt (FDR), traf eine Reihe neuer Maßnahmen, um Stabilität und Vertrauen in den Markt zu schaffen. Im Jahr 1934 gründete der Präsident die Securities and Exchange Commission (SEC), eine staatliche Behörde, die für einen ordnungsgemäßen Börsenbetrieb und den Schutz der Anleger sorgen sollte.

Die Wall Street war skeptisch, was die Einmischung der Regierung in den privaten Sektor betraf, aber die ergriffenen Maßnahmen trugen schließlich zur Sanierung der Wirtschaft bei. Bedauerlicherweise dauerte es 25 Jahre, bis der Dow seinen alten Höchststand von 381 Punkten wieder erreicht hatte. Viele Menschen, die in den 1920er-Jahren gekauft hatten, erlebten ihre Aktien nicht mehr auf dem gleichen Stand.

Zwar ging es an der Börse im Laufe der Jahre immer wieder bergauf und bergab, doch der Crash von 1929 und die darauf folgende Große Depression waren ein äußerst seltenes Ereignis, aus dem die Wall Street hoffentlich gelernt hat.

Die Internetblase

In den späten 1990er-Jahren, einige Jahre nachdem das World Wide Web angekündigt hatte, das Internet für die Öffentlichkeit zugänglich zu machen, stiegen einige Internet-Aktien täglich um Hunderte von Punkten und machten aus vielen Menschen Papiermillionäre. Viele Anleger glaubten irrtümlich, dass alle Internetunternehmen ein Vermögen machen und ihre Aktien ewig weiter steigen würden.

Unternehmen wie Excite@Home, Pets.com, HomeGrocer.com und Hunderte andere wurden zu lächerlich hohen Preisen angeboten. Damals hatten manche Internetunternehmen ohne Gewinn eine höhere Marktkapitalisierung als einige der größten Unternehmen der Vereinigten Staaten.

2000 nahm die Dotcom-Blase (oder Internetblase) für viele Menschen ein böses Ende. Einige der kleineren Internetfirmen gingen in Konkurs, aber auch die Aktien bekannter Technologieunternehmen stürzten ab.

Menschen, die einst Börsenmillionäre waren, hielten nun fast wertlose Aktienzertifikate. Auch wenn das Internet eine der einflussreichsten Erfindungen der Geschichte war, erlitten Anleger, die Anteile an den falschen Unternehmen besaßen, gigantische Verluste.

Die Immobilienblase

Nur wenige Jahre nach dem Internetdebakel entwickelte sich eine Immobilienblase, die zur Verdoppelung und Verdreifachung vieler Immobilienpreise führte. Einige verdienten ein Vermögen mit dem Kauf und Verkauf von Häusern, ohne sie je in Besitz zu nehmen (mit dem sogenannten „Flipping").

Das ganze Land geriet in den Immobilienwahn. Damals konnte sich kaum jemand vorstellen, dass Immobilien- oder Aktienpreise fallen könnten. Ironischerweise führte die Immobilienblase (neben den niedrigen Zinssätzen) zu einer weiteren Blase an der Börse.

Genau wie die Tulpenblase endete auch die Immobilien- und Aktienmarktblase 2008 plötzlich. Die Immobilienpreise, die in astronomische Höhen getrieben wurden, stürzten plötzlich ab und führten zu Zwangsversteigerungen.

Die Immobilienkrise trug auch zum Börsencrash im Jahr 2008 bei. Aktionäre, die es versäumten zu verkaufen oder Stop-Loss-Aufträge zu erteilen, mussten mit ansehen, wie der Wert ihrer Portfolios um 50 Prozent oder mehr sank. Die Aktien bekannter Finanzunternehmen wie Lehman Brothers und Bear Stearns stürzten ab. Anleger fragten sich, wie sie dazu gebracht werden konnten, so viel für Aktien mit geringen oder gar keinen Erträgen zu bezahlen.

Aufschwünge, Einbrüche und Blasen: Das ist die unendliche Geschichte des Aktienmarktes.

• • • • • •

Im nächsten Kapitel lernen Sie auf vielfachen Wunsch die wilde und verrückte Welt der Spekulation mit Kryptowährungen kennen. Auch wenn Sie nicht daran teilhaben wollen, kann es sich lohnen, zu erfahren, wie sie funktioniert.

Kapitel 19

KRYPTOWÄHRUNGEN

Falls Sie mit einem außergewöhnlichen Finanzprodukt spekulieren möchten (oder einfach nur neugierig sind), gibt es nichts Faszinierenderes als *Kryptowährungen.* Auch wenn nicht für jedermann geeignet, sind diese Wertpapiere in den letzten Jahren extrem populär geworden. Sie erhalten zunächst eine kurze Einführung in Kryptowährungen und erfahren dann, wie Sie mit ihnen handeln können.

Eine *Kryptowährung* ist eine digitale Währung, mit der Sie Waren oder Dienstleistungen von jedem kaufen können, der diese Währung akzeptiert. Während der Dollar, Euro, Peso, die Krone und der Yen von einer Regierung stammen, wurden Kryptowährungen so geschaffen, dass keine einzelne Einheit sie steuert. Die erste Kryptowährung, *Bitcoin,* wurde 2009 nach der weltweiten Finanzkrise von Satoshi Nakamoto geschaffen. Seine wahre Identität wurde nie enthüllt.

Die revolutionäre Idee hinter Kryptowährungen ist, dass die Währung nicht von einem Unternehmen oder Finanzinstitut reguliert wird, vielmehr wird sie durch eine dezentrale Technologie auf Tausende von Computern verteilt, die die Transaktionen aufzeichnen und verwalten.

Kryptowährungen basieren auf einer Technologie namens *Blockchain*, einem Datenspeicherprogramm, das jede Transaktion (also jeden *Block*) enthält und aufzeichnet. Diese Blöcke sind über einen verschlüsselten Computercode, die *Kryptografie*, miteinander verbunden.

Sie erhalten nur über eine *Krypto-Wallet-Adresse*, bestehend aus einer langen Zeichenfolge, Zugang zu Ihren Kryptowährungsfonds. Mit dieser Adresse können Sie das Asset in US-Dollar oder eine andere Währung umtauschen. Sie senden und empfangen damit auch Ihre Kryptowährung. Es versteht sich von selbst, dass Sie Ihre Krypto-Adresse nicht vergessen sollten.

Doch es gibt noch etwas Faszinierendes an Kryptowährungen: Wie bereits erwähnt, ermöglicht es die Blockchain-Technologie, dass Kryptowährungen ohne Unterstützung durch eine Regierung oder Bank existieren. Das bedeutet, dass eine Zentralbank oder eine Regierung den Wert der Währung nicht „verwässern" darf, indem sie mehr Geld druckt. Auch aus diesem Grund sind viele Kryptowährungen so wertvoll geworden. Auch deshalb werden sie von vielen Regierungen verabscheut; Kryptowährungen wurden entwickelt, um staatlichen Regulierungen zu entgehen.

Warum Zentralbanken Kryptowährungen verachten

Kryptowährungen werden von einer riesigen Gruppe von Computern kontrolliert, ohne die Hilfe oder das Eingreifen einer staatlichen Instanz. Im Wesentlichen sind Kryptowährungen „staatenlos" und mit keiner Regierung oder Finanzinstitution verbunden.

In manchen Ländern, vor allem in autoritären Regierungen, können Menschen mit Kryptowährungen ohne staatliche Einschränkungen Geld transferieren. Gleichzeitig ist es für Kriminelle leicht, Geld unbemerkt von einem Land ins nächste zu transferieren.

Zwar fühlen sich viele Regierungen durch Kryptowährungen bedroht, aber nicht alle halten sie für eine schlechte Idee. El Salvador zum Beispiel führte als erstes Land Kryptowährungen als legales Zahlungsmittel ein.

Die Arten von Kryptowährungen

Die größten und bekanntesten Kryptowährungen sind Bitcoin und Ethereum, aber es gibt noch Tausende weitere, und dank eines aufwendigen Verfahrens namens „Mining“ werden ständig neue Währungen generiert. Tatsächlich häufen einige Leute Kryptowährungen durch Mining an, das komplizierte mathematische Gleichungen beinhaltet.

Die Vorteile, Kryptowährungen zu besitzen

Ohne einen Vermittler wie eine Zentralbank kann niemand die Kryptokurse nach oben oder unten bewegen. Sie bewegen sich nur nach Angebot und Nachfrage. Die größten Fans glauben, dass Kryptos irgendwann traditionelle Währungen wie Dollar, Euro und Yen ersetzen werden. Sie glauben, dass es eines Tages genauso üblich sein wird, mit Kryptowährungen zu bezahlen wie mit Bargeld oder einer Kreditkarte. Tatsächlich haben viele Wall-Street-Firmen massiv in dieses Produkt investiert, wodurch der Wert von Kryptowährungen wie Bitcoin auch in die Höhe geschnellt ist.

Auch Unternehmen wie Microsoft, AT&T und Mastercard bieten ihren Kunden die Möglichkeit, in Kryptowährungen zu bezahlen, und es werden immer mehr. Durch die Unterstützung von Institutionen und Unternehmen fällt es Kritikern schwer, Krypto als bloße Modewelle abzutun (das waren sicher dieselben Kritiker, die behaupteten, dass das Internet den Sommer nicht überleben würde).

Die Risiken beim Trading mit Kryptowährungen

Da Kryptowährungen von keinem Finanzinstitut gedeckt sind, gibt es keine Chance, Ihr Geld zurückzubekommen, wenn Ihre Kryptowährung gehackt wird oder Sie der falschen Person Bitcoin schicken. Das ist nur einer von vielen Gründen, warum Kryptowährungen riskant sind.

Kryptowährungen bestehen aus Computercode. Daher müssen Kryptos in einer *digitalen Geldbörse* aufbewahrt werden, möglichst offline auf einem PC, einem USB-Stick oder einem mobilen Gerät. Sie können auch eine digitale Geldbörse kaufen und Ihre Kryptos dort aufbewahren. Alternativ können Sie Ihre Kryptowährungen auch einfach bei einer Handelsplattform wie Coinbase hinterlegen, der derzeit größten Plattform. Natürlich gibt es auch andere Börsen, die Sie nutzen können, aber beginnen Sie mit einer gut bekannten. Sie können Ihr Konto später immer noch wechseln.

Kryptobetrug

Die größte Gefahr im Trading mit diesen Wertpapieren ist, dass die Kryptowelt von Manipulatoren und Abzockern bevölkert ist. Sie geben schlechte Tipps in den sozialen Medien, verleiten Sie zum Kauf ihrer gefälschten Währungen oder versuchen, Sie davon zu überzeugen, Mitglied ihrer gefälschten Kryptobörsen zu werden.

Kryptos sind im Moment eine spekulative Investition, deshalb ist eine umfassende Recherche so wichtig. Da man leicht auf Betrüger hereinfallen kann, ist ein Finanzdetektiv erforderlich, um die Spreu vom Weizen zu trennen.

Meine Empfehlung: Es gibt Tausende von Kryptowährungen (manche echt, manche gefälscht), aber bleiben Sie bei den beiden größten und beliebtesten, Bitcoin und Ethereum. Diese beiden Kryptowährungen haben den Vorteil, dass sie liquide sind (also leicht zu kaufen und zu verkaufen). Mit zunehmender Erfahrung können Sie auch mit anderen Währungen traden, aber recherchieren Sie.

Vor allem aber vermeiden Sie unbedingt ausgefallene Online-Brokerfirmen oder Kryptobörsen, von denen Sie noch nie gehört haben. Viele sind reine Abzockseiten, die nur darauf abzielen, Ihnen Geld abzunehmen. Daher sollten Sie Ihr Geld niemals an unbekannte Personen oder Unternehmen geben.

Hier ein Tipp: Rufen Sie den Broker oder die Börse an oder schicken Sie eine E-Mail, bevor Sie Ihr Geld überweisen, um herauszufinden, wie hilfsbereit die Vertreter sind und ob das Unternehmen überhaupt existiert.

Kryptos stecken noch in den Kinderschuhen, daher kann es, wenn überhaupt, Jahrzehnte dauern, bis die meisten Regierungen oder Institutionen sie akzeptieren und unterstützen. Viele Menschen fragen, ob Kryptowährungen ein Betrug, der Weg in die Zukunft oder eine große Blase sind, die eines Tages platzen wird. Sofern Sie nicht in die Zukunft sehen können, weiß das niemand.

Was auch immer Sie von Kryptowährungen halten, der Besitz dieser Währung gleicht einer wilden Achterbahnfahrt in einem Freizeitpark. Aus diesem Grund sagen sich Kryptotrader oft, dass sie, wenn sie überleben wollen, besser auf HODL („hold on for dear life“, also ein Leben lang halten) setzen sollten. Wenn Sie die starken Einbrüche, die Volatilität und die zufälligen Kursspitzen verkraften können, kann der Ertrag sehr lohnend (oder verheerend) sein.

Hinweis: Eine beliebte Quelle für Bitcoin-Trader ist TradingView (**http://www.tradingview.com**).

Leitlinien für Kryptotrader (und -Anleger)

Nachfolgend einige Leitlinien, die Ihnen beim Trading oder Investieren in Kryptowährungen helfen können.

- **Haben Sie Ihre Risiken im Griff.** Da das Kryptocasino 24 Stunden am Tag, sieben Tage die Woche für Trades zur Verfügung steht, ist es kaum möglich, der Versuchung zu widerstehen, mitten in der Nacht auf die Bildschirme zu schauen. Wenn Sie mit dem Kryptotrading Geld verdienen, gratuliere ich Ihnen, denn es ist nicht leicht, Gewinne zu verbuchen. Verlieren Sie jedoch Geld oder Schlaf, reduzieren Sie Ihre Trading-Zeiten oder die Positionsgröße, bis Sie wieder in der Spur und ausgeschlafen sind.
- **Traden Sie klein.** Auch hier gilt, dass „klein" für jeden einen anderen Wert darstellt. Sicher haben einige Leute Millionen verdient, indem sie ihr Haus oder Auto auf Bitcoin gesetzt haben. Leider gibt es aber auch Tausende andere, von denen Sie noch nie gehört haben, die ein Vermögen verloren haben, einschließlich ihres Hauses und Autos.
- **Nehmen Sie Gewinne mit.** Wenn Ihre Gewinne enorm sind (Sie also nicht glauben können, wie viel Geld Sie verdient haben), nehmen Sie routinemäßig Geld vom Tisch.

  Das Trading mit Kryptos ist nicht das Gleiche wie mit dem Dow 30 oder anderen Aktien an der Börse. Wenn Sie an manchen Tagen große Gewinne machen, verkleinern Sie Ihre Position. (Nicht jeder wird regelmäßig Gewinne mitnehmen wollen, weshalb diese Leitlinien auch keine Regeln sind.)
- **Gehen Sie nicht „auf Margin".** Kryptowährungen sind auch ohne Margin-Kredite vom Broker riskant genug. Kluge Trader handhaben das Risiko, das heißt, sie setzen ihr Konto nicht durch Margin aufs Spiel.
- **Haben Sie mentale Stop-Losses.** Da Kryptowährungen sich so schnell bewegen, sind herkömmliche Stop-Losses unwirksam (auch deshalb lassen viele Börsen keine harten Stopps zu). Bei Kryptos empfiehlt es sich, Verlierer *und* Gewinner zu stoppen.

Ein Tipp: Da Kryptowährungen so volatil sind, überwachen einige Kryptotrader ihre Konten zu jeder Zeit. Diese Produkte zu kaufen und zu halten, ist zwar möglich, erfordert aber starke Nerven. Zurzeit ist der Kauf von Kryptowährungen eher eine spekulative Trading-Strategie als eine langfristige Investition (wobei diejenigen, die Bitcoin bei 1.000 Dollar gekauft haben, vielleicht anderer Meinung sind).

- **Erstellen Sie einen Handelsplan.** Da der Kryptomarkt oft mehr dem Wilden Westen ähnelt als einer Handelsplattform, ist ein Plan für den Kauf- und Verkaufszeitpunkt unerlässlich. Halten Sie sich dann an diesen Plan und Ihre Regeln.
- **Diversifizieren Sie.** Wie immer sollten Sie Ihr gesamtes Vermögen nicht in ein einziges Finanzprodukt stecken. Kaufen Sie Bitcoin, wenn Sie wollen, aber verteilen Sie Ihr Geld auch auf andere Anlagen (vorausgesetzt, Sie haben die finanziellen Mittel dazu). Wenn Sie nicht viel Geld haben, können Sie auch kleine Bitcoin-Käufe tätigen.
- **Skalieren Sie in einen Trade, statt große Geldsummen zu versenken.** Da Kryptos so volatil sind, fangen Sie lieber mit 200 Dollar an, statt pauschal für 1.000 Dollar zu kaufen (als Beispiel). Wenn es in die richtige Richtung geht (nach oben), legen Sie weitere 200 Dollar drauf. Erhöhen Sie so lange, bis Sie voll investiert sind. Wenn Sie Kryptowährungen für eine langfristige Investition halten, denken Sie an das Dollar-Cost-Averaging.

NFTs

Niemand weiß, ob ein revolutionäres digitales Produkt, NFTs (*Non-Fungible Tokens*), eine legitime Investition oder ein vorübergehender Trend ist. Seit 2017 sind NFTs extrem populär geworden, und viele wissen nicht, warum. Besonders schockiert haben NFTs die Kunstwelt, in der digitale NFT-Kunstwerke für Hunderttausende – sogar Millionen – von Dollar verkauft wurden.

Technisch gesehen ist eine NFT ein Token, das auf einer Ethereum-Blockchain gespeichert ist. Das Wort *Non-Fungible* bedeutet, dass der Gegenstand einzigartig und unersetzlich ist. Hier kommt der schwer zu verstehende Teil: Manche NFT-Anleger zahlen viel Geld, um etwas zu besitzen, das keinen physischen Wert hat und auch für andere einsehbar ist. Wie bei jedem anderen Anlageprodukt wird sein Wert davon bestimmt, was andere Menschen dafür zu zahlen bereit sind.

Wenn Sie ein digitales NFT-Bild kaufen, ist das Blockchain-Ledger Ihr Beweis dafür, dass Sie ein einzigartiges Token auf der Blockchain besitzen. Steigt der Wert des digitalen Kunstwerks, können Sie es zu einem höheren Preis an jemanden verkaufen. Oder Sie behalten die digitale Kunst in dem Wissen, dass Sie ihr wahrer Eigentümer sind.

In Zukunft werden NFTs von der Kunstwelt auf Spiele, Musik, Film und andere Medien übergreifen, die zu zahlreich (und neu) sind, um sie hier zu erwähnen. Das steigende Interesse an NFTs wird wahrscheinlich anhalten, aber wie bei allen digitalen Transaktionen ist auch hier die Zukunft ungewiss.

> ***Hinweis:*** Im März 2021 verkaufte der bekannte Künstler Beeple ein NFT für 69,4 Millionen Dollar.

AUFSTIEG UND UNTERGANG VON LONG-TERM CAPITAL MANAGEMENT

Zum Thema Trading mit ungewöhnlichen Wertpapieren ist anzumerken, dass selbst Profis manchmal Geld verlieren, besonders wenn sie komplexe Strategien anwenden. Die folgende wahre Geschichte veranschaulicht, wie die klügsten Köpfe im Raum einige der größten Handelsfehler der Geschichte begangen haben.

Man kann viel aus dem Auf und Ab von Long-Term Capital Management lernen, einem Hedgefonds, der von einer Gruppe einflussreicher, erfolgreicher und äußerst intelligenter Akademiker geleitet wurde, die sich auf den Optionshandel und andere Derivate spezialisiert hatten.

Der Aufstieg

Im Jahr 1994 gründete John Meriwether, ehemaliger stellvertretender Vorsitzender und Leiter des Anleihehandels bei Salomon Brothers, den Hedgefonds Long-Term Capital Management (LTCM). Im Unternehmen waren auch einige der besten und klügsten Finanzleute der Welt vertreten, darunter zwei Wirtschaftsnobelpreisträger und ein stellvertretender Vorsitzender des Federal Reserve Board.

Große Investmentbanken und andere erfahrene Anleger kamen in Scharen und investierten eifrig fast 1,3 Milliarden Dollar in den Hedgefonds (die Mindestanlage betrug zehn Millionen Dollar). Die Finanzmedien verkündeten, LTCM sei „auf Erfolg programmiert".

Es galten jedoch einige ungewöhnliche Regeln. Beispielsweise führte der Hedgefonds seine Geschäfte im Geheimen durch. Dennoch erzielte der Fonds in den ersten drei Jahren hervorragende, wenn auch nicht spektakuläre Erträge.

Ursprünglich entwickelte der Hedgefonds komplizierte mathematische Modelle, die die Preisunterschiede zwischen amerikanischen, japanischen und europäischen Staatsanleihen ausnutzten. Die „nicht-direktionalen" Strategien, die er anwandte, umfassten auch das Profitieren von Fusionsübernahmen.

Mit zunehmenden Handelspositionen ging LTCM stark gehebelte Positionen in Indexoptionen wie dem S&P 500 sowie komplexe Aktienoptionen ein. Anfang 1998 lieh sich das Unternehmen 125 Milliarden Dollar bei einem Eigenkapital von etwa fünf Milliarden Dollar. Das Unternehmen war nach allen Maßstäben stark fremdfinanziert.

Der Untergang

Mit dem Rückgang der Erträge begann LTCM im Jahr 1998 zu zerfallen. Die ersten Probleme traten auf, als die russische Regierung den Rubel für ihre

Staatsanleihen abwertete. Bald verkauften Anleger japanische und europäische Anleihen, um US-Staatsanleihen zu kaufen.

Das war das unvorhergesehene Ereignis (ein *schwarzer Schwan*), mit dem LTCM und seine Computermodelle nicht gerechnet hatten. Anstatt Gewinne zu verbuchen, verlor LTCM Geld und geriet in eine Liquiditätskrise.

Im August lag der Kapitalverlust des Hedgefonds bereits bei 1,85 Milliarden Dollar, da sich Anleger nach hochwertigeren Anleihen umsahen. Bis dahin hatte das Unternehmen mit großem Erfolg Kunden angezogen, aber viele seiner größten Anleger begannen zu verkaufen.

Die Gerüchte verunsicherten die institutionellen Anleger, die daraufhin nervös ihr Geld herausholten. Das löste eine regelrechte Panik aus. Geraten die Anleger in Panik, entsteht ein Teufelskreis, der zu noch mehr Verkäufen führt.

Als das verfügbare Geld weniger wurde, mussten die LTCM-Manager ihre Positionen auflösen, um die Margin-Anforderungen zu den schlechtesten Preisen zu erfüllen. Je mehr Positionen die Manager auflösten, umso tiefer fielen die Kurse, und die Verluste stiegen erheblich.

Alan Greenspan, Vorsitzender der Federal Reserve Bank of New York, veranlasste eine milliardenschwere Rettungsaktion für LTCM. Als die Konten geklärt waren, lagen die Verluste für LTCM bei insgesamt 4,6 Milliarden Dollar, und das innerhalb von vier Monaten. Viele Banken schrieben Millionen von Dollar an Verlusten ab. Auch eine Reihe von Spitzenmanagern verschiedener Banken traten zurück, weil sie so stark in LTCM investiert hatten.

Was war nur schiefgelaufen?

Nach dem Zusammenbruch von LTCM nahmen Finanzexperten die Fehler der klügsten Köpfe der Investmentwelt genauer unter die Lupe. Laut Kritikern haben die LTCM-Hedgefonds-Manager nicht alle möglichen Risiken in Betracht gezogen.

Obwohl LTCM Zugang zu den modernsten Computern und Formeln hatte, rechneten die Manager nicht mit dem irrationalen Verhalten der Menschen, wenn sie mit unerwarteten Ereignissen konfrontiert wurden, wie zum Beispiel der Abwertung des Rubels. Kein Wunder, dass die hoch fremdfinanzierten Optionspositionen von LTCM abstürzten, als verängstigte Anleger ihr Geld abzogen.

Ironischerweise hielt LTCM seine Positionen laut seinen Computermodellen für risikoarm. Die Manager der Hedgefonds waren zwar brillant, aber sie schienen das Risiko von hoch fremdfinanzierten Optionspositionen nicht zu erkennen.

> ***Hinweis:*** Näheres über den Aufstieg und Fall von LTCM erfahren Sie in dem Buch „When Genius Failed" (Random House) von Roger Lowenstein, das detailliert das ganze Debakel beschreibt. Es ist eine gute Erinnerung daran, dass Sie beim Trading mit Aktien oder Optionen stets auf das Undenkbare vorbereitet sein sollten.

• • • • • •

Sie haben nun mehr über Kryptowährungen erfahren, womit wir fast am Ende des Buches angelangt sind. Zum Abschied möchte ich Ihnen aber noch einige persönliche Ansichten über den Aktienmarkt mitgeben. Sie können meine Ratschläge gern ignorieren, wenn Sie möchten.

ABSCHLIESSENDE RATSCHLÄGE

Was Sie jetzt tun können

Meinen Glückwunsch – Sie haben alle Kapitel abgeschlossen. Ich möchte Ihnen dafür danken, dass Sie sich die Zeit genommen haben, sich über die Börse zu informieren. Ich hoffe, Sie haben gelernt, wie Sie loslegen können, und auch einige Investitions- und Trading-Strategien entdeckt. Und wissen Sie was? Sie sind kein Anfänger mehr!

Um Aktien zu verstehen, braucht man Zeit, also glauben Sie nicht, alles auf einmal lernen zu müssen. Ich rate Ihnen, sich die Zeit zu nehmen, die Sie zum Lernen brauchen. Wenn Sie bereit sind, mit echtem Geld zu investieren oder zu traden, fangen Sie klein an, bis Sie mehr Wissen erworben haben.

Sie fragen sich vielleicht, welche Strategie die beste ist: Trading oder Investieren. Das müssen Sie persönlich entscheiden. Mit der Zeit werden Sie die für Sie beste Strategie finden.

Wenn Sie wissen wollen, was Sie jetzt tun sollten, folgen hier ein paar Ideen, die nicht endgültig sein sollen. Es sind nur Vorschläge – nutzen oder verwerfen Sie sie, wie es Ihnen passt.

Bedenken Sie, dass Sie als Anleger zwar langsam ein Vermögen aufbauen können, das Trading aber mehr Zeit fordert, als viele dafür aufwenden können. Ich bin der Meinung, dass jeder mit Anlagestrategien beginnen sollte. Wer möchte, kann dann einen Teil seines Geldes für das Trading einsetzen.

Bitte machen Sie nicht den häufigen Fehler, mit Ihrem gesamten Geld zu traden. Viele Anfänger verlieren ihr Geld, weil sie zu viel Geld auf kurzfristige Trades setzen. Fangen Sie lieber langsam an, sammeln Sie Wissen und Erfahrung, und irgendwann finden Sie heraus, was für Sie geeignet ist.

Meine Ratschläge

Zum Abschluss des Buches stelle ich Ihnen einige Ideen vor, die Sie jetzt umsetzen können oder wenn Sie genug Geld haben. Sie beruhen auf meinen eigenen Erfolgen und Misserfolgen am Aktienmarkt.

1. Kaufen Sie einen Indexfonds

Ein einfacher und weniger stressiger Einstieg in den Aktienmarkt ist der Kauf von Anteilen eines Indexfonds. Es ist auch eine der besten Wege, die Funktionsweise des Aktienmarktes zu erlernen. Sie können Indexfonds (und Investmentfonds) über Ihre Brokerfirma erwerben.

Die Investition in einen Indexfonds ist in der Regel eine langfristige Anlage. Gewöhnen Sie sich an, jeden Monat einen festen Geldbetrag mithilfe der Dollar-Cost-Averaging-Strategie zu investieren. Es geht darum, sich selbst zuerst zu bezahlen.

2. Kaufen Sie einzelne Aktien oder ETFs

Nach Ihrer Erfahrung mit Indexfonds oder Investmentfonds können Sie auch Einzelaktien oder ETFs in Betracht ziehen. Nach der Lektüre dieses Buches sollten Sie nun einige ausgezeichnete Ideen haben.

Wenn Sie bereit sind, Einzelaktien zu besitzen, kaufen Sie sie von Unternehmen, die hohe Onlineverkäufe, viele treue Kunden, kluge Manager und einen ausgezeichneten Kundendienst haben. Viele dieser Unternehmen verkaufen Produkte oder Dienstleistungen, die Sie selbst nutzen. Sie können im Dow Jones Industrial Average (DJIA), S&P 500 (SPX) oder Nasdaq 100 viele ausgezeichnete Kandidaten finden.

3. Hören Sie nicht auf Besserwisser

Am meisten Geld habe ich verloren, als ich auf die Besserwisser unter meinen Freunden und Nachbarn hörte, die mich drängten, günstige Aktien zu kaufen, die ihrer Meinung nach das nächste Microsoft, Apple oder Amazon sein würden. Sie meinten es vielleicht gut, aber ihre Finanztipps waren meistens schrecklich.

Die schlimmsten Tipps kamen von sogenannten Experten, die tatsächlich so gut wie nichts über den Markt wussten. Sie können zuhören und höflich sein, aber kaufen Sie keine von Tippgebern empfohlenen Aktien.

Meiden Sie Gespräche mit „Kaltanrufern" am Telefon oder im Internet, die Sie zum Kauf wertloser Kryptowährungen oder Pennystocks drängen. Ich bin mir sicher, dass Sie Geld verlieren werden, wenn Sie deren Ratschlägen folgen. (Wenn Sie versucht sind, nach einem Kaltanruf zu investieren, sehen Sie sich zunächst den großartigen Film „Boiler Room" an, um sich ein Bild von den Druckmitteln zu machen, die Kaltanrufer einsetzen.)

Sofern Ihr Nachbar oder Bekannter kein Finanzexperte ist, empfehle ich Ihnen, selbst nach Aktien zu suchen und zu recherchieren.

4. Diversifizieren Sie

Warum, glauben Sie, verliert die Hälfte der großen Lottogewinner ihr gesamtes Geld innerhalb von fünf Jahren? Weil sie die potenziellen Risiken nicht verstanden oder nicht richtig eingeschätzt haben. Vielleicht haben Sie irgendwann einmal Glück und können fünf oder zehn Prozent des Gewinns für Urlaube und Geschenke ausgeben.

Dann müssen Sie mit allen Mitteln versuchen, die anderen 90 Prozent zu schützen. Je mehr Geld Sie haben oder verdienen werden, desto wichtiger ist es, dieses zu schützen. Daher sollten Sie nach Möglichkeiten zur Diversifizierung Ihrer Anlagen suchen. Recherchieren Sie jede Investition so sorgfältig, als ob Sie Ihre gesamten Ersparnisse aufs Spiel setzen würden.

Investieren Sie, wenn sich Ihre finanzielle Situation im Laufe der Zeit verbessert, weiterhin in Aktien, ETFs, Anleihen, Investmentfonds, Indexfonds oder alternative Anlagen, und behalten Sie immer etwas Bargeld für Notfälle.

Ein häufiger Fehler von Tradern ist, dass sie große Gewinne aus ihrem Handelskonto nicht in sicherere Anlagen umschichten. Würden Trader diesen Rat befolgen, während sich Gewinne anhäufen, wären sie im Ernstfall geschützt. Manchmal muss man sich vor sich selbst schützen und da hilft nur Diversifizierung.

5. Schützen Sie Ihre Gewinne, indem Sie die Risiken managen

Risikomanagement sollte zu Ihren höchsten Prioritäten gehören, und das lässt sich über viele Wege umsetzen. Erstellen Sie für jeden Trade oder jede Investition einen schriftlichen Plan zur Risikominderung. Schützen Sie Ihre Gewinne mit Stop-Loss-Aufträgen, entweder mentale oder automatische, und zögern Sie nicht, eine Position zu schließen, wenn sie Geld verliert. Hoffnung ist kein guter Grund, an einem Verlierer festzuhalten.

Ich sage das nicht, weil es sich gut anhört, es beruht vielmehr auf meinen eigenen schmerzlichen Erfahrungen und denen anderer, die Geld verloren haben, weil wir das Risiko nicht ernst nahmen. Wenn es ein Geheimnis für den Erfolg am Aktienmarkt gibt, dann ist es Folgendes: Managen und reduzieren Sie das Risiko auf ein tragbares Maß, selbst wenn Sie auf potenzielle Gewinne verzichten müssen.

6. Kennen Sie sich selbst

Das mag vage klingen, ist aber eine wichtige Lektion. Bald werden Sie wissen, ob Sie eher Anleger, Trader oder beides sind. Kurzfristiges Trading zahlt sich zwar schneller aus, wenn man richtigliegt, eignet sich aber nicht für jeden. Es kann auch zu ebenso großen Verlusten führen, wenn man falschliegt. Erfolgreiches Trading braucht Geschick und Disziplin, und nicht jeder hat die Zeit, es zu lernen. Wenn Sie vom Trading begeistert und entschlossen sind, damit erfolgreich zu sein, sollten Sie unbedingt weiterlernen.

Investieren mag langweilig erscheinen, aber Geld zu verdienen ist keineswegs langweilig. Entscheidend ist, dass Sie sich selbst kennen. Investieren ist für all diejenigen, die langsam und über einen langen Zeitraum hinweg Geld verdienen wollen. Millionen von Menschen sind so reich geworden.

7. Üben Sie, bevor Sie traden

Ich bin überzeugt, dass man mit einem Simulations- oder Papiergeldprogramm üben sollte. Schließlich bekommt auch niemand einen Führerschein, nachdem er einen Artikel darüber gelesen hat, „wie man Auto fährt". Fahranfänger üben auf einem Parkplatz oder einer verlassenen Straße, bevor sie auf die Autobahn fahren. Anfänger und erfahrene Piloten trainieren mit Flugsimulationsprogrammen. Machen Sie das Gleiche mit einem Trading-Demokonto.

Es ist Zeit, Abschied zu nehmen

Schlussendlich möchte ich noch einen Brief meines Großvaters, eines erfolgreichen Inhabers einer Börsenmaklerfirma in Chicago, erwähnen (ein Artikel des *Wall Street Journal* mit ähnlichen Ratschlägen war dem Brief beigefügt). Der Brief enthielt die folgenden Finanztipps mit Zielen, die mir auch heute noch wichtig erscheinen, auch wenn sie nicht jeder leicht erreichen kann:

1. Bezahlen Sie als Erstes alle Ihre Schulden ab.
2. Wenn Sie schuldenfrei sind, dürfen Sie nicht versucht sein, Ihr Geld mit riskanten finanziellen Unternehmungen zu verpulvern.
3. Für die meisten Menschen ist es schon schwer genug, ihren Lebensunterhalt zu verdienen. 95 Prozent von ihnen sind nicht in der Lage, ein Vermögen aufzubauen und zu halten. Dies soll Sie nicht entmutigen, sondern warnen und ermutigen, härter zu kämpfen, um zu den fünf Prozent zu gehören.
4. Seien Sie immer darauf vorbereitet, eventuell Ihre Eltern unterstützen zu müssen.
5. Sie sollten das Privileg haben, den Bedürftigen und Verarmten zu helfen.
6. Der wichtigste Maßstab für Erfolg ist Integrität, harte Arbeit und in mehr als 55 Prozent der Fälle richtigzuliegen. Das bedeutet auch, Risiken zu diversifizieren, damit man nicht daran zerbricht, wenn man sich irrt.
7. Unterschreiben Sie niemals Schuldscheine, um anderen zu helfen.
8. Kaufen Sie niemals Aktien kleiner Unternehmen, um Freunden Gutes zu tun – sie sind leicht zu kaufen, aber schwer zu verkaufen.
9. Verleihen Sie Ihr Geld nicht leichtfertig, außer in extremen Fällen (lassen Sie einen guten Freund nicht im Stich).

10. Nur konkrete Erfahrungen, belegt durch Fakten, sollten Sie beeindrucken und dazu bringen, die soeben genannten Regeln zu befolgen.

Apropos Erfahrung: Ich habe gelernt, dass die beste Investition, die man tätigen kann, die in Menschen ist. Sie haben auch nichts falsch gemacht, wenn Sie Geld in eine Ausbildung, ein Haus, einen neuen Beruf, Ihre Kinder, Haustiere oder in Menschen investieren, die dringend Ihre Hilfe brauchen. Warum sollten Sie sonst Geld verdienen, wenn Sie Ihr Leben oder das Leben anderer damit nicht verbessern?

Sich zum ersten Mal mit dem Aktienmarkt zu beschäftigen, kann manchmal überwältigend sein, also keine Sorge, falls Sie noch verwirrt sind. Dieses Gefühl wird mit zunehmender Erfahrung verschwinden. Dieses Buch ist zwar eine solide Einführung in den Aktienmarkt, aber es gibt noch viel mehr zu lernen.

Ich wünsche Ihnen viel Glück beim Investieren und Traden mit Aktien und bedanke mich nochmals für Ihr Interesse an meinem Buch. Es gibt immer irgendwo eine Gewinner-Aktie und Sie müssen sie nur finden. Es war mir ein Vergnügen, mein Wissen und meine Erfahrungen mit Ihnen zu teilen, und ich wünsche Ihnen, dass alle Ihre finanziellen Träume in Erfüllung gehen.

Wenn Sie Kommentare oder Fragen zu meinem Buch haben, schicken Sie bitte eine E-Mail an msincere@gmail.com. Wenn Ihnen Fehler auffallen, teilen Sie mir diese bitte mit, damit ich sie in der nächsten Ausgabe korrigieren kann.

Und zu guter Letzt, wenn Sie Zeit haben, besuchen Sie gern meine Website, www.michaelsincere.com.

ANHANG

Weiterführende Quellen

Wenn Sie noch mehr Recherchen anstellen möchten, beispielsweise im Internet oder in Büchern, die sich mit dem Aktienmarkt befassen, dürften die folgenden Quellen Ihnen weiterhelfen.

Bücher

Für angehende Anleger

One Up on Wall Street von Peter Lynch mit John Rothchild (Simon & Schuster, 2000). Wie man mit einem langfristigen Anlagekonzept, unter anderem mit einer grundlegenden Recherche vor dem Kauf einer Aktie, vom Markt profitieren kann.

The Little Book of Common Sense Investing von John Bogle (Wiley, 2017). Bogle beschreibt die Vorteile von Indexfonds und die Gründe, warum sie in das Portfolio eines jeden Anlegers gehören sollten.

Für angehende Trader

Reminiscences of a Stock Operator von Edwin Lefèvre (Wiley Investment Classics, 2017). Ein Klassiker über die Trading-Erfahrungen von Jesse Livermore, einem legendären Trader aus dem frühen 20. Jahrhundert.

A Beginner's Guide to Short-Term Trading von Toni Turner (Adams Media, 2008). Ein leicht zu lesendes Buch für angehende Kurzfrist-Trader, das nützliche Trading-Strategien und -Werkzeuge enthält.

Trading for a Living von Alexander Elder (Wiley, 2014). Wie man die psychologischen Herausforderungen des Marktes meistert und wie man technische Indikatoren verwendet.

Market Wizards (Wiley, 2012) und *The New Market Wizards* von Jack Schwager (HarperBusiness, 2008). Schwager taucht in Form eines Frage-und-Antwort-Interviews in die Gedankenwelt erfolgreicher Trader ein.

How I Made $2,000,000 in the Stock Market von Nicolas Darvas (Martino Fine Books, 2018). Ein klassisches Buch über einen Börsenanfänger, der die Unterstützung und den Widerstand sowie das Pyramidisieren nutzte, um während eines Bullenmarktes ein Vermögen zu machen.

Jesse Livermore: Boy Plunger von Tom Rubython (Myrtle Press, 2015). Rubython befasst sich mit dem Leben und den Trading-Taktiken des legendären Leerverkäufers Jesse Livermore.

How to Make Money in Stocks von William O'Neil (McGraw Hill, 2009). Eine Einführung in CAN SLIM, die Tradern zeigt, wie sie mit einem auf Regeln basierenden, systematischen Ansatz, der die Technische und fundamentale Analyse kombiniert, Geld verdienen können.

How to Day Trade for a Living von Andrew Aziz (Manjul Publishing House, 2021). Der Autor führt Daytrading-Neulinge in alle Aspekte dieser kurzfristigen Trading-Strategie ein.

Trading in the Zone von Mark Douglas (Prentice Hall, 2000). Ein Buch darüber, wie man die psychologischen Herausforderungen des kurzfristigen Tradings meistert.

Für erfahrene Anleger

The Intelligent Investor von Benjamin Graham (HarperBusiness, 2006). Ein Klassiker für Value-Anleger, der darlegt, wie man mithilfe der Fundamentalanalyse feststellen kann, ob ein Unternehmen und seine Aktien eine gute Investition sind.

Für erfahrene Trader

Technical Analysis of Stock Trends von D. Edwards und John Magee (Martino Fine Books, 2011). Dieser Klassiker führt Trader in alle Aspekte der Technischen Analyse ein, einschließlich Indikatoren, Oszillatoren und Chartmuster.

Technical Analysis of the Financial Markets von John Murphy (New York Institute of Finance, 1999). Murphy erklärt anhand von über 400 Charts alle Aspekte der Technischen Analyse.

Japanese Candlestick Charting Techniques von Steve Nison (Prentice Hall, 2001). Nison, dem die Einführung von Candlesticks im Westen zugeschrieben wird, erklärt, wie man mit Candlestick-Charts tradet.

A Beginner's Guide to High-Risk High-Reward Investing von Robert Ross (Adams Media, 2022). Ross stellt eine Reihe von spekulativen Anlageideen vor und stellt für jede Strategie eine Schritt-für-Schritt-Anleitung vor, während er sie mit seinen persönlichen Geschichten ergänzt.

Investmentklubs und -verbände

Wenn Sie einem Investmentklub beitreten oder einen eigenen gründen möchten, dürfte die gemeinnützige National Association of Investment Clubs (NAIC) genau das Richtige für Sie sein. Informationen zur Mitgliedschaft finden Sie auf der Website von NAIC unter BetterInvesting.org.

Nützliche Websites für Anleger und Trader

AAII*: http://www.aaii.com
Bankrate: http://bankrate.com
Barchart: http://www.barchart.com
Barron's*: http://www.barrons.com
Benzinga: http://www.benzinga.com
Bloomberg: http://www.bloomberg.com
Briefing: http://www.briefing.com
CNBC: http://www.cnbc.com
CNN Business: http://Money.cnn.com
Financial Times*: http://www.ft.com
Finscreener: http://www.finscreener.com
Finviz: http://www.finviz.com
Forbes magazine: http://www.forbes.com
Fox Business News: http://www.foxbusiness.com
Google Finance: http://www.google.com/finance
Investopedia: http://www.investopedia.com
Investor's Business Daily*: http://www.investors.com
Kiplinger*: http://www.kiplinger.com
Market Chameleon: http://www.marketchameleon.com
MarketWatch: http://www.marketwatch.com
The MoneyShow: http://www.moneyshow.com

Morningstar: http://www.morningstar.com
The Motley Fool: http://www.fool.com
MSN Money: http://www.msn.com/money
MutualFunds: http://mutualfunds.com
Nasdaq: http://www.nasdaq.com
NerdWallet: http://nerdwallet.com
New York Stock Exchange: http://www.nyse.com
Real Clear Markets: http://www.realclearmarkets.com
SEC: http://www.sec.gov
Seeking Alpha: http://www.seekingalpha.com
Stock Rover*: http://www.stockrover.com
StockCharts: http://www.stockcharts.com
The Street*: http://www.thestreet.com
TradingView: http://www.tradingview.com
Value Line*: http://www.valueline.com
Wall Street Journal*: http://www.wsj.com
Yahoo Finance: Finance.yahoo.com
Zacks Investment Research*: http://www.zacks.com

* Weist auf ein kostenpflichtiges Abonnement hin.

DANKSAGUNG

An die leitende Redakteurin Judith Newlin bei McGraw Hill für ihre großartigen Vorschläge und Ratschläge, durch die dieses Buch zum bestmöglichen wurde. Dieses Projekt hätte ohne ihre Hilfe und die vieler anderer bei McGraw Hill nicht fertiggestellt werden können.

An Stephen Isaacs, meinen Lektor bei McGraw Hill, für seine Hilfe bei der Erstellung von zwei Bestsellern. Ich werde seine klugen Ratschläge und Einsichten vermissen.

Ich schätze auch die Bemühungen der Lektorin Judy Duguid, die das Buch sorgfältig auf Fehler überprüft und ausgezeichnete Empfehlungen gegeben hat.

Mein Dank gilt auch Patricia Wallenburg, die dieses Buch bis zur Ziellinie gebracht und dafür gesorgt hat, dass das Endprodukt von höchstmöglicher Qualität ist.

Ich danke Peter Lynch für das Gespräch über den Aktienmarkt und seine ausgezeichneten Erkenntnisse darüber, wie man ein erfolgreicher Anleger sein kann.

Ich danke CMT Jeff Bierman („The Quant Guy"), Professor für Finanzen an der Loyola University in Chicago, dafür, dass er seine tiefgreifenden Erkenntnisse und Erfahrungen in Bezug auf die Technische Analyse mit mir geteilt hat.

Danke an den Dividendenexperten Warren Kaplan, der mir geholfen hat, seine Anlagestrategien für Dividendenaktien zu verstehen und davon zu profitieren. Ich bin Jonathan Burton von MarketWatch dankbar, dass er mir so viele Schreibmöglichkeiten geboten hat.

Und ich danke dem TikTok-Star und Autor Robert Ross für seine Einblicke in Kryptowährungen und andere Strategien mit hohem Risiko und hohen Gewinnen.

Ich bin dem Optionsexperten Mark D. Cook für das Teilen seiner Kenntnisse und umfangreichen Erfahrungen mit Bärenmärkten dankbar. Bedauerlicherweise verstarb er, bevor das Buch fertiggestellt wurde, doch ich werde mich immer an seinen scharfen Verstand und seine unverblümten Warnungen vor überkauften Märkten erinnern.

Ich bin dem Lehrer Tom Reid zu Dank verpflichtet, der mich einlud, seinen Schülern an der Deerfield High School in Florida eine Reihe von Kursen über den Aktienmarkt zu geben, was mich motivierte, die erste Ausgabe dieses Buches zu schreiben. Es war mir eine Ehre, mein Wissen mit ihnen zu teilen.

Apropos Schüler: Ich möchte meiner künstlerischen jungen Nachbarin Lauren dafür danken, dass sie so viele ihrer fantasievollen Ideen mit mir geteilt hat. Ich hoffe aufrichtig, dass sie die Ratschläge dieses Buches befolgt, damit sie eines Tages die finanzielle Freiheit hat, ihre eigenen Träume zu verfolgen.

Jag vill också tacka mina vänner i Sverige, Norge, Danmark, Frankrike, och Tjeckien för deras fantastiska stöd.

Ich danke den vielen deutschen Lesern die meinen letzten Bestseller, „Keine Angst vor Optionen", gekauft haben.

También agradezco el apoyo de mis amigos en Bolivia, Nicaragua, Colombia, Brasil, Perú, y El Salvador, por nombrar solo algunos.

Abschließend möchte ich mich bei den folgenden Freunden und Bekannten für ihre kontinuierliche Unterstützung und Ermutigung bedanken: Alexandra Bengtsson, Angela Bengtsson, Harvey Small, Betsy Kagan, Sanne Mueller, Lucie Stejskalova, Hazel Hall, Edith Augustin, Evrice Cornelius, Giovanna Stephenson, Chuck Jaffe, Tine Claes, Anna Ridolfo und Mark Wolfinger.